SPIRITISME AMÉRICAIN

AVEC 14 PORTRAITS et 1 VIGNETTE

MES EXPÉRIENCES

AVEC

LES ESPRITS

PAR

Henry Lacroix

PARIS
LIBRAIRIE DES SCIENCES PSYCHOLOGIQUES
1, RUE DE CHABANAIS, 1

1889

MES EXPÉRIENCES

AVEC

LES ESPRITS

HENRY LACROIX

SPIRITISME AMÉRICAIN

AVEC 14 PORTRAITS et 1 VIGNETTE

MES EXPÉRIENCES

AVEC

LES ESPRITS

PAR

Henry Lacroix

PARIS

LIBRAIRIE DES SCIENCES PSYCHOLOGIQUES

1, RUE DE CHABANAIS, 1

1889

PRÉFACE

L'inspiration et le sentiment du devoir m'ont poussé à publier la longue série de narrations qui suivent — afin de faire connaître aux autres ce que j'ai appris. Chaque fait relaté est, en quelque sorte, un point de vue différent, qui sert à former, à consolider l'ensemble et à lui imprimer un cachet de force. Ceux qui ont l'habitude de raisonner, devront s'apercevoir que l'enchaînement des détails dans cet ouvrage ne fait pas défaut, et que tous contribuent à faire ressortir l'idée principale du brouillard, du mystère, à vulgariser ce que l'on a tenu depuis si longtemps sous le boisseau.

C'est un devoir et un plaisir pour moi, d'exprimer ici les sentiments de reconnaissance que j'éprouve envers ceux qui m'ont si cordialement accueilli — en France, en Belgique, etc., et particulièrement à Paris, où je fis de longs séjours. Je conserve un vif souvenir de toutes les amabilités et les bontés qu'on m'a prodiguées — et je prie chacun de vouloir bien accepter ce tribut du cœur et de l'esprit.

Comme étranger — non initié à toutes les finesses de la langue et du style — je réclame de l'indulgence, beaucoup d'indulgence, pour cet écrit sorti du premier jet de ma plume.

Je me propose de publier bientôt un opuscule intitulé :

L'HOMME ET SA CHUTE.

espèce d'exposé de doctrine qui formera le complément nécessaire de cet ouvrage.

Henry LACROIX.

Paris, avril 1889.

MES EXPÉRIENCES

AVEC

LES ESPRITS

I

Je suis né à Monroe, petite ville dans l'état de Michigan (États-Unis d'Amérique), le 10 août 1826. Ce village, alors, était nommé en français Rivière-aux-Raisins, mais on en changea depuis le nom. La plupart des états du Grand-Ouest furent fondés par des Français, venus du Canada, où mon père, Dominique Lacroix, naquit. Avec son frère, Hubert, ils partirent jeunes, pour les « pays d'en haut » afin de tenter la fortune parmi les *sauvages* ou Indiens. Ils furent pionniers de l'Ouest, avant la seconde guerre contre les Anglais de 1812. Ma mère — Henriette Lalumière — née à Vincennes, dans l'état de l'Indiana (dans l'Ouest) était d'origine française du Canada. — Il existe encore à Vincennes des restes d'un fort bâti par les troupes françaises, durant leur occupation de cette partie du pays et le long du fleuve Mississippi, où se trouve la grande ville de Saint-Louis. — Mon père se maria à Vincennes, le 3 septembre 1821, et il eut six enfants — six garçons. Les deux aînés naquirent à Vincennes et j'y fus conçu — ce qui m'a souvent fait dire, ayant le goût des voyages : — que j'avais voyagé *même avant de naître !* Ma mère mourut le 8 juin 1833, âgée d'environ 35 ans, et mon père est décédé le 19 septembre 1834.

Peu de temps après, une sœur de mon père fit venir quatre d'entre nous à Montréal, Canada (distance de 200 lieues) et j'étais du nombre ; les deux autres, Marcel et Lucien, restèrent toujours dans l'Ouest. Notre bonne tante, veuve Joseph Bédard, fut pour nous quatre, orphelins exilés — une mère — et je garde d'elle un excellent souvenir. — Que de tracas nous lui donnâmes, « petits sauvages », comme on nous nommait ! Notre instruction fut très élémentaire ; aussi, ne dois-je qu'à moi-même ce que je sais.

A l'âge de quatorze ans, je partis pour l'Ouest — poussé par mon goût pour les voyages. J'y restai près de deux ans, et je retournai à Montréal, d'où j'allai bientôt à New-York. Mais, avant ce départ, ma bonne tante me fit aller à confesse — « pour me nettoyer » — disait-elle. J'y allai sans murmurer. — Ce fut alors, en plein confessional, que la cheville ouvrière tourna en moi et opéra chez moi une grande révolution. Au moment où le confesseur récitait l'absolution, en latin, une voix parfaitement *audible* me dit en français à l'oreille : — « *N'y crois rien !* » Je regardai immédiatement de chaque côté du confessional pour voir le *farceur*, qui venait de me souffler ces trois mots. Il n'y avait personne !

Donc ! à l'âge de seize ans, je commençai à être médium, chose qu'on ne connaissait pas alors (1842) puisque l'avènement du Spiritisme moderne n'eut lieu qu'en 1848, dans la famille Fox, de Hydesville, près de Rochester, état de New-York, chez de pauvres cultivateurs ignorants. Le fait arriva, le 31 mars 1848, par l'entremise des trois jeunes filles (Kate, Margaret et Leah) du père Fox, lesquelles furent ensuite des médiums remarquables. Elles vivent encore. On célèbre partout, aux États-Unis, la grande date du 31 mars, l'anniversaire. Et, chose assez singulière, on célèbre cet anniversaire en France, mais uniquement comme date de la mort ou délivrance d'Allan Kardec.

Je dois dire que l'événement du confessionnal, cité plus haut, me bouleversa sans aucun doute, mais il n'eut pas l'effet de m'en faire connaître la cause. Quand j'en parlais à des protestants, on me disait que c'était un *ange* qui m'avait parlé ainsi — et les catholiques essayaient de me faire croire que c'était le *diable !* Ce ne fut que bien des années après, vers 1856, que ce mystère me fut expliqué — un an après ma conversion au Spiritisme.

Étant allé à Franklin, état de New-Hampshire, chez un spirite du nom de Gilchrist, qui avait entendu parler de moi et m'avait invité à aller le voir, ce monsieur, le soir venu, magnétisa un jeune sujet, qui était clairvoyant et auditif. Il arriva que plusieurs esprits s'incarnèrent en lui, entre autres Franklin et ma mère, laquelle me dit en anglais : — « Te rappelles-tu cette voix qui te parla au confessionnal, il y a bien des années ?... » Ma foi, ceci fut un coup de massue pour moi ! Et, elle ajouta ensuite : — « Que c'était elle-même qui m'avait parlé alors ! » — La vérité se révèle bien mystérieusement parfois — car aucune des personnes présentes ne connaissait ce fait, auquel je ne pensais nullement.

A New-York, où je restai un peu plus de deux ans, je lus les auteurs « infidèles, défendus », anglais et français, ce qui ne tarda pas à me libérer du joug que j'avais subi jusqu'alors. Le magnétisme, ou le mesmérisme, comme on l'appelait en ce moment, fit sa première invasion officielle en Amérique en 1843. et cette nouveauté intéressante devint tout de suite une rage à New-York, à tel point que les gamins même, dans les rues, s'influençaient les uns les autres. Des conférences et des expériences publiques avaient lieu partout, et, comme bien d'autres, j'eus un sujet, un bon, sur qui je pratiquai durant tout un hiver. C'était me préparer pour ce qui devait arriver plus tard.

Le feu de la jeunesse et le goût décidé pour les aventures me poussèrent encore une fois à voyager. Je me rendis à Boston et de là à New-Bedford, dans le même état de Massachusetts. Ce port de mer baleinier m'attirait — je ne savais ni comment ni pourquoi. Je suivais tout simplement ma destinée !

J'embarquai sur un voilier, *Commodore Morris*, en juillet 1844, pour aller, à mon insu, « manger de la vache enragée » — ce qui, pour un garçon de 18 ans, est après tout ce qu'il y a de mieux à faire. Je trouvai cette vie de marin très rude dans les commencements; et le mal de mer donc ! Notre voyage dans les parages du Pacifique, devait durer environ trois ans. Près de Fayal, où nous fîmes escale, nous prîmes notre premier cachalot, qui était énorme, et batailleur en diable : il mesurait 100 pieds. Dès ce moment je m'habituai à cette vie dure et pleine de périls. Mais, au Cap-Horn, durant trois semaines de vents de bout, des tempêtes effroyables et d'un froid sibérien, sans hardes sèches — je trouvai la « vache » plus qu' « enragée ! » Mais, en même temps, je dois avouer, que je contemplais ce suprême combat des éléments, comme quelque chose de grandiose, de nature à me plaire à un haut degré.

Après sept mois de voyage, étant sur la côte du Chili, près de la grande île de Chiloë, nous perdîmes un canot et tout son équipage de six hommes, durant une de nos chasses contre les cachalots. Le monstre s'était vengé, en brisant l'embarcation d'un coup de queue. Et, une brume épaisse étant survenue immédiatement avec l'arrivée de la nuit, et une tempête terrible rageant toute cette nuit — l'inévitable arriva — nos six camarades furent engloutis et devinrent la proie des requins. — Le deuil sur mer est plus triste que sur terre.

Nous relâchâmes à Talcahuana durant un mois, au bout de notre première croisière de huit mois. Après la seconde de sept mois, çà et là à travers le Pacifique, parmi les îles et sur les côtes de la Bolivie et du Pérou, nous allâmes à Valparaiso, Chili, où je désertai. J'eus des aventures assez scabreuses dans cette ville, et j'y restai huit mois — pour voir le pays. Je voyageai ensuite tout le long des côtes des trois pays qui se touchent, jusqu'à Callao, port de Lima, où je séjournai trois mois, visitant l'intérieur.

Je glisse comme un esprit sur cette partie de mon histoire. Ces trois paragraphes suffiront pour tracer cette carte du jeune âge. Je finis en disant, que j'embarquai à Callao sur une barque bordelaise qui se rendait au Havre, où je restai trois mois, avant de me rendre à New-York, et à Montréal. Les miens me croyaient perdu — ne leur ayant pas écrit, depuis 1844, jusqu'à mon arrivée à New-York, en janvier 1848.

LA FAMILLE DE HENRY LACROIX ET D'ÉLIZA WEILBRENNER:

Henry LACROIX, né à Monroe, Michigan (Etats-Unis), le 10 août 1825; Eliza WEILBRENNER, née à Montréal (Canada) le 17 juin 1830, et décédée à Montréal (samedi), le 13 janvier 1877; mariés à Montréal, le 2 sept. 1850.

NOM DES ENFANTS.	NAISSANCE.	DÉCÈS.
1. Henriette-Rachel-Eliza	21 juin 1851.	
2. Emma-Stéphanie-Adeline	8 juillet 1852	17 juillet 1852
3. Eugénie-Clémentine-Thérèse	2 mai 1853.	
4. Henry-Pierre-Auguste	22 nov. 1854.	17 août 1855.
5. Catherine-Herminie-Lucienne	25 nov. 1855.	5 sept. 1856.
6. Marie-Louise-Jane	20 déc. 1856.	28 août 1858.
7. Charles-Lucien-Ivanhoë	10 fév. 1858.	12 juillet 1858
8. Marie-Céleste-Oliva	10 août 1859.	8 juillet 1860.
9. Joseph-Albert-Henri-Dominique	28 mai 1861.	29 août 1861.
10. Henri-Auguste-Alfred	4 sept. 1862.	28 janv. 1863
11. Oscar-Henri-Eugène	19 fév. 1864.	
12. Louis-Joseph-Papineau	28 avril 1865.	9 août 1865.
13. Joséphine-Alice-Emilie	9 nov. 1866.	1 fév. 1867.
14. Marguerite-Charlotte-Léontine	23 nov. 1868.	3 oct. 1869.
15. Léon-Gonzalve	21 déc. 1870.	17 juin 1871.

Cette liste, par la colonne des décès, montre que trois seulement de mes quinze enfants ont survécu

LES ENFANTS ESPRITS DE HENRY LACROIX
Dessinés par lui, sous leur contrôle (1887)

sur terre — les douze autres, six garçons et six filles, vivent également, mais dans le monde fluidique — où nous irons tous vivre, d'une vie plus large, plus agréable. Les lecteurs trouveront cette liste utile, car elle servira à leur faire connaître les sujets, dans les diverses expériences où ils figureront.

Le tableau (réduit) de ma *douzaine angélique* — fait sous leur contrôle *mécanique*, et qui m'a coûté tant d'années de travail — représente assez bien le type et la nature de chacun. Ce tableau servira encore davantage à faire connaître ces invisibles, attachés à ma vie, à mon cœur, et qui constamment bourdonnent autour de moi.

En 1855 je fus convaincu de la continuité de l'existence. Ce fut pour moi une chose importante, immense, car le doute ou le manque de preuves de ce fait, me rendait souvent malheureux et m'isolait comme un paria au milieu de ceux qui avaient la foi, sinon la certitude. Les tables tournantes furent d'abord le premier moyen qui amena chez moi la conviction. J'avais bien entendu des personnes éminentes raconter les preuves surprenantes qu'elles avaient reçues par l'entremise des sœurs Fox, aux États-Unis ; mais mettant tout cela sur le compte du magnétisme, j'avais passé outre — tant il est vrai que l'expérience a besoin d'être directe, personnelle, pour avoir toute sa valeur. Non satisfait des preuves amenées par le secours élémentaire des tables, je me rendis à New-York pour avoir une séance avec une des demoiselles Fox, alors veuve Brown, depuis Mme Underhill. Voici ce qui m'arriva chez ce médium, que je ne connaissais pas avant :

Il était trois heures de l'après-midi quand j'arrivai chez cette dame. Le temps était pluvieux et j'avais mis des chaussures en caoutchouc, que je laissai de côté en entrant. On me fit passer dans la salle à manger, en arrière, où le médium donnait une séance à une vieille dame. Je m'assis à un bout de la longue table pour attendre mon tour, tandis que ces deux dames se trouvaient à l'autre bout — à dix ou douze pieds de moi. Quelques instants après je fis un saut subit, car une main, bien réelle, venait de me saisir la jambe fortement. Je ne m'y attendais pas, de là mon saut de surprise. J'examinai la table en tous sens, sans découvrir rien de suspect. Mme Brown souriait, et elle me dit : — « C'était la main de votre père ! » Je me remis en place, pour en avoir le cœur net — ou mettre à l'épreuve l'esprit quelconque qui agissait ainsi. Je dis donc à cet être invisible, mais *mentalement* : — Si c'est toi, mon père, je désire que tu m'empoignes encore — et serre, jusqu'à ce que je crie *assez!* et, peut-être, finirons-nous par nous entendre. — Ce qui fut dit par la pensée seule, fut fait d'une manière graduée, de plus en plus forte, jusqu'à ce que, les doigts semblant entrer dans mes os, je criai *assez, assez!* Et la sueur m'inondait, car j'avais fait de terribles efforts pour ne pas desserrer les dents. Tandis que cette main me serrait ainsi je regardais pour la voir, mais elle était invisible. La pression des doigts, néanmoins, s'accusait parfaitement en laissant des empreintes sur mon pantalon et dans ma chair — mais la douleur que je ressentais était l'argument le plus frappant. Cette expérience seule me satisfaisait ; mais j'en eu d'autres.

De petites mains d'enfants vinrent ensuite me flatter et frapper des coups *audibles* sur mes chaussures. « Ce sont vos enfants, que vous avez perdus, » me répondit le médium. Et comme ample témoignage, Mme Brown me donna leurs *trois* prénoms, sans hésiter. La petite fille de cette dame, âgée de trois ans, entra alors dans la chambre, et je me mis à jouer avec elle. La mère me dit que cette enfant voyait les esprits. Je pus en être convaincu presque aussitôt. En remuant mes pieds sous la table, je sentis quelque chose que je heurtais; je m'aperçus que c'était un de mes souliers en caoutchouc, qui aurait dû être avec l'autre dans le couloir, où je les avais laissés tous les deux. Je demandai donc à la petite de regarder sous la table et de me dire, qui avait apporté là cette chaussure. Elle me répondit : — « C'est votre petit garçon Henry et il la tient en souriant. » — Donc, me dis-je : — si une puissance quelconque, ou un esprit, tient mon soulier et que je tire dessus — il devra y avoir résistance. Essayons ! J'introduisis mon talon dans cette chaussure et je commençai à tirer — mais ça ne bougeait pas. Il me fallut employer la force de mes deux mains, ajoutée à celle de la jambe, pour en venir à bout. — Avec ces preuves, toutes palpitantes d'évidence, de puissance, d'intelligence, de clairvoyance et de raisonnement — je me déclarai pleinement satisfait, et, fort enchanté, je quittai cette maison.

Les expériences d'un ordre physique surtout, que nous eûmes à Montréal, entre amis, furent parfois très puissantes. De lourdes tables étaient enlevées de terre jusqu'au plafond, sans contact, ou montaient et descendaient de longs escaliers. Bientôt les esprits s'emparèrent de ma main et me firent dessiner. On me parlait aussi; mais je résistai durant quelque temps avant d'admettre que ces voix étaient indépendantes de mon être. C'est un peu le fait de la plupart des médiums. On ne se rend qu'acculé au pied du mur.

Comme médium guérisseur je faisais des cures remarquables, même sans toucher les patients. Cette faculté et celle de voir les maladies, semble être permarente en moi. Ordinairement je guérissais rapidement en posant la main tout simplement sur les malades. J'en faisais un jeu, tant cela était facile ; et j'étais le premier à m'émerveiller des guérisons subites que j'opérais. Je savais intuitivement si je pouvais et si je devais agir. Un jour un de mes enfants pris de la diphthérie, et condamné par le médecin, fut guéri par moi sans contact, en moins de trois minutes. On entendit la fausse membrane se briser dans la gorge, et l'enfant était sauvé.

J'avais organisé un cercle, que je dirigeais. L'esprit de mon fils Henry y venait souvent donner de courtes communications, et exprimait parfois le désir de voir sa mère se rendre à l'évidence, ou ne pas mettre d'opposition à ce qui faisait mon bonheur. Cet enfant a été mon ombre constante depuis sa mort, plus que tout autre. Entre lui et moi il y a un de ces liens mystérieux, indissolubles, par lequel il s'identifie parfaitement avec moi. Que de preuves il est venu me donner, directement, de sa présence, de son amour et de sa vigilance ! Un fait entre autres, que voici : Je venais de m'éveiller un matin, et Henry me souffla — « qu'on avait durant la nuit volé de mes outils, » et il ajouta — « j'ai essayé de te réveiller, mais je ne l'ai pas pu ; tu dormais trop fort. » J'allai aussitôt dans le hangar, où j'avais des outils enfermés à clef dans une armoire, et là, en effet, je pus constater que Henry avait raison : la porte de l'armoire était brisée et la moitié de mes outils était enlevée. Donc, cet aimable enfant veillait la nuit autour de moi, et il s'occupait de mes intérêts, même matériels. Et, je dois dire qu'il l'a toujours fait. Lorsqu'il mourut, en 1854, de la petite vérole, dans son dernier étouffement, ses beaux grands yeux bruns, si éloquents d'expression, se fixèrent sur les miens, et je lus là, en caractères positifs, indéniables, flamboyants : — « *Ne pleure pas; nous nous retrouverons!* » C'était écrit en toutes lettres, en relief; et ces caractères se stéréotypèrent dans mon cerveau, d'où ils ne se sont jamais effacés. Et pourtant alors j'étais incrédule. C'est pourquoi mon désespoir de perdre cet enfant chéri était si grand. Je voulais mourir avec lui. Sans lui la vie me semblait insupportable. Il y a de ces chagrins profonds, déchirants, dans la vie de chacun. Lui, et sa sœur, Marie-Louise (qui sont camarades dans l'autre monde) ont toujours été pour moi, les deux *bien-aimés*, et dans mes pensées je les qualifiais ainsi, sans l'exprimer haut, néanmoins — ce qui n'empêche pas que cela se savait de l'autre côté, ainsi qu'il appert par le fait suivant. En 1877, à Philadelphie, étant à me promener une après-midi, Henry, tout à coup, arriva à côté de moi et me dit : « Papa, tu devrais bien ne plus nous appeler tes *bien-aimés!* » — Et pourquoi pas ? lui répondis-je brusquement. Qui donc y trouve à redire ?.. — « Ah bah! répondit-il : ça rend les autres jaloux! » — D'abord, je ne le savais pas — et chaque chose a sa raison d'être — même d'aimer un enfant plus qu'un autre. Mais enfin, lui dis-je : — Vous ne valez guère mieux, esprits, que nous, mortels. C'est là ma conclusion, et ça porte enseignement. J'admirai, tout de même le bon cœur de Henry et de sa sœur chérie, qui ne voulaient pas occuper un piédestal plus haut que les autres. Donc, depuis ce temps, c'est convenu — ils sont tous mes bien-aimés, et plus de jaloux! — Allons donc dire, après cette preuve, que les esprits ne sont pas humains, comme nous.

Le professeur de chimie, Robert Hare, de Philadelphie, avait inventé plusieurs espèces de cadrans, avec alphabet, qui servaient aux esprits pour se communiquer, plus rapidement que par la table. J'en avais copié un, de ces cadrans, et il servait admirablement dans le cercle que je dirigeais. Par ce moyen nous eûmes des communications de toutes sortes, durant plusieurs années, lesquelles remplirent un grand livre de commerce, de 7 à 800 pages. La doctrine, néanmoins, ne prit pas de grandes racines en Canada, à cause de la forte influence du clergé catholique romain, d'une part, dans la province de Québec, dont la population est grandement française, et, d'autre part, dans la province d'Ontario, essentiellement anglaise et puritaine — où les nouvelles idées et les phénomènes avaient à rencontrer l'indifférence et l'hostilité. L'esprit *go-ahead* (en avant) des Américains — touchant à tout et approfondissant tout — devenait logiquement un terrain fertile pour la propagation de la doctrine dans le sens pratique. Et c'est ce qui arriva, sans se ralentir aucunement jusqu'à nos jours — au contraire, le mouvement est plus accentué que jamais. Boston, autrefois la ville la plus puritaine, la plus bigote des États-Unis, est depuis un bon nombre d'années, le Quartier-Général du Spiritisme. On y voit un temple spirite qui a coûté 300,000 dollars, sans compter beaucoup d'autres lieux de réunion plus modestes. On reconnaît aussi ceci — c'est que la secte méthodiste, fort nombreuse et pharisienne, a fourni parmi ses pasteurs plus de conférenciers que toutes les autres dénominations. Les conférencières sont aussi en très grand nombre, et les médiums, de toutes phases, pullulent partout. Je ne crois pas qu'il y ait un seul village aux États-Unis où il ne se trouve une Société spirite active. Le nombre des adhérents, d'après des données approximatives, s'élève à *dix millions* — un chiffre fort respectable, on doit l'admettre.

L'organe principal de la doctrine — le *Banner of Light* (*l'Étendard de la Lumière*) existe depuis plus de trente ans, à Boston. Son rédacteur, Luther Colby, n'a pas changé depuis la fondation de ce grand journal hebdomadaire, de huit pages. A part ce journal, il y en a peut-être une vingtaine d'autres, jusqu'en Californie, où les spirites sont très nombreux. Le catalogue des ouvrages spirites formerait certainement un fort volume. Il y eût, dès le commencement, et il y a encore, des hommes éminents, à la tête du spiritisme américain — ne craignant pas le ridicule, ni la persécution. Je connus la plupart des premiers grands zélateurs. Un d'entre eux surtout, le juge J. W. Edmonds, de la Cour Suprême de l'État de New-York, aida puissamment, par ses ouvrages et des conférences, à répandre la doctrine, dont il fut une des plus grandes figures. Andrew-Jackson Davis, comme médium-auteur, produisit beaucoup d'ouvrages remarquables dès le commencement. Son premier livre, in-folio, de 800 pages, fut dicté par lui ou les esprits qui l'inspiraient, à l'état de transe, à des scribes qui l'aidèrent dans cette besogne. Il est intitulé : *Les Révélations de la Nature Divine*. Et pourtant cet apprenti cordonnier, âgé de 18 ans, ne possédait que très peu d'instruction, et aurait été incapable de concevoir de lui-même ce qu'il signa. Pendant longtemps Davis fut l'auteur à la mode ; ses écrits ont été traduits en Europe, en plusieurs langues. Il fut aussi un conférencier remarquable, et sa clairvoyance très renommée, servit surtout à la guérison des malades.

La maison du juge Edmonds, à New-York, durant des années fut le rendez-vous par excellence des investigateurs qui venaient de toutes parts, même de l'Europe, à la recherche de la vérité. Lui et sa fille, Laura, étaient médiums. Il arriva souvent que Mlle Laura conversa avec des Turcs, des Grecs, des Arabes, des Espagnols, etc., dans leur langue, qu'elle ne connaissait pas à l'état de veille — leur donnant en même temps d'autres preuves aussi renversantes; j'en eus d'elle qui étaient péremptoires. Le cénacle élégant du bon juge était ouvert à tout venant, une ou deux fois par semaine, le soir, et il était très fréquenté. L'hôte zélé et sa fille, orpheline de mère, se pliaient avec grâce aux exigences du temps, et se sacrifiaient pour l'avancement et le bien-être des autres. Je fus toujours le bienvenu dans cette maison, jusqu'au décès du juge, qui eut lieu, il y a à peu près douze ans. Depuis 1851, époque de sa conversion au spiritisme, il fut toujours le bras droit de la cause qu'il avait embrassée.

Je crois devoir revenir sur le sujet du *Banner of Light*, de Boston. Ce grand journal, sous la raison sociale de Colby et Rich, a toujours été renommé pour la netteté de son impression et l'excellence de son papier. Son édifice, bel immeuble, au centre de la ville, fut construit par M. Rich, et il en est propriétaire; l'aménagement en est parfait, et le bon goût se voit partout, depuis le sous-sol jusqu'au troisième étage. Colby et Rich sont en même temps éditeurs d'ouvrages spirites. Au premier se trouve une grande pièce, où les visiteurs vont lire, écrire ou causer. A côté est une jolie salle de conférence, où deux fois par semaine se rassemble beaucoup de monde, dans l'après-midi, pour assister aux séances *gratuites* qui y ont lieu. Le médium est engagé à l'année par le *Banner*, et depuis la fondation du jouanal ce médium a toujours été du sexe féminin. A trois heures les portes de la salle des séances sont fermées à clef, et personne n'y est plus admis. Le médium prend son siège sur une large estrade; à sa droite le président (toujours le même) s'assied, tandis que de l'autre côté un sténographe forme la troisième personne du groupe officiel. Le médium, bientôt endormi par les esprits, est prêt à répondre aux lettres scellées reçues par le bureau et aux questions soumises par l'auditoire, sur tel ou tel sujet. Ensuite, beaucoup d'esprits s'annoncent par l'organe du médium, se nommant en toute lettre, détaillant leur vie terrestre disant où ils sont nés, où ils ont vécu, ce qu'ils ont fait, donnant le nom de leurs parents, de leurs amis — et une multitude de détails pour établir leur identité — sans compter des descriptions de leur vie dans l'autre monde. Cette partie des séances est souvent très intéressante, surtout quand les assistants entrent en rapport avec ces esprits, ou déclarent les reconnaître. Fréquemment, ces communications sont données pour des absents.

C'est ainsi qu'une de mes filles célestes, nommée CÉLESTE, alla deux fois à ces réunions, et donna chaque fois une effusion de son cru — se nommant et me nommant aussi. Le procès-verbal de ces séances est publié en entier dans chaque numéro du *Banner of Light*, hebdomadairement, à la sixième page, qui se trouve toujours remplie de ces matières, et des attestations venant de partout, au sujet des communications publiées.

Le premier médium du *Banner of Light* était Mme Fanny Conant, qui portait le type indien et en avait du sang dans les veines — excellent médium à preuves et femme très estimable ; elle fut bien des années l'employée du *Banner* et rendit de grands services à la cause ; sa mort fut bien regrettée. Je l'ai vue souvent avec plaisir depuis sa délivrance. — Mlle M. T. Shelhamer est depuis plusieurs années le médium en titre du *Banner*; elle remplit ce rôle à la perfection et ses écrits ont une suavité exquise. (Les esprits contrôles du *Banner of Light* ont toujours prêché la réincarnation.)

Le *Spritual Telegraph*, fondé à New-York, en 1852, par Charles Partridge et S.-B. Brittan, exista une dizaine d'années. C'était un excellent organe, où bien des hommes distingués, convertis dans ce temps, ne dédaignaient pas de signer leurs articles — tels que le gouverneur Tallmadge (du Wisconsin), Dr. Gray, Joell Tiffany (grand éditeur), Horace Greely (grand esprit et rédacteur du New-York *Tribune*), le professeur Denton (géologue distingué), T.-G. Forster (célèbre orateur), le juge Edmonds (de la Cour Suprême de l'État), Dr. Dexter, les professeurs Bush, Hare et Mapes, Robert-Dale Owen (littérateur de premier ordre) Charles Linton (médium-auteur) L. J. Pardee (orateur) S. J. Finney (orateur et écrivain des plus classiques), l'Honorable Warren Chase (conférencier d'une grande originalité, et qui continue encore son œuvre). — Après la disparition du *Spritual Telegraph*, A. J. Davis fonda le *Herald of Progress*.

Les grands événements font surgir les grands esprits. Il en fut ainsi à New-York et ailleurs aux Etats-Unis, dans ce temps, au sujet du spiritisme. Quelle pléiade d'hommes et de femmes distingués ! faisait valoir les mérites de la révolution qui s'opérait. L'année 1855, surtout, fut très fructueuse en ce sens. Ce fut alors que Mme Emma Hardinge-Britten, actrice anglaise, résidant alors à New-York, et qui devint ensuite la plus forte conférencière de nos jours — fut convertie. Cette dame distinguée continue encore ses travaux, et publie depuis plusieurs années un journal spirite, hebdomadaire : *The Two Worlds, Les Deux Mondes*, à Manchester, (Angleterre). Elle est l'auteur de beaucoup d'ouvrages; son dernier : *Modern American Spiritualism*, grande et belle édition, illustrée de fines gravures, est un recueil précieux des grands faits du spiritisme qui ont eu lieu aux Etats-Unis.

Une autre conférencière des premiers jours, et dont les travaux ont été incessants jusqu'à présent, est Mme Cora L. V. Richmond. Elle débuta à l'âge de seize ans, et fut toujours la bien-aimée du public. Ses premiers mariages, néanmoins, furent malheureux. Elle porta successivement les noms de Scott, de Hatch, de Daniels; et sa quatrième union avec M. Richmond date de dix ou douze ans. Généralement, le sujet de ses conférences, faites à l'état de transe, est choisi par l'auditoire, séance tenante. Sa figure angélique, on peut le dire, devient d'une beauté transcendante parfois ; son style et sa diction — variant plus ou moins, selon les esprits qui l'inspirent — sont toujours d'une grande pureté. C'est ce que ses détracteurs même reconnaissent. Son charme principal est celui de la persuasion — par des images d'un caractère doux, simple et élégant à la fois. Poète spontané, ses vers sont recueillis partout comme une manne. Elle est le sentiment même, avec toutes ses délicatesses. Elle ne s'élève pas dans les hautes sphères métaphysiques, comme Mme Hardinge-Britten, mais elle sait plaire!

Je ne citerai ici que ces deux conférencières, qui jouent encore un grand rôle dans le mouvement spirite, car je dois ménager mon espace pour d'autres sujets.

II

Huit ou neuf mois après mon initiation un esprit s'annonça à moi, directement, comme ayant été Mme Émile de Girardin. Je ne connaissais pas ce nom, et je dus m'informer pour savoir quelque chose sur son compte. — Décédée à Paris le 30 juin 1855, elle venait à moi en 1856. Cet esprit, que j'appelai durant vingt ans, mon « ange gardien » deviendra l'héroïne, en quelque sorte, du récit psycho-romanesque qui va suivre. J'eus d'elle, dès le commencement, beaucoup de communications qu'elle m'inspirait ou me dictait. Je lui parlais par la pensée (ce qui est le mode ordinaire pour communiquer avec les esprits) et je recevais aussitôt par le même moyen ses réponses. C'est de la téléphonie psychologique qui, plus tard, deviendra sur la terre un langage assez habituel. Le progrès le veut.

Ce genre de communication entre les êtres de deux mondes différents, en quelque sorte, n'est pas accessible à tous, dans l'âge où nous vivons. La sympathie est bien le fil conducteur, et, le désir ou la volonté sont les opérateurs ; mais de là à une action facile, continue, agissant comme courant régulier — il y a toute une mer d'obstacles. Rien de beau, et de ce qu'on appelle le simple dans la nature, n'arrive que de longue main — à travers bien des insuccès. L'usage du fluide électrique, son application aux multiples besoins de l'humanité, est encore à l'état de problème, très diffi-

DELPHINE GAY-DE GIRARDIN

cile à résoudre. Il en est de même pour le fluide magnétique, qui est supérieur au premier.

On verra plus tard pourquoi cet esprit qui — selon toutes les apparences *extérieures*, ce qui pour notre monde fait loi, — ne devait être qu'une étrangère pour moi — put, si tôt après sa mort, entrer si facilement dans mon atmosphère et se caser là comme chez elle. Je lui demandais un jour : — où et comment nous nous étions connus?... Elle me répondit :

« C'est dans le monde fluidique — à une fête — vous
« me fûtes présenté! Le lendemain, j'allai auprès de
« vous, pour la première fois. J'étais attirée, de plus
« en plus à mesure que je venais. — Par quel défilé
« historique, romanesque, se fait-il, que vous et moi,
« séparés durant notre vie terrestre par une mer, nous
« soyons parvenus à nous rencontrer, à vivre dans une
« même sphère d'action spirituelle?... La pluralité
« atteint l'unité, et sort de son sein ; elle se voit partout, en toute chose, et joue dans l'existence des
« âmes des rôles tellement grands et étranges, que la
« plupart des esprits sont incapables d'en rien comprendre. Vous avez, vous, je le sens, la clef de l'énigme
« que je viens de présenter à vos yeux ; et, mystérieux
« que vous êtes — vous me laissez dans l'incertitude,
« à courir après toutes espèces de suppositions, sans
« pouvoir me fixer sur aucune. Le temps viendra où
« vous me direz ces choses, de votre bouche même,
« n'est-ce pas? Je tiens à connaître ce mystère, et à ce
« que ce soit vous, et nul autre, qui me l'appreniez. »
— Ce ne fut que bien des années après que je dévoilai ce secret — pour elle et pour moi en même temps. On verra comment.

Cette apparition brillante de Delphine (comme je la nommai toujours ensuite) dans l'atmosphère un peu nuageuse alors — de mon début, servit sans doute à éclairer la route que je suivais. Mais d'autres esprits, même plus avancés, me fréquentaient : Swedenbourg, Franklin, Voltaire, Fénelon, Bossuet, le Dr Rush (autrefois de Philadelphie) manifestaient de différentes manières leur présence auprès de moi — directement, en me parlant, et en agissant aussi par moi. Eux, et bien d'autres esprits de même ordre, ont puissamment contribué à déterminer l'avènement du spiritisme moderne, assure-t-on. Le monde fluidique, qui travaille pour nous, comme nous travaillons pour nos enfants, conçoit ses mesures, les coordonne et les applique — ce qui entraîne du temps et des efforts. Bien obtus sont ceux qui, aujourd'hui, ne peuvent pas voir l'immense révolution bienfaisante, que le spiritisme a produit dans notre monde.

Franklin me donna une nuit une manifestation assez extraordinaire. Venant de nous coucher, ma femme, subitement prise de frissons très forts, s'entrechoquait les dents et éprouvait des étouffements. J'offris de la magnétiser, mais elle ne voulut pas. Tout à coup je m'aperçus que le fluide s'échappait de tout mon corps, par étincelles, et se portait sur ma femme à mon côté. Cela me parut bien singulier, car je n'avais employé aucune volonté pour produire cet effet. Immédiatement, ma femme me dit : — que ça la *piquait* partout, et insista pour que je la laissasse tranquille — en même temps, s'asseyant sur le lit, elle se mit à essuyer la sueur sur sa figure, se disant tout en nage, et tout à fait rétablie. Elle se recoucha ensuite. Je me dis alors que cela devait être dû à quelque esprit, et j'ajoutai : — mais cela ne l'endormira pas ?... — « Non ! me répondit une voix mystérieuse ; mais un autre va venir et l'endormira ! » et aussitôt je pus voir, bien distinctement, au pied du lit, la figure d'un Indien (esprit indien) qui me dit qui il était, et disparut. Alors arriva ce qui suit. Je sentis sur le sommet de la tête une pression bien évidente, qui se répandit magnétiquement par tout mon être, en un clin d'œil. Cette influence s'échappa immédiatement de moi, tout le long de mon corps, sous la forme d'une nappe, qui, par trois fois — ainsi que je le vis — enveloppa toute la personne de ma femme. Et la chose dite par l'Indien, était en effet faite. Ma femme était endormie, d'un sommeil profond. Je l'appelai, je la secouai, mais rien n'y fit ; elle était devenue tout à coup insensible. Il me restait à voir celui qui venait d'opérer ce tour de main mystérieux. Je n'eus pas à attendre, car aussitôt j'aperçus — mes yeux bien ouverts — sur le côté du lit où se trouvait ma femme, la belle et tranquille figure de Franklin, en corps entier. La pleine lumière d'un réverbère de la rue, qui donnait dans notre chambre, directement sur le lit, l'éclairait positivement. Cet esprit resta là, souriant, me permettant une bonne et longue inspection de sa personne, et finalement il disparut. Je tâchai de lui parler, pendant qu'il était là, mais je ne le pus pas. — Ma femme, dans tout cet acte intéressant, n'y avait rien vu ; mais elle déclara le lendemain, qu'il s'était passé quelque chose d'extraordinaire, qu'elle ne pouvait ni détailler, ni comprendre.

Une après-midi, vers trois heures, étant seul dans ma chambre je me jetai sur un canapé pour faire la sieste, quand tout à coup, à un pas de moi, surgit une apparition d'enfant. C'était tout simplement Emma, une de mes filles, qui, ne vécut que huit jours, et qui trois ans après cet événement se montrait ainsi. L'apparition avait tout à fait le caractère de la tangibilité à mes yeux ouverts et éveillés. Je me crus d'abord halluciné, et, par trois fois, je fermai les yeux, croyant ainsi dissiper cette image dans mon cerveau ; mais chaque fois je voyais la même chose. Je conclus que c'était bien réel ou objectif. Cette enfant me souriait tranquillement ; ses pieds reposaient sur un petit nuage à une trentaine de centimètres du plancher. Je remarquai particulièrement sa toilette légère, où le blanc et le rose figuraient. Cette matérialisation, bien tangible à mes yeux, dura au moins cinq minutes, et la disparition eut lieu graduellement — le blanc et le rose de la robe se mêlant fantastiquement, présenta un jeu kaléidoscopique ravissant. Par la clairvoyance depuis, j'ai pu voir cette enfant, ainsi que les autres, grandir avec le temps : chacun conservant son sexe respectif — chacun avec des aptitudes différentes se livrant à des études dissemblables. Mais, quant à Emma, il y a une couple d'années, dans une séance à Boston, elle se matérialisa et me parla longuement en dehors du cabinet, puis, sans préambule, elle fit allusion à la visite qu'elle m'avait faite, étant *petite fille*, dit-elle.

Vers le même temps j'eus une autre preuve, dans des circonstances analogues. Je voyais le ciel, malgré le toit de la maison, en bleu et en blanc, avec des nuages diaphanes — et une femme avec un bébé dans ses bras qui s'élevait ou glissait tranquillement dans ses hauteurs. Je demandai mentalement ce que cela signifiait. On me répondit : — « *Tu le sauras bientôt!* » En effet, mon enfant, Charles, né le 10 février 1858, mourait presque subitement le 12 juillet, de la même année, quinze jours après cet *avertissement*.

Mais le fait qui suit arriva aussi inopinément que les autres, et fut de nature à m'impressionner au delà de toute expression — car il était bien nouveau pour moi. C'était la nuit, et j'étais occupé à lire ou à écrire, quand je vis Delphine arriver auprès de moi avec un fardeau dans ses bras, qu'elle déposa à mes pieds. Je ne vis pas tout de suite ce que c'était, mais je m'aperçus bientôt que cela avait une forme humaine. Je compris alors ce qu'on voulait de moi. C'était de — dématérialiser cet esprit malheureux qui portait le nom d'Alfred de Musset ! Et, ce qui confirmait pour moi cette version, c'est que Delphine s'était sauvée avec hâte, après avoir rempli sa besogne, comme si elle craignait d'assister à l'opération. Je devais être en ce moment dans une situation favorable pour faire ce qu'on attendait de moi ; mais, je ne sais pourquoi, je doutais de moi, et je ne voulais pas entreprendre la tâche. Le sujet était à mes pieds, dans une espèce de somnolence, et je le regardais en hochant la tête, comme pris moi-même dans un piège. J'allais refuser d'agir, lorsque tout à coup un grand esprit se montra à côté de moi et me dit distinctement : — « *Procédez, frère ; nous vous aiderons !* » — Ce grand esprit était celui qui, sur terre et pour un très grand nombre dans l'autre monde, est connu sous le nom de Jésus de Nazareth. C'était la première fois (à ma connaissance extérieure) que je le voyais. Mais je n'en paraissais pas étonné, comme si réellement sa personne m'était familière.

Pour renseigner les lecteurs, je dois d'abord dire que les vices sont considérés dans l'autre monde, par les esprits un peu éclairés, comme des *maladies*, et que ces maladies sont traitées de diverses manières, suivant les cas — quelquefois par des opérations très pénibles à endurer. Et, le cas présent, était un de ces derniers ; c'est pourquoi je ne tenais guère à l'entreprendre, mais le *devoir* m'obligeait, et je ne devais pas reculer. C'est ce que je compris dans ma conscience comme esprit clairvoyant. De plus, mon grand interlocuteur était là, je le sentais, sans néanmoins le voir comme lorsqu'il me parla — prêt à seconder mes efforts. Je me décidai donc. L'opération consistait à enlever de la forme entière de l'esprit une sorte d'épiderme, qui se reliait à l'intérieur de l'organisme par toute espèce de fibres ou d'attaches — ou de l'*écorcher*, enfin — ce que je fis avec sang-froid, en commençant par la tête, malgré les cris perçants et les convulsions violentes du patient, que j'entendais et que je voyais assurément, mais sans en tenir compte. Il y a opérateur et opérateur, dans les cas spirituels, comme dans les cas matériels ; et il s'agissait ici d'être habile. Le résultat, comme on le verra plus loin, fut satisfaisant.

Si à beaucoup d'entre vous, lecteurs, on disait, que vous rendez aussi des services de ce genre à vos semblables, durant votre sommeil surtout, quand vos esprits se dégagent plus ou moins de la matière — vous souririez peut-être d'incrédulité — mais cela n'empêcherait pas le fait d'être vrai. Donc, l'incrédulité ne signifie rien, n'arrête rien.

Le lendemain Delphine arriva pour me parler de son protégé, et elle m'annonça, qu'après avoir prodigué à ma *victime* tous les soins voulus pour la remettre des effets de la terrible opération que je lui avais fait subir, les amis avaient organisé un « festin de païen » pour célébrer sa délivrance ; et, elle ajouta : — « vous serez une dizaine d'années sans le voir — car il est parti pour ce temps en mission. » — J'abrège ce compte rendu ; mais on verra plus tard comment le grand poète appréciait le service que nous lui avions rendu.

Vers le même temps mourait à Montréal un millionnaire réputé homme de bien. Je ne le connaissais pas ; mais on se servit encore de moi, de l'autre côté, pour délivrer l'esprit de cet homme, décédé près de chez moi. Je vis en me couchant, que cet esprit était comme paralysé et qu'il flottait dans l'air, à peu de distance au-dessus de la maison où son enveloppe matérielle se trouvait encore. J'exprimai mon étonnement aux invisibles qui me faisaient voir ce tableau. Je ne comprenais pas comment un homme de bien pouvait se trouver dans cet état après son décès — et je voulais en savoir la raison. On me répondit : « d'agir, et qu'on contenterait ensuite ma curiosité. » J'étais parfaitement éveillé, ce qui ne m'empêcha pas de voir mon double spirituel ou mon esprit, sortir de mon corps et aller auprès de la forme inerte qui planait horizontalement dans l'air, et d'une main assurée enlever de ce corps une espèce de suaire qui y adhérait comme un faux épiderme. Ainsi dégagé l'esprit s'éleva aussitôt et disparut. — Maintenant, dis-je, à mes guides : — quel est le secret ? — Ils me répondirent en ces termes : — « M. S. était en effet un excellent homme, mais dans les dernières années de sa vie ici-bas, il avait la mauvaise habitude, la nuit venue, de s'enivrer ! » Cette révélation me surprit beaucoup, et, je dois avouer que, pendant plusieurs années, je doutai de son exactitude. Un jour arriva, néanmoins, où la confirmation de ce fait se fit entièrement. Un homme qui, avait eu durant bien des années des relations d'affaires avec le décédé, et qui le connaissait bien, m'avoua que le fait cité par les esprits était vrai — et il m'expliqua comment il se faisait que M. S. dans un moment d'abattement et d'ennui, avait eu la malencontreuse idée de chercher à noyer ainsi son chagrin, et à prendre ensuite une habitude dont il n'avait pu se débarrasser.

Une autre expérience, à peu près analogue à celle-là, m'arriva quelques années après. Deux prêtres irlandais avaient trouvé la mort dans l'incendie d'un l'hôtel de campagne où ils passaient la nuit. C'était dans un village, nommé Sault-aux-Récollets, à deux lieues à peu près de Montréal. Les cadavres furent trouvés calcinés le lendemain de l'incendie. L'un de ces prêtres qui desservait une des paroisses irlandaises de Montréal, était renommé pour son éloquence, son esprit libéral et ses qualités sociables; les protestants même l'estimaient beaucoup. L'autre, arrivé d'Irlande depuis peu de temps, était l'ami intime du premier; ils étaient liés d'enfance et ils avaient fait leurs études au même collège. Jeunes encore tous les deux, et se rencontrant après des années de séparation, ils s'étaient attardés dans l'hôtel où ils se trouvaient, causant, fumant et buvant un peu — trop, peut-être, vu l'excitation et la joie dans laquelle ils se complaisaient — ce qui fit que, quand l'incendie se déclara, étant couchés, ils ne purent se sauver; leurs cerveaux troublés par la boisson (dont ils ne faisaient pas un usage habituel) les empêcha d'avoir le sang-froid voulu au moment du danger.

De toute cette histoire et de ses détails je ne savais que ceci : c'est que deux prêtres avaient été brûlés la veille dans l'incendie de l'hôtel au Sault-aux-Récollets. Et, comme cette paroisse est tout à fait franco-canadienne, j'avais conclu que les deux prêtres en question devaient être de cette nationalité.

Donc, le lendemain soir de ce triste événement, étant couché depuis quelques instants à peine, mon esprit s'élança tout à coup en dehors de son *intime* matériel, et se trouva en un clin d'œil au lieu même du sinistre, dont je viens de parler. J'étais tout à fait éveillé, et je me voyais très bien aux deux endroits différents en même temps. Je vis mon esprit s'arrêter un peu auprès de l'hôtel incendié et contempler les charbons en tas épais et épars çà et là, sur la neige (car c'était en hiver) et glisser soudainement à gauche vers un bouquet d'arbres plus loin, près de la rivière. Je m'entendis alors apostrophant *en anglais* (ce qui surprit beaucoup mon moi dans le lit) deux formes humaines qui se trouvaient là debout, à quelque distance l'une de l'autre, et qui semblaient pétrifiées — leur disant, de « sortir de là ! de suivre la lumière ! » — laquelle, ayant l'apparence d'une étoile, se manifesta aussitôt à leurs yeux et aux miens en même temps — à mes *quatre* yeux ! Les deux hommes ou esprits, réveillés de leur torpeur à mon commandement sec et bref, s'empressèrent d'obéir et de disparaître. Et je rentrai chez moi, ou en moi, assez content de ce que je venais de faire. — Ce qui intriguait, néanmoins, mon moi extérieur, c'était d'avoir entendu l'autre, mon moi intérieur ou mon esprit, adresser la parole aux deux esprits en *anglais*, au lieu de le faire en français — tellement j'étais sous l'impression première. L'intérieur a toujours une valeur plus forte que l'extérieur. Ce fait le prouve bien.

L'enseignement — c'est qu'on subit après sa mort les conséquences de sa vie terrestre, un plus ou moins long temps, suivant le cas. Les uns, dans leur ignorance, appellent cela une *punition*, les autres, en petit nombre, voient ou comprennent autrement — et reconnaissent philosophiquement — qu'il n'y a dans la nature entière, que *causes* et *effets* — ce qui exclut complètement l'idée d'une direction *vengeresse* !

Il y a beaucoup d'êtres qui, après leur trépas, restent dans un état léthargique, d'inconscience — même pendant des années, — d'autres qui ne se rendent pas compte du changement qu'ils ont subi, mais se croient encore à l'état matériel. D'autres, entourés de nuages épais, dans lesquels ils se sont enveloppés durant leur vie terrestre, tout en étant éveillés, ne voient rien autre chose qu'eux-mêmes et le tableau sombre de leur vie. D'autres, encore, et ce sont les pires, sont attirés et retenus dans des antres peuplés d'êtres misérables, vicieux, noirs et repoussants, qui font subir aux derniers venus toute espèce de tyrannies. Et le séjour des apathiques, des égoïstes, des vains, etc., est en rapport avec leur état. La solidarité, ou la fraternité de tous les êtres, oblige les supérieurs de venir en aide aux inférieurs, (au point de vue moral), surtout lorsque ces derniers réclament du secours, ou sont prêts à s'aider eux-mêmes — alors un changement s'établit pour chacun des misérables. Le proverbe : « Aide-toi, le ciel t'aidera ! » est applicable dans l'autre monde comme dans celui-ci. Le progrès — qui se manifeste partout, est le résultat de l'action de chacun vers le bien et le mieux — et personne, nulle part, ne peut s'exempter de cette action, de ce travail ; tôt ou tard, chacun l'accomplit — le plus « vil » comme le plus pur. L'être éclairé, bon et sage, a monté du bas de l'échelle ! Donc, le beau n'est que le produit du laid. Donc, les démons les plus noirs sont des anges en germe. Ce n'est, en toute vérité, que le temps, ou la nécessité et l'opportunité, qui les transforment en les utilisant au profit de tous. La nature a son grand laboratoire où toutes choses servent à de bonnes fins.

Delphine me signalait un jour les faits relatés plus haut, et d'autres encore, pour me montrer que j'avais tort de croire que mon existence était vide, ou que je ne servais pas à grand'chose — Et elle disait, que durant le sommeil mon esprit accomplissait beaucoup de travaux utiles. Elle et d'autres esprits me firent directement cette révélation : — Que ma mission était plutôt spirituelle que matérielle; mais qu'ayant, avec d'autres, à déterminer des révolutions nécessaires dans le monde fluidique — par l'action de certaines classes d'esprits peu avancés — j'avais choisi le poste de la terre comme étant une position plus avantageuse pour commander ces masses turbulentes qui affectionnent tout ce qui est terrestre. — Le principal but de ma mission étant de miner et de restreindre l'autorité cléricale dans l'autre monde (et par contre-coup dans celui-ci) et possédant toutes les attributions de la matérialité, je devenais investi par là même, aux yeux de ces masses grossières, du prestige nécessaire pour exercer sur elles l'autorité voulue, bien plus que si mon périsprit n'avait que l'apparence et les qualités fluidiques.

Ce dévoilement d'une partie de l'organisation de l'autre monde — où les êtres sont aussi humains qu'ici — ce coup d'œil sur les faits et gestes de ses populations, en ce qui concerne le mode usité pour produire là l'avancement social — semblera chose fantastique. Les connaissances qu'on a sur la terre des sphères fluidiques — de cette source immédiate de notre monde, qui sert à le faire vivre, à le faire progresser — sont si limitées, que c'est à peine si l'on croit à leur existence. C'est une conséquence de la *foi* — qui diminue en intensité à mesure qu'elle vieillit et qui demande à être remplacée par celle qu'elle avait déplacée : — l'érudition mythologique ! Comme toutes les théories, tous les systèmes, ne sont, après tout, qu'une renaissance d'idées — autrefois à la mode — il est logique que les notions, si pratiques des anciens, redeviennent acceptables, populaires. Fondues dans le creuset des nouveaux siècles elles perdront leurs scories et brilleront d'un éclat pur, en rapport avec l'avancement des temps modernes.

Afin d'étayer la révélation faite à mon sujet, je crois devoir citer Delphine qui me faisait écrire un jour :

« Quand, dimanche dernier, à Toronto (Canada) vous vîtes arriver dans votre chambre d'hôtel cet envoyé des sphères ecclésiastiques de notre monde, dont le front était vaste et rempli d'intelligence forte et froide, ne comprîtes-vous pas tout de suite le but de cette visite, avant même que ce grand personnage n'eût ouvert les lèvres ? Comment se fait-il que vous connaissiez ce haut dignitaire ? Comment tous les plis et replis de son caractère, de sa pensée, n'échappaient-ils pas à votre regard ? Vous l'invitâtes, néanmoins, à présenter verbalement le motif de sa visite, comme si vous n'en connaissiez rien. Ce grand représentant d'une classe considérable de notre sphère, s'exécuta aussitôt d'une manière claire, franche et ouverte. Il reconnut, n'est-ce pas ? sans ambiguïté, que vous teniez en main les fils, qui ont déjà mis en mouvement des masses énormes de notre monde pour une révolution terrible. Il vous le dit en toute lettre, avec un air très sérieux, ne témoignant aucun doute à cet égard. — Il vous demanda, jusqu'à quel point le cataclysme devait s'étendre ? et sans chercher à vous apitoyer par des représentations oiseuses de novice ou de basse diplomatie, cet envoyé extraordinaire de la classe ecclésiastique la plus influente, en quelque sorte, de notre monde et du vôtre, s'enquit des dispositions générales du plan de ladite révolution, et de son action particulière sur le grand corps qu'il représentait. Comme si vous ne redoutiez aucune espèce de résistance à l'exécution des vues et des décrets que vous représentiez d'autre part, vous fîtes un relevé succinct et clair de la position sociale des deux mondes, et de la nécessité de certaines mesures pour produire dans les deux un état compatible avec l'intérêt de tous, suivant les vues de la haute sagesse. Vous lui annonçâtes clairement, que son corps aurait à subir une grande transformation, et que de fond en comble, ses temples, avec leurs cérémonies délétères et leurs pratiques souvent criminelles — seraient renversés. L'envoyé semblait s'attendre à cette exposition, car il est, de fait, au-dessus de sa classe, et ne se trouve là qu'en vertu de dispositions prises antérieurement par les sphères supérieures, en vue de l'événement actuel.

« Durant cette entrevue, qui fut assez longue — eûtes-vous un seul instant de faiblesse ou de doute?... Non! — Vous sembliez résumer en vous l'autorité et la capacité. Vous étiez enfin, à la hauteur de la situation qu'on vous assigne, qu'on vous reconnaît. Aucun voile ne venait s'interposer entre vous et la face immensément mystérieuse de la destinée. Cet état, appelé anormal, sous lequel je vous vois souvent, sort de votre personne à l'instar des rayons du soleil, et fait que le corps, d'où cet état se produit, disparaît presque à ma vue. C'est merveilleux ; mais c'est vrai !

« Croyez-vous, par hasard, que toute mon intelligence, mes sentiments les plus élevés, se prosterneraient en vous avec tant de dévotion, d'admiration et de complet embrassement, comme cela est, si vous étiez autrement que vous êtes?... Celle que vous trouvez : « si belle, si bonne, » connaît son monde: elle cherche en effet — le beau et le bien — et quand elle trouve l'un ou l'autre, même dans la fange, elle ne craint pas de salir ses doigts littéraires et délicats pour s'en emparer et les faire valoir. Depuis longtemps vous me connaissez — vous m'enveloppez de vos vastes plis, où les sentiments les plus purs existent et s'accusent sous les couleurs les plus tendres, les plus belles — et c'est dans cette atmosphère que je me complais, plus que partout ailleurs. Les vulgaires enfants de la nature nommeraient cette explosion constante en moi — une déclaration d'*amour* ! Hélas ! comme il faut vivre beaucoup et traverser de nombreuses existences pour apprendre à distinguer les limites qui séparent les sentiments entre eux, et les degrés que chacun d'eux comportent voilés dans leur sein. »

Delphine, dans ce qui précède, me fait *poser* — tandis que dans les premiers temps j'étais « remorqué, » par elle, comme elle disait, et j'aimais ce rôle. Le fait est, que j'ai enduré pendant plusieurs années des assauts de la part des esprits, avant d'admettre que ma position dans l'autre monde était celle d'un chef. Je résistai à ce qu'on me disait, à ce que je voyais — croyant sincèrement que l'amour propre en était le moteur actif ; mais contre des preuves d'évidence accumulées, venant de toutes parts, s'enchaînant si bien les unes aux autres — il fallut me résigner à reconnaître, à accepter ce que je ne désirais *nullement*. « Je suis vilain, et bien vilain, » comme a dit Béranger, et, ma foi, assez content de l'être, je ne désirais pas plus que cela là-haut.

« Chacun son tour, » partout, est de bonne justice. Dans l'autre monde c'est l'expérience qui fait la valeur d'un esprit, cette expérience est le résultat de *l'âge* de l'esprit, dans un certain sens. Les esprits n'ont pas d'âge, dans l'acception ordinaire ; mais la durée de cette condition d'esprit — ayant pour point de départ la condition d'âme — ou le grand nombre de réincarnations dans les deux sphères, fluidiques et matérielles, où chacun doit passer par tous les degrés — fait que chacun à son tour pour arriver à l'état d'expérience complète. Je répète ici cette leçon, car on ne saurait trop réfléchir sur ce point de vue important.

Entraîné dans le tourbillon de l'expérimentation et avide de connaître les phases nouvelles, j'allais souvent à New-York pour voir les célèbres médiums qui y demeuraient ou y venaient donner des séances. L'un d'eux, nommé J.-B. Conklin, était remarquable par la spontanéité des communications qui étaient données par son entremise ; le plus souvent les esprits le faisaient écrire à l'envers, à la course, de longs messages, remplis de détails, et signaient en toutes lettres leurs noms et prénoms — soulevant de terre en même temps la table et frappant des coups dessus pour exprimer leur joie. Mlle Sarah Irish, médium de même genre, était très courue aussi ; chez elle les coups frappés, au gré des visiteurs, n'importe où, étaient souvent si forts que les spectateurs nouveaux en sautaient de surprise et de crainte. Georges Redman, médium à effets physiques, obtenait des matérialisations partielles ou entières ; ses séances étaient vraiment remarquables — et il servit à convaincre un grand nombre d'incrédules. Rollin Squire donnait à peu près les mêmes phénomènes ; et D.-D. Home, nouveau médium alors, obtenait déjà des manifestations merveilleuses, telles que d'être élevé horizontalement et de flotter dans l'air — lequel fait et d'autres il produisit après en Europe. Ce genre de manifestation avait lieu alors (en 1858) par un bon nombre d'autres médiums, féminins et masculins ; l'un de ces derniers était Henry J. Gordon, cité par Home dans ses mémoires, et chez qui, bien des années après, j'eus beaucoup et d'excellentes séances de matérialisation, à Philadelphie. Mme Kellogg, mère de la *prima donna* américaine, donnait de bonnes preuves par l'écriture et sa clairvoyance était d'une grande portée.

Le Maître de Poste des Esprits, comme on a toujours nommé J. V. Mansfield, qui pratique encore sa médiumnité à New-York, malgré son âge avancé, fut un des médiums célèbres des premiers temps, et, chose assez remarquable, ses capacités n'ont pas baissé. Doué au physique d'une belle figure classique, sa personne impose non seulement par ses grandes et belles proportions, mais son port et l'expression de ses traits respirent quelque chose de majestueux. C'est le patriarche des médiums américains. Sa réputation est grande et elle est bien méritée. Son titre de Maître de Poste des esprits vient de son genre principal de médiumnité, qui consiste à répondre aux lettres cachetées et même cousues à la mécanique, qui lui sont envoyées de partout ou à celles qu'on lui apporte. Après les avoir simplement touchées, sa main est mise en mouvement par ses esprits-guides, et même dans des langues étrangères ces derniers lui font écrire des communications qui répondent parfaitement au contenu invisible desdites lettres. Deux incrédules de New-York, pensant pouvoir le mettre au pied du mur, firent écrire en chinois une lettre adressée au père décédé de l'écrivain, enfant du « Céleste Empire. » Avec cette lettre bien enveloppée, scellée, et ne portant aucune adresse, ces deux joyeux compères se rendirent chez Mansfield, en plein jour, et demandèrent une séance, qui leur fut accordée tout de suite. Sans rien dire ils déposèrent eur lettre sur la table et attendirent le résultat. Le médium, après avoir touché l'enveloppe, se mit à griffonner rapidement sur du papier, et ayant fini, donna la lettre et les feuillets aux visiteurs qui partirent en grande hâte pour aller trouver le Chinois, leur allié.

Stupéfaits, ils apprirent alors que les caractères tracés par Mansfield étaient bien chinois, et que le tout répondait parfaitement au contenu de la lettre. Le Chinois ajouta : — « Mon père a signé et il fait allusion à une chose tout à fait étrangère à ma lettre, dont je ne lui parlais pas : — il me donne le nom d'une de mes cousines, habitant la Chine, et il m'annonce (ce que je ne sais pas) qu'elle est morte depuis mon départ du pays ! » Ce fait fut publié par les deux... convertis. On a eu recours à toute sorte d'expédients *Yankees* pour mettre ce médium en défaut — sans y réussir. Les journaux et les revues, même adversaires, ont raconté sur son compte des centaines de faits aussi surprenants que celui-là.

La première fois que j'allai chez ce médium pour avoir une séance, en 1858, Franklin, qui me fréquentait beaucoup alors, me réprimanda avant de monter l'escalier — me disant que j'avais tort de jeter mon argent à l'eau, que lui et les autres, pouvaient me renseigner sur ce que je voulais savoir ! C'était bien encore l'esprit d'autrefois, qui a dit : — « Ayez soin des sous, et les dollars auront soin d'eux-mêmes. » — Les séances de Mansfield coûtaient cher dans ce temps — cinq dollars l'heure — c'est pourquoi mon guide économe, économiste et philosophe venait ainsi me faire la leçon. Je n'en montai pas moins et j'eus une séance, seulement elle me coûta cher — sept dollars, soit 35 francs — car j'avais passé l'heure de vingt minutes sans m'en apercevoir. Néanmoins, Mansfield me dit, comme influencé lui-même par mon ami invisible, que je ne devrais pas dépenser mon argent ainsi — car il s'était aperçu durant la séance que je recevais aussi vite que lui les réponses attendues — ce qui témoignait qu'il était honnête, malgré son amour pour les dollars. Ce trait peint l'homme en entier. Malgré le flux abondant, en espèces, qui a presque toujours déferlé sur ce médium — il n'est pas riche. Et c'est le cas pour la plupart des autres — comme pour les artistes.

Une Mme French, attirait dans le même temps, un grand nombre d'investigateurs, par les manifestations surprenantes qui avaient lieu par son intermédiaire. Durant tout un hiver ses séances de nuit furent très fréquentées. Les visiteurs apportaient des feuilles de papier, bien marquées par eux, lesquelles prises par le médium et humectées par lui au moyen d'un linge mouillé, étaient ensuite roulées et remises à leurs propriétaires. Au bout de cinq, dix ou vingt secondes Mme French donnait le signal d'ouvrir la feuille de papier, et alors le visiteur y trouvait à l'intérieur du papier des dessins, très bien exécutés, de ce qu'il avait demandé *mentalement*, assez souvent en couleurs vives. D'autres fois on déposait le papier sous un canapé ou un meuble quelconque, dans la chambre, avec des crayons ou des couleurs et pinceaux, placés dans une assiette — et on pouvait entendre les artistes invisibles se mettant à l'œuvre et frappant les bords de l'assiette avec les instruments dont ils se servaient pour dessiner et peindre. C'était merveilleux !

Je connus beaucoup aussi un autre médium, Charles Foster, qui exerça longtemps des dons très remarquables, avec une facilité d'exécution qui tenait du prodige. Il avait presque tous les genres de médiumnité, et au besoin les esprits s'en servaient de toutes les manières, à leur gré. Un peu bohême dans ses habitudes, menant la vie à grandes guides, il finit tristement, il y a quelques années, dans un asile d'aliénés ; ses excès, et non sa médiumnité, le conduisirent là. Foster nommait sur-le-champ, en toutes lettres, les esprits qui accompagnaient ses visiteurs, et de plus, il obtenait d'eux des autographes, directement, en un clin d'œil. Les esprits imprimaient aussi sur son bras, en caractères soulevés, leurs noms, la date de leur naissance et celle de leur mort. Ces caractères en relief, ne pouvaient être effacés par le frottement de la main — mais ils disparaissaient graduellement, sans laisser de trace sur la peau. C'est ce phénomène surtout produit spontanément, en tous lieux, qui bouleversait les sceptiques et les confondait. Foster ne fut pas le seul médium doué de cette faculté ; et même il y en a encore aux Etats-Unis qui obtiennent ce curieux fait psychique.

L'expérience prouve que la médiumnité use vite la santé des médiums, en général. S'adonnant trop aux séances, dans le but de gagner de l'argent, ou ne prenant pas assez de repos et de distractions, ils s'épuisent dans l'espace de cinq à dix ans, et assez rarement après ils redeviennent ce qu'ils étaient. Les médiums à matérialisation surtout sont ceux qui s'affaiblissent le plus vite. Vient ensuite la médiumnité de l'écriture ou des dessins directs sur ardoise ou autrement — ce qui cause une grande déperdition du fluide vital du médium.

En 1860 et 1864 les frères Davenport donnèrent des séances publiques à Montréal, dans une salle qui contenait au moins 2.000 personnes, et qui fut remplie de monde chaque soirée. On a dénigré ces médiums, en Europe surtout, où ils sont venus en missionnaires pour faire connaître le côté expérimental du spiritisme ; à Londres et à Paris on se porta contre eux à des voies de fait, d'une façon brutale, prétendant qu'ils n'étaient que des imposteurs. Ces accusations étaient injustes, car ayant aidé à fixer leur cabinet en place, et en connaissant toutes les parties, je sais que ce meuble n'avait rien de louche. Les manifestations qu'ils produisaient étaient puissantes et de nature à éveiller l'attention des gens de bonne foi. Leurs séances dans l'obscurité complète, qu'ils donnaient après chaque séance publique, à un petit nombre, de vingt à trente personnes, étaient très intéressantes. J'y assistai une fois avec une de mes filles, âgée alors de sept ans. Les instruments de musique circulaient rapidement dans l'air, au-dessus de nos têtes, et produisaient des accords plus ou moins harmonieux, quand inopinément mon fils-esprit, Henry, vint me dire à l'oreille qu'il allait apporter le tambour de basque sur la tête de *Ninie*, sa sœur, qui était assise à côté de moi. J'en avertis ma petite fille afin de la rassurer. Au bout d'un instant, en effet, cet instrument était placé là. Ensuite Henry m'annonça qu'il allait pincer sa sœur à la cuisse gauche — ce qu'il fit. Ces deux faits, annoncés d'avance, étaient certainement péremptoires. Je passe sous silence les autres expériences pour abréger mon récit.

Etant d'un tempérament positif, ma médiumnité se ressentait nécessairement de cette condition défavorable aux expériences qui exigent de la passivité. Voyant le peu de progrès que je faisais comme médium dessinateur, je cessai d'agir comme tel durant l'espace de onze ans.

III

Dans la *Revue Spirite*, publiée à Paris, par Allan Kardec, ce grand vulgarisateur de la doctrine spirite en France, avec qui j'étais en correspondance — j'avais admiré des articles signés Jobard. J'entrai en relation avec ce spirituel savant qui était alors directeur du Musée Royal, à Bruxelles (Belgique). Nous échangeâmes deux lettres, et voici ce qui arriva au moment où j'écrivais la seconde. Delphine vint me souffler de garder la quatrième page pour elle, pour sa dictée. En effet, ce charmant esprit s'adressant à cet autre, me fit écrire une boutade ruisselante de bonne humeur et de pointes fines, qui remplit entièrement la quatrième page de ma lettre. Ceci arriva vers le 12 octobre 1861. Le 27, ou quinze jours après, venant de me coucher, j'aperçus au pied de mon lit un esprit masculin qui, sans vêtement aucun, semblait en proie à un coup d'apoplexie. — Je ne savais que penser de ce tableau ou de cette apparition, quand, subitement, en disparaissant, cet esprit me cria le nom de — *Jobard* ! Je me dis aussitôt : — Jobard est mort ! Le lendemain cet esprit vint me dire, directement, mais sans se montrer : — « En effet, je suis *mort* — grâce à vous ! C'est vous qui m'avez tué, et je viens vous en remercier ! » Je ne savais que penser de cette communication d'outre-tombe, et ne voulant pas endosser la responsabilité du fait, de cette accusation, je m'écriai

— Mais comment ? Alors il me répondit en substance ceci : — Qu'ayant reçu ma dernière lettre au moment où il venait de finir un copieux dîner, il s'était tellement intéressé à sa lecture, qu'il ne sentit pas venir le coup qui allait le terrasser, — mais tomba subitement dans l'autre monde ! C'était probablement la quatrième page qui lui avait porté le coup de grâce. Bientôt après les journaux confirmèrent cette mort — arrivée par l'apoplexie à la date dite plus haut — seulement, ce que je viens de raconter resta lettre close. On verra reparaître cet esprit plus loin, dans des phases très intéressantes.

J'étais aussi en correspondance avec William Howitt de Londres (Angleterre), célèbre écrivain, converti au spiritisme. Un jour, en 1863, un esprit, se disant son fils, me demanda directement d'écrire à son père et de lui annoncer qu'il était mort, depuis peu, dans la Nouvelle-Zélande, en traversant un lac en canot. Et, il ajouta, qu'il travaillait, depuis cet événement, avec d'autres esprits ingénieurs, à la pose du (premier) câble télégraphique transatlantique. Le fait était exact, ainsi que le père me l'écrivit ensuite.

Durant un voyage que je fis dans l'Ouest, je vis une nuit, à côté de mon lit, un esprit féminin qui était roulé sur lui-même, et me regardait avec des grands yeux noirs éclatants. Cette femme se faisait mon chien ; elle en prenait la position, et ne demandait rien de mieux. Je voyais dans son regard une adoration profonde, une abnégation d'elle-même sans égale, et un bonheur concentré, complet. Il y avait quelque chose de farouche, néanmoins, dans cet être qui me dévorait de ses yeux. Moins qu'une femme et plus qu'une femme ! Voilà l'impression qu'elle me causait. D'où venait-elle ?

c'était la première fois que je la voyais, et je sentais aussi qu'elle ne demandait rien — rien que de me regarder, et de se savoir vue dans cette position. On verra plus loin que cette femme était un mystère, un grand et beau mystère.

La condensation du périsprit ou de la *forme* de l'esprit, jusqu'à l'état matériel ou concret, là où l'esprit devient alors visible et tangible pour tous les assistants indistinctement, est une de ces phases phénoménales qui intéressent généralement au plus haut point les investigateurs du spiritisme. Un fait est un fait, et contre celui de la matérialisation d'un être, qui n'était pas là l'instant avant, et qui se manifeste aux sens, de toute manière, comme un mortel qui n'a pas changé d'état, et qui est vêtu comme lui — cela est un de ces faits patents que tout le monde peut voir, si on se donne la peine d'aller aux cercles, chez des médiums, par l'entremise de qui ces phénomènes se produisent. Le cabinet, comme la chambre obscure dans l'instrument photographique, sert à l'action chimique employée par les invisibles pour se rendre visibles. Ce petit meuble peut être examiné de fond en comble: il peut être déplacé, défait; et souvent les sceptiques ne se gênent pas de recourir à ces moyens. Quant à moi, je n'ai jamais cherché à mettre ainsi en suspicion l'honnêteté d'aucun médium — me contentant d'examiner plutôt les formes qui venaient à moi, de les recevoir de bonne foi, de les écouter parler, quand ils pouvaient le faire, de les questionner mentalement ou verbalement, quitte ensuite à tirer mes conclusions. Et, je dois dire, que cette manière de faire m'a toujours bien réussi.

Comme dans l'ordre scientifique, les phénomènes psychiques exigent des conditions; celle du cabinet sert à concentrer les fluides dont les esprits se servent pour se manifester matériellement. Ils peuvent se manifester et ils le font assez souvent — sans cabinets — en arrière d'un rideau, placé n'importe où, comme on le verra plus loin, et même sans cela — dans une pièce un peu obscurcie. Je ne prétends pas, néanmoins, que les médiums soient impeccables, ou même que les esprits qui les contrôlent soient tels non plus ; mais en somme l'évidence des preuves fournie par eux est certes propre à convaincre tout homme et toute femme de bonne foi. Ce qui doit être sera : c'est mon opinion. Si la réceptivité existe en quelqu'un il y aura moisson, autrement non. C'est pourquoi, il vaut mieux ne pas s'occuper de ce qui ne nous attire pas fortement. C'est l'intérieur de soi-même, sa conscience, qui doit être consultée, et non pas la fantaisie du moment. Il faut des négateurs dans la société, comme du zinc dans une batterie! ils sont aussi utiles que les autres, que ceux qui voient clairement et sûrement. Je ne suis donc pas pessimiste.

On dispute, on nie l'identité des esprits auteurs, lorsqu'ils donnent des communications qui se trouvent être au niveau du médium, ou des assistants ; mais celles qui dépassent ces coudées et qui sont dignes d'être admirées — sont mises de côté, comme étant sans existence. On suit la même tactique pour les œuvres artistiques qui proviennent des esprits, soit directement, soit indirectement.

A une séance chez Mlle Huet, à Paris, en 1878, une communication fut donnée au moyen de l'alphabet et de coups frappés et l'auteur signa : Swedenborg. Cette dictée, à mon avis, n'était certes pas à la hauteur de l'illustre Suédois, et je me disais qu'un autre avait dû s'affubler de ce nom; mais Delphine, qui se trouvait auprès de moi en ce moment, me dit aussitôt, directement : « Tu te trompes, mon ami ; c'est bien Swedenborg qui a donné cette communication — seulement les conditions n'étaient pas propices et la dictée en fut par là altérée.

Au même cercle et vers le même temps, tandis que Delphine donnait une communication, je m'aperçus tout à coup qu'un certain capitaine B., présent, cherchait à l'influencer (mentalement) et à lui faire dire autrement qu'elle ne voulait. Je me permis alors d'apostropher cet intrus, et de lui dire de laisser l'esprit libre d'exprimer sa propre pensée ! Grâce à ma clairvoyance et à mon intervention positive, je pus empêcher Delphine de subir (car elle faiblissait déjà) cette influence inopportune.

Un autre cas. — Un excellent portraitiste de Philadelphie, nommé Waugh, me disait que les esprits s'étaient emparés de sa main pour le faire dessiner mécaniquement, mais que — dégoûté de ces œuvres médianimiques — il avait cessé d'être leur instrument. — A quoi lui servait son art, sa science, à ses premiers pas dans cette nouvelle manière de faire?
— A rien du tout !

J'ai bien souvent vu des peintres célèbres de l'autre monde, se servir de ma main pour dessiner, et leurs œuvres dans ces cas étaient bien au-dessous de celles produites par le contrôle de mes enfants qui, eux, sans être artistes, avaient, néanmoins, l'*habitude* de diriger ma main. — Il est toujours bon de s'arrêter au —*pourquoi!* et au *comment !*

En 1875 j'allai, pour la première fois, voir des matérialisations d'esprits, chez les frères Eddy, à Chittenden, petit endroit perdu dans les montagnes de l'État de Vermont. C'était vers la fin de l'été, après la visite de Mme Blavatsky et du colonel Olcott, qui, dans le journal quotidien illustré de New-York, le *Graphic*, venait de publier une longue série d'articles ou de compte rendus, qui firent grande sensation — lesquels articles mis en un volume ensuite reçurent le titre de « *People from the other World* », ou « *Les habitants de l'autre monde* ». Mes investigations durèrent trois semaines. Les miens ne pouvaient guère se manifester dans ce milieu, « trop grossier pour eux, » comme Henry vint me dire quelques années après — mais « tout nouveau, tout beau ». Les faits se distinguaient par une grande puissance et se présentaient avec un tel cachet commun de vérité, de naturel ordinaire, qu'on se sentait pris et transporté au delà du vertige, où tout devient simple, clair et compréhensible — tant il est vrai que la nature est la même partout, et que l'extraordinaire n'existe réellement que dans l'effort que nous faisons pour nous transporter d'un point à un autre.

Le *Banner of Light*, de Boston, publia en dix colonnes mon compte rendu des séances auxquelles j'assistai, — mais je n'en donnerai ici qu'un résumé bien restreint.

La famille de cultivateurs Eddy, très nombreuse, en filles et en garçons, tous médiums, s'est fait connaître plus particulièrement par les deux aînés, William et Horatio. Le premier donnait des séances de matérialisation de formes entières, dans une demi-obscurité ; le second servait de médium dans des cercles éclairés, le plus souvent ; ses séances dans l'obscurité étaient toutefois très intéressantes : certains esprits y jouaient sur des intruments de musique d'une manière ravissante, surtout sur l'accordéon — l'exécu-

tante se donnant le nom de May Flower — Fleur de
Mai. Elle improvisait aussi des pièces de poésie charmantes. Les principaux acteurs ou esprits qui se matérialisaient ordinairement étaient : Honto, Indienne.
— Wickachee, Indien. — Mme Eaton, venant généralement comme une vieille commère édentée, — la Sorcière de la Montagne, se disant la fille de l'ancien
Balthazar, — le frère de la Sorcière, — Georges Dix,
marin, — French Mary. Chacun de ces personnages
jouait un rôle particulier. Les trois premiers, apparaissant tous les soirs, restaient longtemps sur la scène
généralement, et captivaient l'attention de l'auditoire
par leurs allures et gestes. Honto et Wickachee ne
parlaient guère, mais la « mère Eaton » avait une volubilité étonnante. Honto, très active, excellait dans la
fabrication instantanée de châles, que ses doigts agiles
retiraient de l'air, du mur, du plancher, des genoux
des assistants — de n'importe où enfin — châles de
toutes grandeurs, de tissus différents et de toutes
couleurs — qu'on examinait à volonté. Elle sautait,
dansait avec celui-ci ou celle-là, fumait la pipe, en vrai
squaw, tirait le pistolet, sortait de la chambre, allait en
dehors avec qui voulait l'accompagner, et faisait entièrement le tour de la maison avant de rentrer. Un
soir, durant la séance, un photographe spirite étant
présent avec son instrument, on fit son portrait, dont
j'ai une excellente copie. On prit ensuite le portrait
des autres esprits familiers, de la même manière, et
j'ai ceux-là également. Comment pouvait-on obtenir
des photographies dans des conditions semblables ?
dira-t-on : sans la lumière du jour, dans une demi-obscurité ! Et pourtant cela se fit. Wickachee, bel Indien,
très agile, faisait assez souvent des armes avec William
Eddy ; il maniait très bien l'épée et le sabre, et parfois

il effrayait tellement son adversaire que celui-ci devenait tout pâle et jetait des cris d'effroi, à la grande consternation de l'auditoire.

La *mère* Eaton amusait beaucoup les assistants par son caquetage de commère et ses dialogues avec ceux-ci ou ceux-là ; elle racontait sa vie terrestre, sa vie d'esprit, faisait des remarques mordantes ou charitables sur les voisins, les voisines, et donnait des conseils excellents à ceux qui lui en demandaient ; cet esprit enfin semblait être autant de ce monde que de l'autre. Parfois, elle se présentait jeune, avec toutes ses dents, et invitait tout le monde à venir l'examiner de près — ce que chacun se hâtait de faire. Alors elle causait haut avec ses visiteurs, de la même voix qu'avant, de vieille, et leur faisait toucher ses joues roses, devenues pleines, sans plis. Ce jeu de transformation semblait lui plaire, et plaisait aux autres aussi. La Sorcière de la Montagne et son frère, donnaient fréquemment des conférences, à haute voix, sur tel ou tel sujet, lesquelles duraient de vingt minutes à une demi-heure, sans relâche — un tour de force que je ne vis jamais faire par nul autre esprit. Quant à la question de la parenté de ces deux esprits avec le fameux Balthazar, de mémoire biblique — dont ils parlaient quelquefois — cela est un sujet qu'on envisageait généralement comme plus ou moins apocryphe. Georges Dix, qui racontait parfois son histoire terrestre et son naufrage, quand il avait passé de vie à trépas, montrant une main où un doigt manquait, figurait plutôt dans les cercles de Horatio Eddy, qu'il dirigeait. French Mary remplissait, en quelque sorte, un rôle de comparse. Il venait beaucoup d'autres esprits, des Indiens, des blancs, des enfants et même des bébés étaient parfois apportés et soumis à l'examen. Le chef des Shakers, Evans, avec deux *sœurs*, étant venus passer une semaine chez les frères Eddy, il arriva qu'un bon nombre d'esprits (féminins, surtout) de cette confraternité, se matérialisèrent et causèrent avec ces visiteurs ; leurs costumes assez singuliers correspondaient avec ceux des mortels qui venaient les voir.

Durant mon séjour là, William Eddy donna une séance dans un petit bois, non loin de la maison. Une tente servit de cabinet. Les manifestations furent excellentes, plus fortes même que d'habitude. Trois esprits se montrèrent en même temps à la porte du cabinet, et écartant le rideau-porte ils montrèrent le médium endormi sur sa chaise. De vingt à vingt-cinq formes sortirent cette fois du cabinet improvisé ; des Indiens apparurent en lâchant leurs stridents cris de guerre, brandissant leurs tomahawks — comme s'ils allaient scalper ou faire la chevelure à quelqu'un. Une autre fois, comme pour répondre aux doutes que quelqu'un avait exprimés au sujet du cabinet, les esprits poussèrent William à tendre une sorte de rideau noir dans un coin de la chambre, et s'asseyant en arrière, les invisibles sortirent de là en aussi grand nombre et aussi bien matérialisés que du cabinet. Mon fils, Henry, essaya de faire comme les autres esprits ; il fit une apparition à la porte du cabinet et me désigna du doigt, mais il ne m'appela pas auprès de lui, de crainte de se montrer dans un état imparfait. Dans une séance obscure de Horatio Eddy, où un vacarme terrible avait lieu, par les cris des esprits, le *sautillement* des meubles et le son des instruments de musique, flottant dans l'air, Henry étant à côté de moi, mais à l'état invisible, me dit de demander à Georges Dix, de bien vouloir l'admettre comme membre de son orchestre — ce que je fis à haute voix. Ce directeur, qu'on entendait çà et là, tout autour de nous, me répondit qu'il n'avait pas d'objection à avoir un autre musicien dans sa troupe — car Henry possède grandement ce talent. Il fut donc convenu que mon garçon ferait partie dorénavant, ou pour un temps plutôt, de cette bruyante société.

Dans les cercles clairs de Horatio, il se passait de jolies manifestations : le médium ayant les mains et les pieds attachés solidement à sa chaise, un rideau noir était jeté par-dessus lui, ne laissant que sa tête à découvert ; à ses côtés s'asseyaient des incrédules, le tenant par les mains et pressant leurs pieds contre les siens ; ainsi posés, en ligne, il y avait un petit espace ombré en arrière, où les esprits pouvaient condenser les fluides et opérer. On voyait alors, en pleine lumière, des mains, petites ou grandes et blanches comme du lait, se montrer au-dessus des trois têtes, ou de côté à travers le rideau. Les mains du médium étant bien brunes et vilaines, ces mains-là ne pouvaient pas être les siennes, qui étaient prisonnières. La main mutilée de George Dix, ayant un doigt coupé, se montrait souvent, faisant office de direction. On donnait à ces mains des cartes ou des feuillets de papier, marqués, et presque aussitôt ils étaient rendus couverts de communications ou de dessins, très étranges parfois, mais finement exécutés.

Durant mon long séjour chez ces médiums le nombre des visiteurs, venus de partout, fut constamment de quarante à cinquante. Le photographe spirite, J. R. Evans, qui était arrivé parmi nous, fit beaucoup de portraits d'esprits qui furent reconnus. Ce médium, aussi peu recommandable que le fut Buguet, à Paris (1874) comme ce dernier, finit mal. — Mais malgré ses ombres fortes, ou sa malhonnêteté, il donna beaucoup de preuves irréfutables de vraie médiumnité. C'était Daguerre, disait-il, qui le contrôlait ; et, j'en eus la preuve comme ceci : — Étant à Boston, quelque temps après, cet esprit s'annonça à moi, directement, et me parla longuement en français. Il me dit, qu'en effet, Evans était son médium, qu'il se servait de lui — « quoiqu'il fût canaille — mais qu'il le lâcherait aussitôt que possible » et c'est ce qui arriva. Je lui demandai comment il faisait pour obtenir des photographies sans lumière ? — car le médium recouvrait l'instrument avec un drap épais — il me répondit, qu'on n'en pouvait point faire sans lumière! Et, il ajouta : — « Rappelez-vous, que le fluide magnétique, qu'on tire du médium et des assistants est lumineux ; nous condensons cette lumière en avant de la plaque sensitive, et par ce moyen nous pouvons copier n'importe quoi. La lumière extérieure est plutôt un obstacle qu'autre chose, dans nos expériences, car elle affaiblit nos empreintes. » Je publiai cette explication de Daguerre dans le temps, dans le *Banner of Light*, pour l'instruction des médiums qui s'adonnaient à cette partie. Et, plus tard, je m'aperçus que cet esprit avait parfaitement raison. La science est bien de ce monde — mais elle vient de là-haut !

Étant à New-York, quelques années avant, me promenant le soir dans Broadway, je songeais à ma médiumnité, qui se développait bien, pensais-je — quand aussitôt de mon épigastre sortit une voix bien *audible*, qui me répondit en français : — « On ne frappe jamais en vain à la porte divine ! » — Bon ! dis-je, me voilà comme l'âne de Balaam ! Qui êtes-vous ? qui me parlez ainsi, répliquai-je. Après un instant d'attente la même voix me souffla ceci — mais à l'intérieur : — « Je suis un de ceux que vous avez appelés de la Nouvelle-Orléans ! » — Je ne comprenais pas, et j'allais passer outre, quand on me montra une image de la chose. Six mois avant j'avais écrit à un nommé Joseph Barthet, qui publiait à la Nouvelle-Orléans une revue spirite en français, et en *post-scriptum* j'avais ajouté : — Veuillez donc nous envoyer de vos esprits qui ont tant d'esprit ! La lumière venait de se faire, et elle se fit plus brillante encore quand j'entendis : « Je suis Voltaire. »

Le lendemain, dans l'après-midi, par une chaleur torride, j'allais faire une visite au juge Edmonds, quand dans un parc, je me mis sous un arbre pour jouir de son ombre — et je me dis : Il me semble que l'ombre d'un arbre est plus douce que celle d'un rocher ! Immédiatement une voix me répondit, en anglais, langue dans laquelle je pensais : — « *The mineral is the male, the vegetable, the female servants of man !* » — « Le minéral et le végétal sont les serviteurs masculins et féminins de l'homme. » J'appris aussitôt que c'était l'esprit du docteur Benjamin Rush, de Philadelphie, qui venait d'exprimer cette pensée, si juste, si poétique.

Je me rendais un jour, à Montréal, auprès d'un comité, qui s'arrogeait le mérite d'une œuvre que j'avais conçue et mise en activité — comme cela arrive souvent partout — bien décidé à dire ma façon de penser à ces amis, quand, au milieu de l'escalier, une voix me dit subitement, en anglais : — « Halte là ! et souviens-toi, que l'âme de toute chose doit rester *ignorée* ! » Je fis volte-face, en déclarant en moi-même, que cet esprit avait raison, et je me rendis chez moi. Je ne m'informai pas du nom de cet esprit — si élevé !

Mon factotum spirituel, Henry, après mon départ de chez les frères Eddy, m'avait fait dessiner son portrait en costume de marin, avec ceux d'un homme et d'une femme (ses guides) de chaque côté de lui. Il m'expliqua alors que, non content de faire partie de l'orchestre de Georges Dix (ainsi que je l'ai mentionné plus haut) il allait suivre ce dernier dans des excursions sur mer et ailleurs, pour inspirer, protéger ou recevoir les naufragés, ce qui était une autre besogne de Dix. Six mois après cela j'appris, par d'autres, que mon Henry avait abandonné cette vie ou cette mission — son cœur trop tendre n'avait pu résister à la vue des anxiétés, des souffrances d'autrui, qu'il se trouvait forcé de voir de près. On verra plus tard que ce dessin, que je conserve encore, servira d'introduction à une révélation fort surprenante. Un *rien* souvent sert à de grandes fins.

Le 13 janvier 1877 je devins veuf. Durant les trois jours d'agonie de ma femme, je pus parfaitement voir, par la clairvoyance, le spectacle du dégagement, lent et en quelque sorte rebelle de son esprit. C'était la première fois que je constatais *de visu* cette transformation. J'avais déjà contemplé avec intérêt la métamorphose de la chenille en papillon, j'en avais suivi toutes les phases, et le cas devant moi me rappelait celui-là. La mort, depuis assez longtemps, ne m'offrait plus sa face lugubre, comme autrefois — par conséquent, l'émotion chez moi faisait place au désir du savoir, à l'empire de la raison, qui envisage tout avec placidité. J'avais fermé les yeux de mes enfants, depuis des années, sans frissonner, ainsi que je le faisais les premières fois. Comme un rayon de soleil faisant irruption dans une chambre, où on voit les plus petites poussières voltigeant en tous sens — de même j'apercevais les molécules périspritales s'échappant du corps dans le lit et s'agglomérant petit à petit à côté de la couche, et là tourbillonner en spirales. L'attraction et la répulsion se démontraient là parfaitement à mes yeux, non seulement dans la formation du corps fluidique, où les molécules s'agitaient longtemps avant de se caser, chacune à sa place — mais entre la vie matérielle et la vie spirituelle, l'une représentée par le corps se désagrégeant, et l'autre par le périsprit encore informe, mais en voie de formation — une lutte acharnée se manifestait, dont je pouvais suivre toutes les phases, partielles ou générales. L'acharnement du moi extérieur à l'existence matérielle, son aversion positive contre le changement, se révélait dans ce moment suprême, comme un reflet puissant des idées persistantes qui s'étaient enracinées jusqu'au fond de l'être — de manière à atteindre le moi intérieur lui-même. Le reflux du fluide vital vers le corps mourant se faisait par moments avec une violence extrême, déplaçant et révolutionnant le double, tellement, qu'il semblait sur le point d'être tout à fait absorbé. Je vis deux esprits masculins près du lit, l'un d'eux me dit « qu'ils avaient été appelés comme médecins pour surveiller cet *accouchement* spirituel — ainsi qu'il s'exprima, et, il ajouta : — « Dans les cas ordinaires, n'importe qui peut faire pour aider à un accouchement de notre côté, comme sur terre, mais dans les cas difficiles les hommes de l'art deviennent nécessaires ; c'est pourquoi nous sommes ici. Votre femme est tellement attachée à la terre que c'est avec peine que nous venons à bout de l'en détacher. Elle sera huit jours sans recouvrer connaissance après sa mort. » Tout cela me fut dit en français, et cet esprit m'annonça qu'il était Français, mais que l'autre était Italien. Il se passa huit jours, en effet, après la mort de ma femme, sans que je sentisse sa présence auprès de moi, mais la huitième nuit, étant couché, son esprit, tout imprégné d'effluves matérielles, tout palpitant du désir de s'attacher encore à moi, donnait par là même à ses habits une telle consistance que je les entendais frôler mon lit. Il se passa alors ce que je lui avais prédit, une douzaine d'années avant, en demi-badinage : — le lien était rompu !

Les idées *courantes* dans ce monde s'adonnent à cet exercice dans le but de se développer ; elles sont loin d'avoir toute leur valeur. Il est ainsi de la notion sur le sujet du mariage, qu'on se hâte de déclarer bon ou mauvais — s'il est heureux ou malheureux — comme si la mission sur la terre consistait à trouver le bonheur. Une de mes filles aériennes, Céleste, me disait ceci un jour, et je prie chacun de réfléchir là-dessus : — « Si j'avais à choisir sur terre entre une existence malheureuse ou bienheureuse, laquelle crois-tu que je prendrais ? » — Ma foi ! lui répondis-je : je n'en sais rien en ce moment. « Et bien, je prendrais la *malheureuse* ! »

Quand une jeune fille choisit, parmi ses prétendus, le plus mauvais sujet — comme cela arrive généralement — les soi-disant sages de ce monde — lui jettent la pierre et la déclarent *folle* — comme si le dévouement, le sacrifice, n'étaient pas la plus belle auréole de l'amour. Consciemment — comme esprit, comme moi intérieur — la jeune fille alors sait ce qu'elle fait : comme ange, aux « ailes » diaphanes, elle se sacrifie pour l'avancement de l'autre — pour l'avancement du monde ! Cet avancement peut bien ne pas arriver sur terre, mais dans la continuation de l'existence dans l'autre monde, l'effet se fera sentir sur le plus brutal : il sera forcé de bénir son *ange*, de l'*adorer*, et de le suivre dans les sphères bonnes et belles.

IV

J'étais occupé une après-midi chez moi, à Montréal, à faire un triage de papiers et à déchirer des dessins auxquels je ne tenais pas, et j'allais anéantir celui qui représentait Henry avec son costume de marin et ses deux compagnons, dont j'ai déjà parlé, quand soudain Henry arriva comme une bombe et me cria vivement : — « Ne déchire pas ça, papa ! » Je fus tout étonné de son apparition si fougueuse, si empressée, et je lui dis : — Pourquoi pas ? Est-ce à cause de ton portrait ? — « Non ! » me répondit-il. Et, non ! encore, ajouta-t-il au sujet du compagnon. — Donc, lui dis-je, c'est à cause de la femme ? « Oui ! » dit-il, et il s'empressa de me souffler ceci : — « L'histoire de cette femme se lie intimement à la tienne, dans le passé lointain ; mais je viendrai ce soir te raconter tout ça ! » — Mais avant d'entamer ce sujet, afin de le rendre plus clair et compréhensible, je dois aller en arrière et dévoiler ce qu'on m'avait dit sur mon existence précédente sur la terre. Cette révélation me fut faite par différents esprits, l'histoire de l'un concordant avec celle de l'autre, tellement, que je finis par croire que cet enchaînement formait une bonne somme d'évidence, et je cessai de lutter contre ce que je croyais n'être qu'un caprice de mon imagination, une suggestion d'amour-propre.

D'après mes inspirateurs, mon existence précédente sur terre aurait eu lieu 300 ans avant l'ère vulgaire que nous traversons encore. J'étais né en Turcomanie, (Orient), dans la partie montagneuse. Mon père, riche en troupeaux, m'avait envoyé à Téhéran, capitale de la Perse, pour compléter mon instruction. J'étais enfant unique et l'idole de mon père. Un esprit, se disant mon ancien père, se montra plusieurs fois à moi et me dit bien des choses sur mon compte Il me fit faire mon portrait d'autrefois, à la plume, et le sien aussi, lesquels se ressemblent, tous deux ayant un même nez crochu, ou de juif, et la coiffure de mouton de Perse, l'une grise, l'autre noire, ont un même cachet. Mon ex-père me dit, que j'avais alors la passion des voyages, comme dans ma présente réincarnation, et que cela le désolait, car il était souvent seul, ne me gardant auprès de lui qu'à de longs intervalles, surtout après avoir terminé mes études en Perse. Je tenais à répandre partout ce que j'avais appris, et à acquérir, en voyageant, de nouvelles connaissances. J'avais connu l'empereur de Perse, durant mon séjour à Téhéran, et il s'était pris d'affection pour moi ; il me nomma gouverneur de mon pays, qui était alors une Province de la Perse. Je vis aussi plusieurs fois l'esprit de cet ex-empereur, et j'ai de lui un portrait, qu'il me fit faire. Je sus que c'était un grand homme d'État et que l'empire fut prospère sous son règne. Sa figure, dessinée par ma main, annonce, en effet, une forte intelligence. Une nuit il me donna son nom, et ayant négligé de l'écrire tout de suite, je l'oubliai le lendemain, et je ne pus jamais m'en rappeler depuis. Ce visiteur venait à moi pour confirmer ce que d'autres m'avaient dit, et en même temps pour renouer nos anciennes relations.

Maintenant voilà ce que Henry, la nuit venue, vint me raconter : — « Cette femme et toi, papa, vous vous êtes connus il y a très longtemps. Elle m'a dit son histoire et quelque chose de la tienne — en ce qui la concerne. Elle est ici, à côté de moi, pour surveiller mon récit, et me souffler au besoin des réponses à tes questions. Elle ne pourrait, elle-même, te faire ce récit, c'est pourquoi je lui sers d'intermédiaire.

« A peu près 300 ans avant cette ère vous viviez tous deux sur cette terre, dans des conditions sociales bien différentes. Un jour, lorsqu'elle avait à peine 12 ans, tu rendis un service signalé à son père, qui était pauvre et souffrant — et dès ce moment elle commença à entretenir pour toi dans son sein les plus vifs sentiments ; mais cela n'était connu de personne, pas même de toi — l'objet de son adoration. Il s'écoula quelques années avant que le destin fit des siennes pour vous rapprocher de nouveau. Elle, pauvre fille, et toi, grand seigneur, vous ne pouviez facilement vous rencontrer — elle, pour te dire son amour, et toi, pour lui tendre une main protectrice, une main de *maître*, ainsi qu'elle a toujours voulu que ta main fût pour elle. Tu veux savoir le nom qu'elle avait alors. C'était, et c'est encore, dit-elle, *Djimœ* (Étoile du Matin). Le temps s'écoula lentement, langoureusement, pour cette enfant de l'Orient ; elle rêvait à toi le jour et la nuit, mais sans pouvoir attirer ni tes regards, ni ta pitié. Quand elle arriva vers l'âge de 16 ans, après avoir agité dans son cœur des flammes d'abord naissantes, mais qui prirent ensuite un caractère incendiaire, Djimœ tomba, à son grand désespoir, entre les mains d'un vieillard, dignitaire de l'État comme toi, mais occupant une position inférieure à la tienne. Elle crut que tu voudrais, si tu savais son infortune, l'enlever du harem où elle se trouvait depuis quelques jours seulement ; avec ses beaux yeux elle séduisit un jeune garçon, serviteur de son maître, et par lui elle te fit demander la grâce d'être ton esclave, n'importe quoi. La journée où ceci se passait tirait à son déclin, quand le possesseur de Djimœ apprit ce qui était arrivé, et comme ce vieillard ne se souciait nullement de te céder sa fraîche proie, ni de te faire opposition ouverte, en refusant de te la vendre ou de t'en faire présent, il s'arrêta à l'idée de la livrer aux bêtes fauves. Ne pouvant la garder pour lui-même, ce féroce et luxueux Oriental qui, de plus, était jaloux de toi (les inférieurs, en tous temps, étant généralement jaloux de leurs supérieurs), préférait sacrifier son bien que de t'en voir jouir. Ainsi donc, la nuit venue, ce fut sous ce voile, que ce méprisable vieillard envoya Djimœ, sous une escorte de quarante cavaliers, dans une forêt épaisse, lointaine de quelques heures de course — qu'il savait être fréquentée par les bêtes féroces.

« Quelque temps après le départ de cette troupe tu te trouvais dans ton harem, entouré de tes femmes et de tes esclaves, ne songeant pas du tout à la prière de Djimœ, de cette pauvre fille qui se rendait à un supplice terrible. Ta protection lui faisait défaut, non pas par mauvaise volonté ou indifférence, mais par le fait de l'oubli. La fille de celui que tu avais une fois obligé, et dont tu te rappelais le nom, pouvait compter sur toi comme sur son père — mais, hélas ! les grands de tous les temps se trouvent assez souvent en faute de mémoire, au milieu des honneurs et des tracas qui les entourent. Ta journée à peu près finie, tu étais là, dans ton harem, bâillant de fatigue et d'ennui, lorsque te retournant brusquement, comme sous le coup d'une inspiration subite, tu dis à un de tes négrillons : Parle ; dis quelque chose ! Cet enfant, ne sachant que dire, de lui-même, obéit à une impulsion intérieure, qui lui fit raconter : qu'il avait vu, quelque temps avant, des cavaliers qui enlevaient une jeune fille, qui pleurait ses yeux et essayait de crier au secours ! Vif comme l'éclair, tu compris immédiatement de qui il était question, ce qui devait arriver ; et, obéissant aussitôt à tes sentiments d'humanité, et honteux d'avoir oublié ta cliente et sa prière, tu voulus le rattraper par une vitesse d'action. Ordonnant la présence immédiate d'un de tes lieutenants, tu lui donnas tes instructions et le fis partir en toute hâte avec une cinquantaine de cavaliers armés et montés sur tes coursiers les plus vifs. Tu savais alors, comme tu sais maintenant, lire dans la pensée des autres, et d'un jet tu avais compris ce que le vicieux et terrible vieillard voulait faire de Djimœ, et où il l'envoyait. La topographie du pays t'étant familière, tu avais ordonné à ton lieutenant de suivre une voie peu connue et difficile, afin de gagner du temps sur l'autre troupe, qui allait par la route ordinaire. Tu avais vu, compris et calculé exactement, papa, ce qui devait avoir lieu. Tu savais qu'il n'y avait pas une minute à perdre pour permettre à la troupe d'être à temps sur les lieux de l'exécution, et c'est pour cela que tu avais commandé à tes gens de crever leurs chevaux, s'il le fallait, pour arriver à point. Djimœ était déjà solidement attachée à un arbre, et ses bourreaux se préparaient à enjamber leurs montures, quand, avec un furieux entrain, tes chevaux bondissants et ruisselants d'écume, portèrent le désarroi et la confusion parmi l'autre troupe. Les sauveurs arrivaient à temps pour épouvanter les malfaiteurs et porter une immense joie dans le cœur de la jeune victime. Tous les membres de l'autre troupe, en voyant ton lieutenant sauter sur le sol, et brandissant son sabre, se prosternèrent vivement à plat ventre devant ton représentant. On reconnaissait ainsi ton rang, ton autorité supérieure ! C'était dans les usages du pays et du temps. Djimœ fut amenée chez toi, où elle demeura jusqu'à sa mort.

« Quand Djimœ fut dans notre monde elle te chercha par voies et par chemins, mais sans pouvoir te rencontrer. Vers l'an 300 de votre ère, elle eut, dit-elle, la joie de te trouver dans notre sphère. Tu faisais partie d'une commission, pour organiser d'avance les événements qui devaient se dérouler dans la nouvelle dispensation. Elle te vit alors pour la première fois depuis son départ de la terre. Depuis ce temps elle s'est réincarnée sept fois, toujours dans le but de te rencontrer. Son bonheur n'a subi aucune décroissance depuis que tu es sur la terre. Toi, et les tiens ne cessent de l'occuper — et quand elle me vit entrer dans la carrière de marin elle me suivit et me guida — c'est pourquoi elle est représentée sur le dessin, échevelée par la tempête, à côté de moi. »

Au printemps (1877) j'allai à Memphis, dans l'État de Missouri, pour assister aux séances de matérialisation de John H. Mott. Je n'en eus qu'une seule, mais elle fut assez remarquable, en ce que je pus voir et reconnaître trois des miens, pour la première fois — en chair et en os — pour un temps donné. Les apparitions avaient lieu dans l'obscurité complète, mais les formes étaient éclairées, tellement, qu'on pouvait distinguer parfaitement leurs moindres détails. C'était une nouveauté agréable pour moi. La lumière semblait sortir de leur intérieur.

Ma mère, bien éclairée et très reconnaissable, m'accueillit la première et m'embrassa en me pressant sur son sein. Depuis l'âge de 7 ans mon cœur n'avait pas eu cette suprême caresse d'elle, au moins d'une manière tangible. J'en goûtai avec joie toutes les saintes émotions. La première à m'ouvrir les yeux, à 16 ans (au confessionnal) elle était encore la première à m'ouvrir le chemin pour arriver aux autres. Sa présence, rayonnante d'amour, me disait tout ce que sa langue taisait.

Mon Henry apparut ensuite à la porte du cabinet et me fit signe d'aller à lui. Je le trouvai beau et joyeux — comme j'avais coutume de le voir par la clairvoyance. Quelle mobilité d'expression ! quelle volubilité ! — sa langue se déchaînait ! Je n'en revenais pas de le voir ainsi. Le fait est qu'il n'arriva jamais depuis à se montrer mieux que cette fois, et même j'oserais dire, que ce fut sa meilleure apparition en tangibilité. Et, que de fois, je l'ai vu matérialisé après cela — par tant de médiums ! presque toujours bien reconnaissable — chose que je ne pourrais pas dire au sujet des autres, ses frères et ses sœurs. Il me serrait les mains avec effusion ; son cœur bondissait de joie, et il ne tarissait pas de me dire toutes sortes de choses aimables. Ce fut alors qu'il fit allusion aux séances des frères Eddy : — « que ce milieu était trop grossier pour eux » — cité avant. — Cet enfant que j'avais perdu, — que j'avais tant pleuré — n'était plus un enfant ; je le voyais grandi, fort et souple — en jeune homme enfin de 22 ans. Je l'aurais embrassé autrement. Cette apparition était pour lui un événement autant que pour moi ; cela se voyait, se lisait sur sa figure si animée. Mais à toute chose il y a une fin, ou plutôt une interruption. Avec un adieu chaud et un au revoir affectueux il disparut, en fondant subitement sur place.

Un autre esprit ensuite me fit venir. J'avais bien l'impression qui il était, mais comme la ressemblance était imparfaite, et que je devais juger avec mes yeux,

je dis à cet esprit qui avait bien la taille (six pieds
et deux pouces) et la tournure d'un de mes frères,
Marcel, mon aîné, mort depuis six mois seulement, à
Vincennes (Indiana) : — Il se peut que ce soit celui
auquel je pense ; mais il me faut la ressemblance. Je
ne me rends pas ! » Cet esprit se retira en arrière
du rideau, dans le but ostensible de se refaire
mieux. Un instant après il reparut. Je lui répétai la
même chose, mais sur un ton d'encouragement.
Nouvel *exit* un peu plus long. A la troisième apparition
je jetai un cri de joie, et je me mis à serrer les mains
de mon frère que je reconnaissais enfin — tellement
c'était bien lui, *through and through*, d'outre en outre.
Enfin, par nos efforts réunis, — lui par sa volonté de
fer, qu'il n'avait pas perdue, et moi, par mon insistance, il devenait tel qu'il était avant son trépas ; ses
lèvres un peu pincées d'autrefois, rendues telles par
l'exercice du vouloir, se montraient bien ainsi dessi-
nées, mais les coins légèrement relevés, témoignaient
de la satisfaction qu'il éprouvait d'avoir vaincu une
difficulté et de se voir reconnu. Comme Henry, il était
lumineux, et tous les poils de sa barbe un peu grison-
nante s'accusaient parfaitement et prenaient la forme
particulière d'avant. Ses yeux perçants avaient bien la
même expression, et le ton de sa voix lente et *vrillante*,
me frappèrent comme des coups de massue par l'exactitude de la représentation. Mais ce qui, par-dessus
tout, me bouleversa, ce fut de l'entendre me parler de
questions d'argent — ce qui était une de ses passions
dominantes. — Pour le coup, lui dis-je, c'est ça qui te
complète — et j'en riais de bon cœur et lui aussi. Il
m'engagea à aller chez lui, voir sa femme et ses
enfants, en me disant qu'il était encore *boss* ou le
maître là — voulant dire qu'il dirigeait comme avant

cet intérieur, quelque étrange que cela puisse paraître.

Ces trois entrevues me remplirent le cœur et l'esprit, et j'en témoignai après au médium ma satisfaction. Ce médium avait déjà une réputation assez grande, et voulant savoir de lui quelque chose sur le compte d'un autre médium, Mme Annie Stewart, de Terre-Haute (Indiana), de qui j'avais entendu parler : — il me dit qu'il connaissait cette femme ; que sa médiumnité, suivant lui, était fausse, etc., etc., ce qui contredisait le dire des autres. Je mentionne ce fait pour montrer que, comme les artistes, les médiums souvent se jalousent les uns les autres — c'est une des faiblesses du métier.

Il arriva à ce cercle, quelque temps après, une singulière aventure, qui mérite d'être racontée, pour servir d'instruction à mes lecteurs. Tous les journaux la publièrent avec commentaires francs ou de biais. Un incrédule avait apporté une seringue remplie d'anyline, et au moment où un esprit se trouvait en dehors du cabinet, il lui envoya le contenu dans la figure. Aussitôt la forme (masculine) se sauva dans le cabinet, mais l'agresseur la suivit de près, et, ouvrant la porte il dit à l'auditoire : « Voyez, voyez ! » et, à la surprise de chacun, on put constater que le médium était sur sa chaise, semblant endormi, mais avec une grande tache sur la figure. La chose semblait bien concluante — c'est que c'était le médium qui s'était trouvé en dehors du cabinet, un moment avant, et qui avait reçu l'anyline sur sa figure. L'évidence démontrait ce fait ; toute autre conclusion devenait impossible ! L'excitation montait, même chez les amis du médium, et on allait lui faire un mauvais parti, le *lyncher*, peut-être, quand l'esprit directeur incarné dans le médium dit : — « Veuillez m'accorder deux ou trois minutes, et fermez la porte du cabinet : vous jugerez ensuite ! » On consentit à cette proposition, et chacun se remit à sa place, curieux de savoir ce qui allait se passer en fin de compte. On ne s'attendait guère à un dénouement favorable à celui qui venait d'être pris en *flagrant délit* ! Oh, non ! — cela semblait impossible — tellement l'ignorance se sent forte derrière ses retranchements. La porte du cabinet s'ouvrit toute grande, au moment convenu, et là, à l'intérieur, chacun put voir — deux formes, au lieu d'une, comme avant : celle du médium assis sur sa chaise, endormi — sans la moindre trace d'anyline sur sa figure — et, à côté de lui, debout, celle d'un esprit connu qui, *lui*, avait l'empreinte accusatrice sur sa figure souriante ; il dit alors à son auditoire ébahi, ces simples paroles, bien laconiques et significatives : — « Maintenant concluez ! »

La morale de tout cela, comme je l'ai appris par expérience, et en ne jugeant pas trop vite — engrangeant le grain avant de le battre — c'est que les esprits, ne s'attendant pas à une agression, ne s'occupent pas de prendre les moyens pour protéger les médiums contre le *transfert* des mauvais traitements. Ainsi, dans le cas précité, l'esprit avait bien reçu l'anyline sur sa figure, mais en disparaissant subitement dans le cabinet et rendant par là même au médium les fluides empruntés, celui-ci recevait aussitôt la tache accusatrice ; c'est ce qu'on appelle un transfert. Par un moyen chimique, à lui connu, cet esprit avait pu reprendre du médium ce qu'il lui avait involontairement transmis — et ainsi la chose se réglait, et un phénomène intéressant en était la conséquence. Il arrive, néanmoins, que de tels faits sont provoqués par les esprits eux-mêmes, comme enseignement.

Je me rendis à Chicago, où j'assistai aux séances de

Bastian et Taylor, deux médiums associés, chez qui les matérialisations ne me plurent qu'à demi, car aucun des miens ne fit d'apparition — ce qui prouve en faveur de l'honnêteté de ces sortes de pourvoyeurs, en ce qu'ils ne fournissent pas de substituts.

Je me décidai, malgré les avis du médium Mott, d'aller à Terre-Haute, dans l'État de Indiana, chez Mme Annie Stewart. L'amour paternel et une bonne et juste inspiration me poussaient là. Je désirais de tout mon cœur fournir l'occasion aux retardataires de se matérialiser Je serais allé à l'autre bout du monde pour voir ma douzaine d'êtres angéliques se mettre en chair et en os, sortir de derrière ce voile mystérieux qu'on appelle la mort.

J'arrivai à Terre-Haute le 8 juin 1877 et j'y restai deux semaines, afin de donner le temps aux miens de me fournir autant de preuves que possible, de venir tous et se condenser matériellement dans de bonnes conditions. Comme j'avais été bien inspiré; comme j'avais bien fait de ne pas écouter celui qui dénigrait cette sensitive, de juger par moi-même ! Preuves sur preuves, phénomènes sur phénomènes, sous des conditions nouvelles pour moi et si probantes à la fois. — Tout arriva par progression géométrique, en quelque sorte, me tenant hors d'haleine, je puis dire, durant tout mon long séjour.

Mme Stewart était une jeune femme, d'un extérieur agréable. Sa médiumnité datait de l'enfance, comme c'est le cas avec la plupart des médiums; mais ce ne fut qu'en 1873 qu'elle commença à obtenir des matérialisations d'esprits. Pour arriver à un degré de développement satisfaisant, qui permît aux invisibles de se montrer en dehors du cabinet entièrement matérialisés. — Mme Stewart eut à subir toute une année de séances préparatoires, avec l'assistance de huit ou dix personnes de bonne volonté, qui formaient son auditoire et sa chaîne magnétique, ou sa *batterie*, comme nous disons. Le Dr Allan Pence, riche pharmacien de l'endroit et disciple zélé de la doctrine, prit Mme Stewart et sa famille sous sa protection dès le commencement ; il lui fournit au-dessus de sa pharmacie un grand appartement, une salle pour les séances, le tout chauffé et éclairé au gaz, *gratuitement*. De plus, il présidait aux cercles publics et privés, recevait les visiteurs et faisait la correspondance, laquelle était assez considérable. Le Dr Pence, s'était adjoint deux assistants, — James Hook et Samuel Connor — et à eux trois ils formaient un comité de direction. Le dernier, espèce d'Hercule, durant les séances publiques chaque soir, se tenait près du cabinet, pour protéger au besoin le médium contre les attaques des malveillants. C'était une sage précaution, et qui empêcha toujours les agresseurs de se livrer à leurs penchants. Le prix d'entrée aux séances publiques était de cinquante *cents*, ou deux francs cinquante. Les séances privées, de jour, données irrégulièrement étaient de vingt-cinq francs. A huit heures du soir la séance publique commençait ; elle se terminait vers dix heures, et sept à huit formes, seulement, faisaient apparition. Dans le temps ce nombre paraissait assez considérable, mais, depuis, chez d'autres médiums, où j'ai souvent vu quarante et cinquante esprits bien matérialisés durant une soirée, le premier chiffre me semble à présent bien maigre. Il est vrai, néanmoins, que ces visiteurs d'outre-tombe ne se hâtaient pas de faire leur *exit* et pouvaient causer longuement avec leurs amis. Les esprits familiers du cercle, étaient Charles Smith (Directeur), Minnie, *squaw siou*, — Georges Powel, jeune frère du médium, et Alice Belle Purvis ; ces deux derniers se matérialisaient ordinairement tous les soirs. Minnie agissait toujours comme contrôle du médium et comme interprète du groupe des esprits. Georges et Belle se présentaient avec beaucoup de puissance, et Minnie qui, rarement se montrait, étant incarnée dans le médium, était très loquace, comme la *mère* Eaton, chez les frères Eddy — et par l'organe de Mme Stewart, elle aimait beaucoup à donner à des membres de différentes sociétés secrètes, les mots d'ordre et de passe, selon les degrés hiérarchiques auxquels ils appartenaient ; elle s'acquittait de cela à la satisfaction de tous. Quand les apparitions s'étaient fait reconnaître, soit en parlant, soit de toute autre manière, elles ouvraient les deux portes du cabinet, afin de montrer le médium assis sur sa chaise. Comme partout ailleurs, aux Etats-Unis, les cercles de Mme Stewart étaient agrémentés par les sons d'une boîte à musique. Chez d'autres médiums, on chante des hymnes, pour produire l'harmonie.

Dans cette salle de séances on voit dans un cadre une mèche de cheveux de Belle ; de la laine, provenant de la tête de Bill, esprit nègre qui se manifestait parfois ; un morceau de châle en soie — le tout matérialisé dans le cours des séances. On y voit aussi, mais de dehors seulement, sur l'un des carreaux d'une croisée, le portrait de Belle, de pied en cap. Cette impression fut soumise à toutes sortes d'acides et de sels sans résultat aucun. Ce genre de phénomène fut *à la mode* durant plusieurs années, un peu partout aux Etats-Unis.

A ce cercle les esprits se manifestaient sans pouls, et la température de l'épiderme correspondait avec celle de la chambre ; mais il y avait parfois des exceptions. Les esprits familiers et d'autres souvent mangeaient des bonbons qui leur étaient donnés. Les miens s'en régalaient en causant avec moi. Je leur apportais aussi des fruits, des noix, et le tout allait sous leurs belles dents. A mes filles je présentais fréquemment des bouquets, qu'elles mettaient à leur corsage ou dans leur chevelure. Un jour j'apportai un énorme bouquet, ayant au moins un demi-mètre de diamètre, et ce fut ma fille Catherine, qui l'emporta avec elle en disparaissant, ou qui le dématérialisa. Je n'en trouvai pas une seule feuille après la séance, malgré mes recherches partout. Aux séances ordinaires mes enfants venaient à tour de rôle, et durant mon séjour à Terre-Haute, les *douze* se manifestèrent tangiblement. C'était remplir mon vœu le plus cher. Mais je ne me contentai pas de cela. J'eus six séances privées, où les miens seuls pouvaient venir, et ce fut dans ces entrevues surtout où ma jouissance fut complète.

A la requête du *Religio-Philosophical Journal*, de Chicago, grand journal de huit pages, je fis un long compte rendu de mes séances, que cet organe publia en douze colonnes, dans son numéro du 23 juin 1877, etc. M. Bundy, propriétaire et rédacteur, m'en félicita et me sollicita de lui envoyer d'autres articles. Dans le but d'abréger, je dois glaner de ce récit les faits les plus saillants et les présenter sous un aspect différent — de lieu commun.

Comme chez Mott, ma mère avait été la première à me recevoir à ce cercle ; elle se montra avec la même figure qu'avant, sa chevelure arrangée de la même façon. Henry ensuite, se présenta, aussi bien qu'à Memphis, mais il se hâta de laisser la place libre pour les autres, à Charles et à Marie-Louise qui vinrent aussitôt après.

Je crois devoir ici donner ce renseignement : que,

vu la *galvanisation* des esprits en tangibilité, au moyen des fluides du médium, ou ceux des assistants, mais filtrés au travers de l'organisme du premier — il s'ensuit que les formes tiennent, plus ou moins, de celle qui leur sert de point de départ. Je dis *galvanisation*, car c'est une expression qui vient des esprits, qu'ils emploient souvent, et qui sert à démontrer qu'ils ont un corps, avec des viscères — *comme le nôtre!* dirait-on à faux : car c'est le nôtre qui est comme le leur. Tous les corps concrets tirant leur origine du fluidique, il s'ensuit que le monde invisible est la source, la cause de celui-ci — et non le contraire, comme l'ignorance et la fatuité le prétendent. L'enfant vient de la mère; la mère ne vient pas de l'enfant. On ne saurait trop revenir sur ce point de vue, qui est le point capital de la question. — Dans le cas présent, Mme Stewart, brunette et de taille moyenne, avait, de plus, le type de mes enfants — c'est pourquoi ces derniers pouvaient venir ressemblants, généralement, tandis que Delphine, blonde claire et de haute taille, ne fit jamais à ce cercle une bonne apparition. Cela n'était pas la seule raison, puisqu'elle se matérialisa ensuite, et très souvent, par d'autres médiums qui étaient bruns. Donc, il n'est pas de règle absolue dans ces faits, pas plus que dans tout autre.

V

Delphine! voir Delphine — c'était pour moi un vœu, un rêve! Je craignais de demander à mes enfants, à mesure qu'ils venaient, durant les premières séances — s'ils connaissaient une nommée Delphine — tant il me semblait qu'ils allaient être surpris et me répondre : — non! C'est pourquoi je remettais à une autre fois cette question embarrassante. S'il allait, comme une fumée, se dissiper, ce rêve! Si tout le passé charmant, avec ses liens délicats, sa réalité poétique, allait s'effondrer? Voilà ce que je pensais, ce que je souffrais. Et pourtant Delphine, autant que mes enfants, perdus et retrouvés, depuis longtemps — avait rempli un rôle important dans mon existence, depuis plus de vingt ans. Détruire l'une, c'était détruire les autres — et, néanmoins, ces autres témoignaient bien leur existence invisible, reconnue par moi, en se doublant d'une chair tangible. Pourquoi la première ne pouvait-elle pas en faire autant? Enfin, un jour, au moment où ma Marie-Louise était devant moi matérialisée, je fis le brave, et je lui dis ces deux mots : Et Delphine?... — « Elle va venir bientôt », répondit-elle d'un air tranquille. Quel soulagement je ressentis en entendant cette simple réponse. Comme les incrédules, sans expérience, méritent de l'indulgence!

Delphine enfin parut, pour la première fois ; elle me dit son nom et essaya de parler plus au long, mais elle ne le put pas. Je compris qu'elle souffrait de ne pouvoir se montrer à moi sous ses traits véritables, ni causer, et j'en reçus le contre-coup. Sa visite fut courte, et sans le résultat que j'en attendais.

Mme Stewart portait toujours, durant ses séances, une toilette blanche, afin d'être mieux vue dans le cabinet, tandis que les esprits venaient habillés de noir ou de couleur. La lumière au gaz, voilée, était suffisante pour distinguer de près les traits des apparitions. Parfois, néanmoins, quelques esprits enduraient la pleine lumière pendant un peu de temps. Mais le trait saillant de ce cercle, qui le distinguait grandement des autres, c'était la vue constante du médium pendant que les esprits se tenaient en dehors du cabinet. Il n'y avait pas à douter de ce fait, car on pouvait voir la sensitive se remuer sur sa chaise, se lever même, sonner une clochette, et même sortir du cabinet avec les esprits. Souvent aussi elle parlait, mais jamais en même temps que les formes — ce qui ne semblait pas possible. Je vis plusieurs fois trois esprits bien matérialisés, de différentes grandeurs, à côté l'un de l'autre, à la porte du cabinet, et le médium au milieu d'eux — parlant tous l'un après l'autre.

Céleste apparaissait bien souvent en chantant; sa voix était souple et puissante parfois. La première fois que Joséphine apparut, elle se posa devant moi d'une manière *crâne* et entonna un long et beau chant, sur les joies de l'autre monde, qui me transporta d'aise et d'orgueil. Ces deux sœurs, mes rossignols, comme on le verra plus tard, aspiraient à la renommée dans ce sens, et elles aimaient à me prouver leur savoir-faire. Durant une de mes séances privées, Céleste étant assise à côté de moi, parlant et me flattant les cheveux de ses mains, l'idée me vint d'avoir de ses cheveux.

qui flottaient sur ses épaules. Je lui fis part de mon désir, et aussitôt elle prit mes petits ciseaux et se coupa une mèche qu'elle me donna. J'étais fier de cette relique — mais il arriva qu'après son départ cette mèche fondit graduellement devant mes yeux. Minnie m'annonça du cabinet que les conditions ne permettaient pas de rendre ces cheveux permanents. Mais c'était là une jolie expérience.

Joseph était venu s'asseoir à côté de moi, sur le bord de la plate-forme, où se trouvait le cabinet, cherchant à cacher ses pieds, me semblait-il. Je tâchai alors de les voir, mais il ne voulait pas me les montrer. Après son départ, Henry arriva et je lui demandai pourquoi son frère faisait tant le mystérieux; il se mit à rire en me disant, que Joseph n'avait pu se matérialiser des chaussures, et qu'il avait eu honte de montrer ses pieds dans cet état. Oh! pudibonde coquetterie de l'autre monde; comme là et ici se touchent bien!

C'est assez l'habitude dans la plupart des cercles à matérialisation, que les esprits fassent peu de toilette, afin de ménager les fluides; la fabrication des étoffes en soie surtout épuise le médium plus que toute autre. Une fois Céleste se présenta avec une toilette si légère, que je lui dis, en me levant pour aller à sa rencontre — mais en français, afin de ne pas être compris par les autres assistants : — Mais, ma chère — tu es en chemise! — ce qui agit aussitôt sur elle comme la foudre, tellement ma suggestion la bouleversa. Elle courut dans le cabinet et s'éclipsa. Minnie riait de bon cœur de l'aventure, et elle me dit que Céleste n'allait pas revenir cette fois, et en effet elle ne revint pas.

A ce cercle parfois, mais rarement, des formes complètement nues apparaissaient sur la plate-forme. Ce genre de manifestation n'avait lieu qu'à la demande unanime de l'assistance, et pour favoriser les progrès de la science. Cela n'arriva qu'une seule fois durant mon séjour, à un cercle privé.

Le 18 mai, Minnie m'annonça que Marie-Louise allait venir en toilette de *mariée*! En effet ma charmante fille apparut aussitôt tout en blanc, enveloppée dans un long voile de tulle qui tombait gracieusement autour d'elle. A ma requête elle détacha la couronne qu'elle avait sur la tête et me la mit dans les mains. Je touchai sa robe, son voile et les garnitures, et je trouvai le tout bien convenable. A plusieurs reprises, elle me jeta son voile par-dessus la tête pour m'embrasser sous cet emblème amoureux; elle trouva des mots charmants pour me câliner, pour me présenter son mystère et me le faire accepter. Voilà du moins, ce que je comprenais; mais je me tus. Après son départ, Minnie m'adressa encore la parole et me demanda si je voulais voir le fiancé de Marie-Louise? Je répondis affirmativement. La porte du cabinet aussitôt s'ouvrit et j'allai à la rencontre du prétendu, qui me sembla éprouver les émotions ordinaires à tous ceux qui font face à un oui ou à un non dans de telles occasions. Grâce à une bonne lumière en ce moment, je pus voir très bien ce nouveau visiteur, et suivre sur ses traits réguliers les diverses expressions de sentiment qui y apparaissaient. La mise de ce jeune homme était tout à fait de circonstance. J'appris de lui, par signes, car il ne pouvait pas parler, qu'il était né à Montréal (Canada); que son père était d'origine française, sa mère était née en Angleterre, et lui était mort tout jeune. — Cette entrevue, d'un caractère si nouveau, me surprit, je dois l'avouer, et me porta à réfléchir. Je compris alors ce que Henry, deux jours avant, était venu me dire, directement: que Marie-Louise était « *amou-*

case »; il m'avait annoncé cette nouvelle à la volée, et je n'en avais pas fait de cas. La chose maintenant semblait tourner au sérieux. Enfin, ma fille avait vingt-un ans, âge où l'amour se fait sentir, dans tous les mondes ; et pourquoi n'aurait-elle pas le droit d'aimer, comme une autre ?... Je conclus d'attendre et de juger plus tard suivant les meilleures inspirations qui me seraient suggérées par mes guides. Le moment ne se fit pas attendre beaucoup, car le lendemain, étant dans ma chambre à écrire, je vis soudain, par la clairvoyance, ma Marie-Louise entrer avec son prétendu. Je compris aussitôt le but de cette double visite : — on venait demander mon autorisation paternelle ! Je pris sur le champ mon rôle de père-esprit, et je déclarai que le mariage ne pouvait avoir lieu aussitôt — alléguant des raisons, dont je sentais tout le poids, sans les deviner entièrement, pour remettre à plus tard cette célébration. Cette décision inattendue sembla surprendre mes visiteurs, et même les froisser un peu ; mais, en partant, je vis qu'ils étaient résignés, et qu'ils ne m'en voulaient pas d'avoir contrecarré pour le moment leurs chères espérances. — Plus tard, on verra que mon esprit en savait plus long que mon moi extérieur, ou que mes inspirateurs voyaient fort bien ce que cachait le voile de l'avenir. — Deux ans avant Henry était venu, à Boston, se photographier avec celle qu'il aimait, disait-il ; donc, l'amour, je le savais déjà, existe là-haut d'une manière active et non pas nominale.

Aux premières visites de chacun de mes enfants je remarquai que leurs mains étaient moites et froides, ce qui me donnait une sensation désagréable quand je les touchais. Lorsque mon gamin, ou mon *quinzième*, vint pour la première fois, avec de telles mains, je lui dis d'aller les réchauffer, ce qu'il fit aussitôt en les remuant de près dans l'atmosphère du médium. Cela eut l'effet voulu. Mon « Benjamin » avait bien la taille et les allures d'un garçon de sept ans. Il passa tout droit sous mon bras tendu, ce qui était sa hauteur. Il se rendit vivement vers mes sacs de bonbons et se servit copieusement ; de là il alla à la boîte à musique, qu'il examina attentivement ; il l'arrêta de jouer et la fit repartir. Et, c'est ce que les autres faisaient souvent aussi.

Ma petite Marguerite avait une chevelure très épaisse chaque fois qu'elle venait, et mes mains plongées dans cette masse et la remuant éprouvaient du plaisir à ce jeu. Elle conserva toujours cette chevelure chez tous les médiums où je la vis ensuite. Ma mignonne savait bien la place qu'elle occupait dans mon cœur ; ses gentillesses m'ont toujours réjoui, soit à l'état de visible, soit à celui d'invisible. A mesure qu'elle venait matérialisée, son pouvoir de parler augmentait, et il en fut ainsi des autres.

Ma fille, Catherine, se faisait parfois des toilettes charmantes, mais sombres de couleur. Tout sur elle semblait emprunter un cachet particulier, qui attirait le regard et plaisait. Ses manières aussi, simples et sans gêne, m'attiraient à elle doucement. On sentait facilement le charme de son caractère aimant, rempli d'épanchement et de confiance. Ce charme en elle frisait presque le défaut, comme on verra bientôt. Marie-Louise aussi portait bien la toilette, et sa nature gracieuse et bonne la parait agréablement. Emma, en Roger Bontemps, aimait à me faire toutes espèces de farces et à me laisser d'elle un vif souvenir. Céleste et Joséphine, en artistes, et se suivant toujours de près, comme camarades et rivales en même temps — l'une répétant l'autre, mais en crescendo, laissaient en arrière, chaque fois, une longue traînée de gentils souvenirs. C'est là, en résumé, le portrait assez fidèle de mes filles d'outre-tombe; je n'ai rien à y changer après un intervalle de onze ans.

Mme Stewart, peu de jours après mon arrivée à Terre-Haute, se mit à obtenir des photographies d'esprits, avec le concours d'un photographe nommé P.-P. Price. Je suggérai à ces deux médiums de procéder comme Daguerre m'avait dit: de recouvrir l'instrument, afin d'exclure la lumière extérieure. On consentit à l'essayer, et le résultat fut des plus heureux, car Charlie Smith et Georges Powell, deux des esprits familiers du cercle, furent reproduits sur ferrotype avec une grande netteté. J'ai ces deux portraits. A la séance du soir de ce même jour, un bon nombre des assistants comparèrent ces copies en les mettant à côté des originaux qui se prêtèrent à cet examen, sous une forte lumière. Les ressemblances étaient parfaites; les détails les plus minutieux furent reconnus par tous comme étant très exacts. Le lendemain, deux de mes filles, Céleste et Catherine, posèrent (invisiblement, comme dans l'autre cas) avec leurs *amoureux* : les quatre sur la même plaque de fer — ce qu'on nomme un *positif*. Le groupe est représenté ainsi : Céleste est assise à côté de celui avec qui elle *flirte*; celui-ci montre par sa pose qu'il n'est pas sûr de son fait. La toilette de soirée de Céleste est blanche; elle porte une fleur dans sa chevelure. *Lui*, est costumé pour la circonstance, suivant toutes les règles voulues; il est assis aussi, mais mal *assis*, comme sous le coup de se lever et de s'en aller. — Catherine, en toilette de mariée, est assise; son prétendu, debout à côté d'elle, appuyant sa main droite sur le dos de la chaise, semble rassuré. Sa pose et son allure le disent clairement. Un tapis, bien dessiné, recouvre le parquet. Cette photographie (que je conserve comme mes yeux) est un peu vague dans l'ensemble, mais les détails ressortent bien en l'étudiant un peu. C'était encore une surprise qu'on me faisait; on se mettait le voile avant d'être certaine de pouvoir le garder. Le lendemain l'amoureux de Catherine se présenta à la porte du cabinet, et j'allai lui souhaiter la bienvenue. Je le trouvai joli garçon et empressé à me voir, à me serrer la main. J'appris qu'il était né, comme l'autre, en Canada, de parents franco-canadiens, et qu'il était mort jeune. Je ne savais pas encore, lorsqu'il partit, quelle serait ma décision à son égard; mais afin de me plaire et d'influencer mon esprit en sa faveur, cet autre prétendu me donna, le même jour, son portrait photographié. Il était très bien fait et ressemblant. J'eus en même temps deux portraits de Marie-Louise (en costume de mariée) et de son adorateur, formant groupe. Marie-Louise se tient debout en arrière un peu de son prétendu, appuyant sa main droite, tenant un mouchoir de poche, sur l'épaule du premier qui est assis et a les jambes croisées. La première photographie était un positif, sur plaque de fer; la deuxième était un négatif, sur verre. Mais ce qu'il y a de singulier dans cette œuvre — c'est que Marie-Louise, représentée très fidèlement avec le costume que je lui avais vu, ne se ressemble nullement, mais apparaît avec tous les traits de Minnie, l'Indienne — tandis que son voisin est d'une ressemblance parfaite. Je sus bientôt après le pourquoi de la mésaventure. Marie-Louise tenant particulièrement à ce que son prétendu fût bien pris, lui avait cédé tout le pouvoir possible, à son détriment, tandis qu'elle, se faisant si négative, recevait sur sa figure le reflet de celle de Minnie, tout près d'elle et qui aidait magnétiquement au succès de l'opération. — La femme est bien femme partout!

Ayant donné un soir une boîte de bonbons papillottes, à *mottos*, à mes filles, je reçus de chacune le lendemain une devise qui me dépeignait assez bien, comme caractère et autrement ; ce jeu de société est connu et est pratiqué dans le *haut* monde comme dans le bas — cela le prouve.

Catherine était sur le qui-vive ; elle allait et venait autour de moi, à l'état invisible, comme si elle s'attendait à un signe de moi pour lui parler de ce qui l'intéressait si vivement — mais je ne faisais pas attention à ces menées, ce qui équivalait à un non-lieu. C'est ce qu'elle comprit, et elle cessa de venir aux séances. Un soir, étant couché, ma petite Marguerite vint me souffler, que j'étais — *un méchant papa* — parce que je faisais — *pleurer Catherine!* Et, lui, dit-elle, *a une figure longue comme ça* — me montrant son bras. Je lui répondis, en l'embrassant, que Catherine se consolerait — et *lui* aussi. J'agissais ainsi pour le mieux — et on m'en sut gré plus tard.

Une nuit je vis Céleste arriver comme à tire-d'ailes et se jeter sur mon lit, se posant la tête sur mon bras tendu. Je remarquai qu'au moment où elle tomba à côté de moi, sa belle robe de couleur claire, ayant une longue traîne, fit un soubresaut par le bout en touchant le pied de ma couchette, et que cette partie de la toilette se trouva cachée, en dehors de ma vue. Je compris qu'elle sortait de la scène, de l'Opéra, et qu'elle voulait se montrer à moi avec son costume de circonstance. Marie-Louise arriva presque en même temps et s'assit sur le bord de mon lit. Je me mis à causer avec celle-ci, sans m'occuper de l'autre ; mais bientôt après je m'aperçus qu'elle dormait parfaitement. Je la laissai dans cet état d'oubli et de repos. Au bout d'une dizaine de minutes elle se réveilla, *réconfortée*, dit-elle, mais elle ne se dérangea pas.

Arrivèrent alors d'autres esprits, des « grands frères », qui se placèrent autour de nous. Je les connaissais évidemment, et mes filles aussi, car nous gardâmes nos positions respectives. C'étaient de grands esprits : on le sentait sans le voir. Mes pensées, à peine formulées, étaient pour ces *hommes* supérieurs un langage bien articulé, et les leurs me semblaient de même ; leur présence seule remplissait l'atmosphère que nous respirions de douces et puissantes émanations intelligentes, qu'on écoutait sans chercher à y mêler du sien, tellement la grandeur impose par sa majesté. Mes filles subissaient cet effet et s'y complaisaient. Moi, je me sentais revivre d'une nouvelle vie, mais sans effort et sans dégoût pour celle que je menais comme mortel. Eux, nous rendaient comme eux, et nous, nous les rapprochions de nos états, de leurs conditions d'autrefois, où ils aimaient à se retrouver — comme l'homme mûr aime à se faire enfant parfois. Cette situation anormale, devait être comme un retrempement pour nous tous — car rien n'est inutile dans la vie — l'infinitésimal égalant le grand qui s'érige au-dessus de lui. Tout à coup je vis Céleste se tordre sous des convulsions terribles ; son corps entier semblait en proie à d'atroces douleurs, et de petites fumées se mirent à sautiller en dehors d'elle. Mon cœur de père fortement ému se laissa entraîner à l'effroi et d'un œil suppliant je regardai l'un de nos visiteurs, à ma gauche, attendant de lui un secours immédiat. Au lieu de cela, je le vis calme comme l'éternité, et sans la moindre émotion, il me répondit par ces mots : — « *Héritage malsain qui s'en va !* » — Je compris ; je me tus, et je laissai faire

— car il devenait évident pour moi que l'un ou l'autre des « grands frères » provoquait en Céleste cette révolution, qui devait lui être salutaire.

Il devient opportun de s'arrêter ici, et de se demander comment il se fait que l'être en partant de la terre puisse emporter avec lui des reliquats qui gênent son périsprit, au point de devenir une maladie ? Tout dans la nature est si intimement lié — chose que tous reconnaissent en principe — que les conséquences, de quelque nature qu'elles soient, ne devraient pas être réellement matière d'étonnement. L'organisation, si variée chez chacun, détermine seule une différence dans les faits.

Cette séance de nuit ne se termina pas là. Il semblait utile que d'autres expériences se produisissent. Je me sentis poussé à faire comparaître un puissant esprit des ténèbres, qui fut attiré auprès de nous par mon appel. C'était un être rempli de passions fortes, en pleine activité. Je le voyais, ainsi que les autres, mes visiteurs, dans toute son arrogance et sa fierté de diable indompté, possédant un empire avéré sur d'autres de son espèce, mais moins doués de volonté que lui. Sa mine et ses premières paroles témoignaient bien qu'il ne me redoutait pas, au contraire. Il me dit brusquement : — « Que me veux-tu ? » comme s'il voulait me forcer dans mes retranchements. Je lui dis tranquillement : — Je te veux et les tiens à mes ordres ! « Non ! » me répondit-il sournoisement. — Est-ce que tu crois pouvoir me défier ? ripostai-je. Il haussa les épaules en signe d'indifférence et d'ennui d'être là. Jugeant qu'une leçon lui serait utile et désirant le dompter du coup, je formai à distance une boule électrique à mouvement concentrique, laquelle l'enleva instantanément et le fit tourbillonner avec violence, comme un copeau dans un ouragan, l'emportant loin de nous. Cette force graduée au besoin du moment, n'était pas de nature à le foudroyer, à le détruire, mais à le subjuguer. Je fis revenir l'intraitable devant nous ; il était maintenant tout penaud, vaincu ; ses sens étaient bouleversés par les fortes émotions qu'il venait de subir, et je vis qu'il me regardait avec étonnement. — Eh bien ! que dis-tu maintenant ? et sans attendre sa réponse je me mis à détailler sa vie d'esprit, et l'ambition qu'il avait de remplacer un autre chef dans son commandement. Cette révélation le fit sauter de surprise, car son secret se trouvait dévoilé et connu. Je lui dis qu'il ne devait pas s'attendre à remplacer l'autre, mais que je lui donnerais l'équivalent, ce que je lui exposai. Il était enchanté et partit en déclarant qu'il serait toujours prêt à obéir à mes ordres. Ce chef avait sous son contrôle cinq à six mille êtres grouillants dans les passions basses, ne cherchant que la destruction.

Au moment où cet esprit immonde s'éloignait, je vis Marie-Louise, toute frissonnante d'horreur, s'élancer loin de moi ; elle me dit : — « Tu n'es pas mon père ; je ne te reconnais pas. Tu es trop grand — trop terrible ! » Je l'attirai à moi par la force de ma volonté, et je me mis à expliquer à mes deux filles l'histoire des mondes, par l'évolution graduelle ou du développement en général des choses, amenant à sa suite, comme conséquence, le progrès des êtres ou des organismes, dont les âmes se servent pour se manifester ou agir — laquelle histoire se déroule aussi bien dans le monde fluidique que sur la terre. Au moyen du grand levier, appelé le *mal*, les révolutions s'opèrent, et par là le bien surgit et fleurit. Je fis un tableau net et tranché, où les ombres et les lumières se succédaient et s'entre-mêlaient — ce qui formait la philosophie de l'histoire générale. Je fus bien compris par Marie-Louise, mais pas autant par Céleste, laquelle, en artiste, est plutôt guidée par le sentiment. J'appris ensuite que Delphine avait assisté incognito aux scènes que je viens de décrire d'une manière bien abrégée.

On voudra naturellement savoir qui étaient ces « grands frères » dont je viens de parler. En quelques mots voici : Les « grands frères » sont des êtres qui ont passé par *tous* les degrés de la vie spirituelle et de la vie matérielle. Ils forment une société, à diverses classes, laquelle société se trouve *établie* (pour me servir d'un mot terrestre) sur les confins du monde fluidique et du monde éthéré — lequel est le plus haut, le monde « parfait. » Cette société appelée la Grande Frérie est l'avant-garde du monde éthéré ; c'est le gouvernement administratif des deux sphères, spirituelle et matérielle, ou du monde fluidique et de la terre. C'est cette société, avec le concours législatif du monde éthéré, proprement dit, qui gouverne les esprits et les « mortels, » à travers toutes leurs phases d'existence. Les membres du troisième ordre, ou de nouveaux adeptes, ont des missions quasi matérielles à remplir, ayant à agir chimiquement sur les corps et les atmosphères qui dépendent de cette grande administration. C'est en même temps une école où ces frères gagnent leurs degrés de savoir et de sagesse, avant d'entrer dans le monde divin ou des âmes. Les « grands frères, » de la plus haute classe, surveillent non seulement les destinées de l'humanité, dans ses deux étapes, spirituelles et matérielles, mais aussi celles du globe lui-même et de tout ce qui en dépend. Ces grandes intelligences, masculines et féminines, provoquent les idées qui ont cours dans les deux mondes et déterminent ce qui doit être en tout temps. Leurs moyens d'actions sont immenses, en rapport avec leur position. Tous en général et chacun en particulier, dans un temps donné, ont à remplir ce rôle de « grand frère, » par conséquent cette hiérarchie, qu'on pourrait croire exceptionnelle, allouée à certains êtres seulement, est une noblesse que chacun endosse. J'appuie sur ce point, en le répétant, afin de réconcilier les lecteurs avec leur vie.

Mon père et son frère se matérialisèrent un soir, mais ils ne purent parler. Le second avait de la misère à conserver son corps, qui lui échappait à toute seconde. C'est une jolie expérience à voir que celle d'une forme qui fond, par les pieds, et se refait à sa grandeur première, par la volonté.

Etant dans ma chambre une après-midi, occupé à dessiner, je mis de côté mes crayons et ma loupe et je m'étendis sur un canapé pour me reposer. Au bout d'une demi-heure je me levai et je ne trouvai plus ma loupe, et pourtant personne n'était entré dans ma chambre. Cette aventure m'intriguait beaucoup et je n'en savais que penser. Quatre jours après, au cercle, Céleste vint et me la donna, en riant et en me disant qu'elle et Emma l'avaient enlevée de ma chambre, et qu'elles devaient la transporter à Montréal (à quatre cents lieues de distance) où je l'aurais trouvée chez moi en arrivant ; mais que comme je désirais tant l'avoir on me la remettait. Auraient-elles pu accomplir ce tour de force? Là est la question. L'impossible est si possible !

Je m'étonnais un jour, étant seul dans ma chambre, de ce qu'aucune de mes filles ne m'avait, au cercle, enlacé le cou de leurs bras pour m'embrasser. Le lendemain, à la séance, Céleste fut la première à venir et aussitôt ses deux bras entourèrent fortement mon cou, et baisers sur baisers, elle m'empêcha ainsi de rien dire. Eclatant de rire ensuite elle me dit : « Hein! tu ne te doutais pas hier que j'étais auprès de toi et que je voyais ta pensée ? » Quelle preuve !

Je vis après apparaître un grand Indien qui m'appela. C'était Hiwoqua, un de mes esprits familiers qui avait soin de mon corps pendant le sommeil. Il avait dans ses cheveux la longue plume ordinaire et son costume était celui de sa race. Sa langue ne put rien articuler, mais son contentement se témoignait dans tous ses gestes ; ses mains puissantes serraient les miennes avec effusion, et il disparut devant moi en fondant sur place, et en lâchant un fort *war whoop*, cri de guerre. Quand je fus couché, je causai avec lui, et je lui demandai depuis quand il était auprès de moi ; comment il m'avait connu et depuis quand il était esprit ? Il me répondit : « Depuis *douze lunes* (un an) j'ai soin de ton corps la nuit, et je te connus comme ceci : — Je rôdais dans l'espace avec un camarade, quand je vis deux lumières, une petite et une grande au-dessus : la première c'était toi, l'autre représentait un groupe d'esprits qui veillaient sur toi. Je regardais l'une et l'autre avec curiosité, quand un homme se détacha du groupe et vint à moi, en me demandant si je voulais une mission — celle que je remplis — je lui répondis oui ! et depuis ce temps je suis toujours en veille la nuit quand tu dors — et voilà 101 ans que je suis « mort ».

Une après-midi, en traversant la rue pour aller au bureau du docteur Pence, j'eus une vision assez singulière : Je vis un homme en costume militaire, décoré de médailles et portant en travers de la poitrine un large ruban ; il paraissait d'un âge moyen et avait une figure énergique. Je continuai mon chemin, sans m'occuper de cet incident, qui n'était pas mon premier en ce genre. Je n'en parlai à personne. Le lendemain, vers la même heure, j'étais chez Mme Stewart à obtenir des photographies d'esprits. C'était mon ami Jobard, qui dirigeait la besogne du côté des invisibles, et je le voyais par moments, comme s'il était impatienté. En effet, ça n'allait pas bien, puisque par trois fois on fut obligé de recommencer de nouveaux clichés, les premiers n'étant pas bons. J'entendis alors Jobard s'exprimer assez vertement sur le compte de Price, le photographe. Il me dit : — « Le saligaud ! il ne peut pas tenir ses produits propres ». Je fus, néanmoins, le seul à le voir et à l'entendre. Je voyais aussi parfois mon familier, Hiwoqua, qui se démenait avec allégresse, enlevait l'instrument de terre et le transportait à l'autre bout de la chambre sans qu'il touchât le parquet. Cet Indien était joyeux, car on faisait sa photographie ; elle fut une de celles qu'on dût recommencer. D'après les instructions des invisibles, Mme Stewart, son mari, le photographe, Price, et moi, nous tenions nos mains sur l'instrument, recouvert d'un drap épais. A un moment, ma voisine, Mme Stewart, me dit : — « N'avez-vous pas dans l'autre monde un ami qui a été militaire ? » — Non, lui dis-je. Et elle ajouta : — « C'est singulier, car je viens d'en voir un, entre vous et moi. » Je ne fis pas grande attention à cette remarque, qui ne me rappela nullement mon aventure de la veille. J'étais loin de croire qu'au même moment ce personnage était en train de me donner un bon, un excellent souvenir de lui. La plaque resta à peu près vingt secondes dans l'instrument. Je suivis le photographe, comme je le faisais chaque fois, dans la chambre noire, pour assister au développement. Price m'ayant donné le cliché, pour savoir si je reconnaissais le portrait, je jetai un cri de surprise en constatant, bien et dûment, que ce portrait n'était autre que celui du militaire, ou officier de marine, qui m'était apparu la veille dans la rue, en plein jour — costumé exactement comme je l'avais vu. Mme Stewart accourut pour connaître la cause de mon étonnement, et, elle aussi, s'extasia en examinant le négatif et elle me dit, que c'était celui dont elle m'avait parlé quelques minutes avant. Donc, témoignage sur témoignage : rien ne manquait pour rendre la chose complète. — Mais la suite de cet événement ne se fit pas attendre longtemps et n'en fut pas moins étrange. Le soir même, au cercle ordinaire, Marie-Louise se matérialisa et me parla beaucoup au sujet des photographies en question: elle me dit que le militaire que j'avais vu la veille et dont j'avais maintenant le portrait, était un de de mes *anciens* amis, qu'il était de la marine anglaise et par-dessus tout *vivant* ! Elle ajouta qu'elle avait causé avec lui, et qu'il lui avait annoncé que nous nous rencontrerions en Europe. Je fis six voyages en Europe depuis cette époque sans le rencontrer, ce qui me fit dire à Marie-Louise, au même cercle, deux ans après — qu'elle m'avait trompé. Elle répliqua, qu'elle ne savait que ce qu'il lui avait dit — que plus tard, peut-être, il pourrait remplir sa promesse. Plusieurs fois après je sentis la présence de ce *vivant* mystérieux, et à Philadelphie, quelques années ensuite, ma Joséphine me parla de lui, directement, et m'annonça une visite qu'il venait de me faire.

Durant la séance photographique, dont j'ai interrompu le récit, j'eus sept ou huit photographies différentes : en tout — dix-sept clichés, que j'ai encore en ma possession — sans compter les clichés imparfaits, qui ont aussi de la valeur à mes yeux. Je ne pus obtenir le portrait de tous mes enfants — seulement ceux de mes six filles et de deux de mes garçons, Henry et Léon. Henry (en musicien qu'il est) se montre debout, les deux mains sur les touches d'un piano. Celui de Delphine fut repris, et il n'est pas ressemblant, malgré tout, comme je le sus plus tard — car je n'avais alors vu aucune image d'elle. En sa qualité d'auteur dramatique, poète, etc., elle tient dans sa main droite le rouleau symbolique. Mais, chose remarquable, elle y est représentée avec l'autre main au menton, comme c'était son habitude, et comme elle a été reproduite en marbre, de grandeur naturelle et assise, par Gabriel J. Thomas, (1865) lequel objet d'art figure, avec ceux de Rachel et de Talma, à la Comédie-Française. Elle fut représentée aussi de la même manière par le beau pinceau de Hersent, lequel tableau forme partie maintenant du musée de Versailles.

Quelques mois après, à la suite d'un événement que je raconterai, j'appris comment il se faisait que ce portrait de Delphine ne lui ressemblait pas — quelque chose enfin comme ce qui avait déterminé la non ressemblance de Marie-Louise. On me dit : qu'une femme qui aime ne peut pas donner à l'objet de son amour un fidèle portrait d'elle-même ! Je laisse à mes lectrices le soin de dévider cet écheveau mystérieux. On fit aussi un duplicata de la photographie de Catherine, représentée avec une toilette différente sur la seconde, et, pour montrer que celle-ci devait remplacer la première, on reproduisit au bas de ce cliché une copie exacte de la première pose — mais tout à fait minuscule. Ma chère fille, toutefois, montre sur sa figure l'empreinte du chagrin que je venais de lui causer, en contrariant son amour.

Quant au portrait de Hiwoqua, il offre une particularité intéressante, que je connus seulement après mon retour à Montréal; ce fut un profane, un incrédule, qui en fit la découverte. Il put lire, étant myope, sur les pattes-épaulettes du costume demi-indien et militaire, une inscription en gothique, que je n'avais pas vue, mais, qu'à l'aide d'une forte loupe, je pus déchiffrer aussi. C'est ceci : — 12 *Saxe*. Ces caractères étaient toute une révélation pour moi, et c'était en même temps une confirmation de ce qu'il m'avait dit au sujet de sa mort, arrivée 101 ans avant. En ce temps, exactement, le général anglais Cornwallis, était battu, en Pensylvanie, par Washington.

L'armée anglaise avait des corps allemands à son service, et parmi ceux-ci se trouvaient des *Saxe-Meiningen*; elle avait aussi des auxiliaires indiens comme l'armée américaine, distribués dans les divers régiments. Lors de cette bataille les mercenaires saxons furent détruits presque en entier. Donc, ainsi que l'indique l'inscription sur les épaulettes de Hiwoqua, il faisait partie de ce corps et il avait partagé le sort des autres. Le n° 12 signifierait, probablement, celui de sa compagnie, ou d'une autre division quelconque. Mon « brave, » comme on nomme tout guerrier indien, me donnait par là, une longue et bonne histoire, en un résumé des plus laconiques.

Hiwoqua fut remplacé quelque temps après par un autre veilleur auprès de ma personne — ce qui prouve que nous n'avons pas toujours les mêmes esprits-gardiens. Mais ce *brave* vient de temps à autre me voir, car il m'est bien attaché. Un autre encore qui ne m'oublie pas, et qui durant quelques années était presque constamment dans mon atmosphère, est Big Dick, un immense nègre, dont j'ai le portrait. Il y a une trentaine d'années il vivait à Boston et enseignait la boxe ; espèce d'Hercule, il avait eu maille à partir avec la justice, ayant tué un homme d'un seul coup de poing. J'avais connu cet esprit chez un médium, Mme

Hardy, à Boston, où lui et d'autres matérialisaient leurs mains sur une table, en bonne lumière. Mme Hardy fut très à la mode dans le temps ; elle fut une des premières à obtenir des moules, en paraffine, de figures, de mains et de pieds d'esprits, en séances privées et même publiques. Elle est morte depuis une douzaine d'années.

Pour obtenir les moules susdits on procédait de la manière suivante : Un sceau de paraffine à l'état bouillant, liquide, était apporté sur la plate-forme où les esprits allaient venir matérialisés, et ceux-ci en sortant du cabinet du médium se rendaient au sceau et y plongeaient la figure ou le membre dont on voulait avoir un moule. La lumière était toujours assez forte pour voir le *modus operandi*. En sortant leurs mains entourées de cette espèce de cire, les esprits les plongeaient dans un autre sceau, à côté du premier, lequel était rempli d'eau froide ; au bout de quelques instants ils retiraient leurs mains du sceau, où ils laissaient les moules refroidir. Il en était de même pour l'empreinte de leurs figures. Les reproductions en plâtre de ces mains et de ces faces étaient intéressantes à voir ; les moindres détails s'y trouvaient avec une grande netteté et finesse. On devra reconnaître que nul autre qu'un esprit oserait se mettre, même un doigt, dans une matière bouillante comme celle-là ; nul autre, non plus, ne pourrait retirer sa main d'un tel moule, sans le séparer ou le briser ; c'est ce qui avait lieu, pourtant, chaque fois. Ce genre de manifestation se propagea un peu partout pendant des années et tomba ensuite en désuétude. On passa à autre chose.

Il y eut en ce temps beaucoup de photographes spirites ; aujourd'hui ils sont moins nombreux. Celui par qui je venais d'obtenir tant de portraits et de preuves,

Price (comme Evans et Buguet), tourna mal et perdit sa médiumnité. A Boston, il y avait trois médiums de cette espèce, Hazelton, Brown, Mumler. C'était chez le premier que j'avais obtenu le portrait de Henry avec celui de son adorée. Je posai, et ces deux figures apparurent sur le cliché, de chaque côté de mon portrait. Une autre pose, chez le même, me procura un groupe : le portrait de ma mère, de Allan Kardec et d'un Russe, disciple de ce dernier. En comparant cette copie de Kardec avec celle qu'il m'avait envoyée bien des années avant, de Paris, je reconnus, ainsi que d'autres, la grande ressemblance qu'il y avait entre les deux. Ce bon souvenir d'outre-tombe de la part de celui qui est appelé, en France, le *Maître*, était tout à fait inattendu, et même, je dois avouer, non désiré, car nous nous étions brouillés, de son vivant. Je m'étais permis dans une de mes lettres de critiquer, bien fraternellement pourtant, la manière de faire du grand propagateur de la doctrine en France, qui, à mon avis, se faisait trop autoritaire, et n'accordait pas aux autres sociétés, de Province, assez d'initiative — la Société centrale de Paris étant trop prépondérante, dans la forme et dans l'action. Mon allure républicaine d'Américain avait choqué ce Maître, et de là notre séparation. Chacun étant son propre maître parmi nous, spirites américains, et personne n'osant se poser comme tel, il s'ensuit que ce titre présomptueux nous offusque même chez les autres. Kardec me faisait amende honorable en venant ainsi — à côté de ma chère mère — et depuis ce temps nous sommes au mieux. J'envoyai au photographe Hazelton une de mes photographies pour voir si ma carte ferait aussi bien que ma présence. En effet, deux figures apparurent à côté de ma reproduction : l'une était celle de Balzac, et l'autre d'Eugène Sue.

8.

Après l'assassinat du Président Lincoln, par Booth, Mme Lincoln alla, bien voilée, chez le photographe Mumler, à Boston, et posa, sans être reconnue par ce dernier — et il arriva que le regretté défunt apparut, très reconnaissable, sur la plaque, à côté du portrait de sa femme. La chose fut publiée par toute la presse et fit grande sensation. L'atelier de Mumler devint, en conséquence, très achalandé, et il produisit énormément de portraits d'esprits. Ce photographe eut ensuite, à New-York, un procès resté célèbre dans les annales spirites. On l'accusa de fraude — mais on ne prouva rien — ce qui fit qu'il devint plus célèbre encore. Il abandonna ensuite sa médiumnité pour s'occuper d'autre chose.

VI

Après mon retour de Terre-Haute à Montréal, tout plein encore des émotions que j'avais éprouvées au sujet de mes nombreuses et belles expériences, je ne croyais guère qu'il fût possible d'ajouter une goutte de plus dans ma coupe — car elle débordait ; mais la nature de l'esprit s'étend si facilement. Jusqu'à cette époque, c'est-à-dire, pendant vingt-un ans, Delphine avait été mon « ange gardien », mon soutien et mon guide.

Il se mêle tant de poésie à cette idée ; l'éducation première, avec ses charmantes notions, toutes pétries du levain de l'ignorance, toutes enjolivées de fleurs délicates aux tendres couleurs — mais artificielles — donne tant de relief à ce genre de système du jeune âge, que, même dans la maturité, l'esprit le flatte encore de ses regards caressants. Je ne saurais mieux définir ce texte, ou l'illustrer avec le crayon du bon sens, qu'en citant cette remarque, si judicieuse, que ma mignonne, Joséphine, me fit directement un jour, lorsque je lui prodiguais la chaude caresse de « mon *ange* » : — elle me répondit avec une sorte d'étonnement et de reproche : — « Mais, papa, nous ne sommes pas plus des anges que vous autres, habitants de la terre — et même moins — car vous êtes dans une vie à de plus rudes épreuves que nous ! » Joséphine, si bien inspirée, comprenant si fortement ce qu'elle disait, me donna ainsi la mesure de l'étendue de son intelligence — et j'en fus tout fier. Si Joséphine, dans son jeune cœur, trouvait une note si vibrante, modulée par la réflexion, qui servait de motif à un nouveau chant, à une interprétation inverse à nos idées sur ce sujet — à plus forte raison, l'expérience plus grande de Delphine, devait-elle la pousser, non seulement en théorie dans ce sens, mais l'engager à intervertir nos rôles respectifs. Cette révolution (en marche depuis plusieurs années) eut lieu, tout simplement, le 1er juin 1877.

Les faits spirituels n'ont aucune importance,
Pour les esprits aveuglés d'ignorance.

Un fait est une chose brutale, dit-on; il porte en lui tout ce qu'il faut pour le constituer, et il se passe de raisonnement : il s'impose. Dans l'ordre semi-matériel ou spirituel, comme dans la conjonction purement matérielle, les événements, grands ou petits, concourent tous au développement général. Il arrive assez souvent que le ciel sanctionne ce que la terre désapprouve; l'union des deux mondes n'est jamais assez puissante pour confondre l'un avec l'autre. Le premier donne l'entrain en *tout*, le second suit, mais de loin. Donc, on ne doit pas s'attendre à voir les êtres terrestres, à moins qu'ils ne soient de l'élite des intelligences, comprendre et approuver *ipso facto* les faits spirituels qui se mirent, plus ou moins, dans l'atmosphère morale de ce bas monde.

Les êtres, délicatement façonnés d'après des modèles de « bon goût », ne sont pas aptes à percevoir ce qui se trouve en arrière du canevas sur lequel ils brodent, pour eux et pour autrui, des dessins à la *mode*. Ce serait les déranger, et nuire au travail en voie d'exécution, que de leur demander de regarder en arrière de leur canevas; de plus, pussent-ils tout voir, tout entendre, ils passeraient outre — car pour comprendre il faut faire des efforts de volonté, il faut travailler — et cela les gênerait. On ne peut pas être à la fois, élégant et puissant; on gagne d'un côté en perdant de l'autre. On est de ce monde, en négligeant plus ou moins l'autre. Et, pour se faire bien venir des coteries élégantes, il faut frayer avec les petites idées, les préjugés reçus, et ne rien heurter de front. Ce sont de ces exigences qui font loi pour les êtres faibles. La revision n'est pas encore un fait, mais elle le deviendra.

Quelques jours après, Djimœ se porta à des voies de fait sur la personne de Delphine. Je la vis qui encerclait de ses doigts crispés le cou de cette dernière. Je la fis immédiatement tourbillonner et tomber debout devant moi. Mais, la communication abrégée suivante de Delphine sur ce sujet servira d'explication :

« Il y a, par-ci par-là, des faits psychologiques très intéressants, qui échappent complètement à l'observation des habitants de ton monde, et d'un grand nombre du nôtre aussi. Ainsi, prenons pour exemple mon étrangleuse, ne fournit-elle pas un sujet d'étude précieux ? Chez elle tout se résume en un seul sentiment : son adoration frénétique, incommensurable pour l'esprit qu'elle connut il y a au delà de deux mille ans, n'a pas perdu un seul degré de son intensité. Ennemie, c'est la plus dangereuse des vipères. Amie, elle ne peut l'être pour personne, car elle ne voit et ne veut voir que toi. Toi, et ceux qui s'unissent de tout en tout à toi, sont les seuls êtres qui réclament et attirent ses regards affectueux. Depuis qu'elle s'est donnée à toi, c'est la seule fois, hier soir, qu'elle a perdu de vue son abnégation complète pour toi, au point de t'outrager en la personne d'une amie sincère

Un coup d'œil derrière la scène, néanmoins, explique tout. Tu sais, qu'hier soir, plusieurs des grands frères vinrent, et me parlèrent en secret pendant un moment : c'était l'explication du fait qu'ils me donnaient, et cela a eu l'effet d'ôter de ma gorge et de mon cœur toute trace de l'outrage. Dans le but de son avancement, on l'a poussée, de haut, à commettre cette indignité, afin que par son contre-coup et la légitime sévérité, une révolution salutaire pût s'opérer en elle. Au moment où elle s'élança sur moi, on opérait sur ses yeux, et on me montrait à elle sous les traits d'une fausse amie, d'une rivale indigne. Il n'en fallait pas plus, hélas! pour l'exaspérer et la pousser à commettre un acte qui lui cause depuis toute espèce de tourments. La chère femme est admirable dans son adoration — c'est un type rare, qu'on ne peut se lasser d'étudier. Tu la récompenseras de son dévouement, et j'en serai toute fière, toute réjouie. Tu ôteras de ses yeux la taie ancienne, que ta figure recouvre en entier, et tu lui feras comprendre les enseignements de l'existence par les simples et doctes leçons. Quand je pense à l'immense adoration de cette femme pour toi, c'est à faire mourir de rage et de jalousie toutes celles de son sexe qui vivent d'amour. Je l'ai vue, que de fois, refuser de te toucher la main, se sentant indigne de cette marque d'amitié; elle se reculait pour te voir, pour t'envelopper de son feu sombre et concentré. Lorsqu'elle vint, le 27 avril dernier, à Chicago, t'annoncer qu'elle allait te donner son ancien portrait, tu ne saurais croire jusqu'à quel degré de joie, de bonheur, elle arriva. Elle exultait à un tel point, que Leonardo de Vinci, ce prince des artistes, voulut lui-même mettre la main à l'œuvre qu'elle te destinait. »

Les esprits des morts, qui ne sont nullement *morts*,

colligent constamment autour des vivants, de leurs proches surtout, pour les tenir en haleine, les sortir de leur léthargie; ils ne sont ni vus, ni entendus, ni sentis par le grand nombre, car leurs moyens d'action diffèrent en quelque sorte des nôtres. Organisés avec une matière élastique ou fluidique, laquelle est en rapport avec leur milieu ou l'atmosphère dans laquelle ils vivent, il s'ensuit que les esprits se transportent d'un lieu à un autre plus vivement que l'éclair, qu'ils se placent près ou en dedans de nous sans rien déranger, à l'instar de la lumière, de l'air, que nous voyons et respirons. Au lieu d'être restreints, tout à fait, à un langage articulé, diffus, formé de sons creux, de consonnes malsonnantes, d'une grande variété d'idiomes baroques, de règles grammaticales irrégulières, contradictoires, comme chez nous, le leur coule de source. Le jet de la pensée sort de leurs cerveaux, par l'exercice de la volonté, sans l'intermédiaire d'aucun organe.

Cette méthode de mirage mental doit se comprendre, car elle se pratique un peu sur la terre. On ne se contente pas toujours d'entendre la vibration de quelqu'un, par la parole, mais on veut voir aussi sur la figure de celui-là, la preuve ! et les êtres sensitifs, intelligents, se fieront plus à la dernière démonstration qu'à la première. L'œil n'occupe pas dans l'organisme une position si haute, si avancée pour rien; il se trouve au-dessus de la langue de toute manière. Les esprits, néanmoins, emploient aussi le langage articulé, ou les deux à la fois, comme pour donner plus de portée à leurs pensées. L'homme façonné extérieurement, d'après son intérieur ou de l'esprit qui est en lui et l'anime, et aussi d'après les circonstances qui ont présidé à sa réincarnation, ne cesse pas d'être un esprit.

d'être attaché au monde fluidique, d'avoir des rapports journaliers avec ce monde et ses habitants, d'une manière active, même lorsqu'il nie le plus l'existence de cette sphère et de ceux qui s'y trouvent. Il y en a parmi nous qui ont besoin de fermer les yeux pour voir. C'est ainsi que se comportent les incrédules, les esprits forts, les croyants aveugles ; ils attendent le sommeil du corps pour avoir de l'esprit et du bon sens. Ceci est invariable! Pour prouver ce que je viens de dire, je prierais mes lecteurs, qui connaissent tant soit peu le magnétisme, de se rappeler qu'une fois endormi le sujet magnétisé se prononcera souvent carrément contre l'opinion qu'il entretient à l'état normal. Pourquoi? Parce qu'à l'état anormal, ayant les yeux fermés, étant plus ou moins détaché des influences extérieures, son esprit, presque libéré, verra mieux. Soumettez un matérialiste consommé, un persifleur, à cet état de négativité physique, et vous verrez que l'un et l'autre se prononceront contre eux-mêmes, leur esprit détendu les faisant ainsi soubresauter. A l'état de veille, on voit aussi les poètes, qui ne croient pas à la survivance, parler des anges et de l'inspiration, se contredisant tout bonnement sans s'en apercevoir. Aussi, et encore, cette dédicace à sa sœur morte, par le grand auteur de la *Vie de Jésus*. Qui aurait pu croire à ce déplacement de logique?

L'esprit humain n'attend pas toujours la mort de son corps pour apparaître à ses semblables dans des conditions tout à fait spirituelles. Il y en a tant de ces faits bien avérés! Je vis une fois, en plein jour, à Montréal, un homme que je crus être un esprit tout dégagé, et qui disparut aussitôt. Trois ans après, à Détroit, dans l'État de Michigan, je reconnus le même homme, mais cette fois en chair et en os, qui entra et s'assit dans le car où je me trouvais. J'eus d'abord l'idée d'aller lui parler de ma vision, mais je sentis que cela serait inutile, qu'il n'y comprendrait goutte ; je voyais son intérieur, et je passai outre. Le médium, Charlie Foster, dont j'ai déjà parlé, possédait le don de distinguer quand une communication lui venait d'un mort ou d'un vivant. Il y a peu de médiums de cette capacité.

Une dame médium, à Auteuil-Paris, Mme Lucie Grange, qui publie *la Lumière*, organe spirite, en me voyant pour la première fois, il y a quelques années, me reconnut immédiatement comme un de ses visiteurs psychiques. M'étant placé debout devant le feu, le dos tourné à la grille, avec mes mains en arrière, cette dame appela alors l'attention de son mari pour lui rappeler que c'était dans cette position qu'elle m'avait vu avant et d'après laquelle elle m'avait décrit à ce témoin ; le mari approuva. Il est bon de dire que ce médium était fréquenté par Delphine, ce qui prouve : « Que les amis de nos amis sont nos amis ! »

Avec nos conventions si arrêtées au sujet de l'espace du temps, il devient difficile de comprendre que ces nominatifs, pour les esprits, perdent beaucoup du sens que nous leur attribuons, et que pour un bon nombre d'eux leur signification tombe à *néant* Cela me rappelle un axiome de l'astronome Flammarion qui, dans une conférence, à la salle des Capucines, disait : « En astronomie, il n'y a ni haut ni bas ! » et je me dis aussitôt : c'est vrai ! et en philosophie c'est la même chose. Les esprits, bien posés pour savoir, disent que le monde spirituel est autant sur la terre qu'ailleurs, ce qui veut dire que c'est la condition, et non la localité, qui compte pour quelque chose. Mettez un diable en paradis, et il s'y trouvera très mal à l'aise ; tandis qu'un esprit avancé dans l'enfer n'éprouvera pas d'incommodité directe. Un malotru dans une société d'élite ne cherchera-t-il pas à s'échapper de là au plus vite? Un homme distingué dans un antre de misère, d'ignorance, etc., s'y trouvera bien par l'idée du bonheur qu'il peut y produire. Ces rapprochements, il me semble, sont assez justes et devront être compris de tous.

Mais cela n'empêche pas l'existence réelle, objective, de localités spirituelles, ou de continents, de pays, de villes, de villages, de mers, de fleuves, etc., dont les nôtres ne sont que des reflets. Le monde *causatif* renferme logiquement tout ce qui se trouve dans celui de l'effet, qui sort de lui. La conception, nommée subjective, contient non seulement le plan d'une chose, mais toute l'objectivité aussi, comme le gland renferme le chêne. Rien ne se perd dans la nature, et ce qui est réputé disparu, se retrouve pour celui qui cherche. On verra plus tard, dans cet ouvrage, des faits qui prouveront cet axiome.

Je réfléchissais un jour sur les observations qui précèdent, et je me disais : Il y a pourtant de la différence entre le subjectif et l'objectif!... Un grand esprit me répondit aussitôt : « Je n'ai jamais rencontré, ni esprit, ni mortel, qui ait pu tracer une ligne de démarcation entre les deux, et je ne m'y attends pas! » Ce qui veut dire, que les deux se mêlent tellement, comme la lumière et l'ombre, comme le réveil et le sommeil, que le point précis, exact, mathématique dans ces cas, et dans tous, ne peut être que problématique ou approximatif.

« Tout dans un, un dans tout! » ont proclamé les anciens sages. C'est aussi ce que dit la théologie, en termes plus vagues; s'inspirant faiblement de la philosophie, la théologie ne peut avoir le même ton, la même force que celle qui proclame; elle déclame seulement! La parenté des idées est une chose incontestable, et leurs réapparitions sur terre, à des époques déterminées par le besoin, ont lieu comme la réincarnation des êtres. La filiation des idées peut se suivre en arrière et en avant même de celles qui existent dans le présent; car le passé, le présent et l'avenir ne font qu'un en toute réalité. Les idées, comme menue monnaie de la pensée, sont toutes deux choses matérielles pour l'esprit clairvoyant; ce qui, en un sens, donnerait raison aux matérialistes, quant à leurs ébauches de système, qui se perfectionnera avec le développement spirituel des êtres humains. Il s'agit, pour chacun de nous, de spiritualiser la matière et de matérialiser tout ce qui est spirituel. C'est la mission, bien entendue, que nous avons à remplir, et elle s'accomplira. Un certain grand esprit me dit une fois, lorsque je pensais sur la question du bien et du mal : « Il n'y a que deux choses : *nécessité* et *opportunité*! ou, tout est relatif. »

Un clairvoyant peut voir la nature de l'enfant au berceau et définir la carrière qu'il suivra, soit dans ce monde, soit dans l'autre. Il peut même savoir ce qu'un être a été dans son existence précédente sur la terre, en consultant son passeport, car chacun en a un qui n'est visible que pour ceux qui ne savent pas encore voir. Depuis longtemps, ce don m'a été conféré ou s'est développé en moi. Je pourrais même dire que c'est la médiumnité qui m'est la plus facile. J'ai remarqué, en examinant une foule de personnes, que, dans chaque cas, la nature du sujet présent correspondait, dans les grands traits, avec ce qu'il avait été précédemment; ce qui, pour moi, était une confirmation que je voyais juste; on a toujours soif de preuves quand on cherche la vérité. Ma clairvoyance s'exerce, le plus souvent à l'état normal, sans être endormi. Je ne vois pas tant la forme que la nature de ceux qui se présentent à moi; c'est l'ensemble plutôt que les détails qui me frappent, ce qui correspond avec ma manière ordinaire d'être. Il n'y a pas deux médiums qui voient ou agissent de la même façon, et les esprits qui se manifestent par eux sont forcés, ordinairement, de subir les conditions de ces milieux, non seulement dans les phases physiques, de matérialisation, etc., mais dans toutes. Pour les nouveaux investigateurs, cela semble incompréhensible et les pousse au soupçon; ils s'attendent tellement à voir les leurs se manifester tout comme autrefois, de leur vivant, que la moindre déviation à cette manière d'être leur paraît sous l'aspect d'une supercherie. L'apprentissage, en tout, est toujours une épreuve, rude parfois: la plupart des apprentis se croient plus forts qu'ils ne sont et voudraient être aussitôt des maîtres; c'est ce qui donne lieu à des malentendus, à des déceptions. Il faut aller vers la vérité, et ne pas attendre qu'elle vienne à nous. Il faut être comme un enfant pour apprendre. Le préjugé est un obstacle qui prend des proportions de montagne parfois, et empêche la marche en avant de celui qui l'entretient. La déception, néanmoins, en spiritisme comme en toute chose, n'est pas un mal absolu, car rien n'est absolu; elle sert, pour l'être fort surtout, de stimulant: c'est l'école, par excellence, où on est forcé de monter et de descendre dans l'échelle du raisonnement, et, par cet exercice salutaire on arrive petit à petit à ce développement qu'on nomme la maturité. Cet état mental de l'homme n'est déterminé en aucun par l'âge du corps, mais par celui de l'esprit. Après des descentes bien nombreuses sur la terre, après des luttes et des efforts inouïs, dans les deux sphères, l'homme ou l'esprit arrive à l'âge de maturité, là où le savoir et la vertu se résument dans la simple compréhension des choses.

La masse de faits ou de preuves que j'apporte, et que je relate tout simplement comme ils me sont arrivés, le tout s'enchaînant étroitement, portent en eux-mêmes le strict cachet de la vérité. Américain, de toute façon, je vais directement au but, sans m'inquiéter du qu'en-dira-t-on, sans chercher à enjoliver ce qui est complet par lui-même. Je n'attends rien de ceux à qui je donne, et je me sens dans mon for intérieur au-dessus du mépris, du *ridicule*, lequel est si craint en France, et dont on se moque en Amérique ! Et, qui a le plus raison ? Je viens semer dans un champ où les racines du passé ont été grandement arrachées par des révolutions, mais où on a négligé de faire fructifier des grains propres à nourrir l'esprit, à satisfaire ses besoins légitimes. Il n'y a pas que les plants de vignes qu'il est nécessaire d'importer d'Amérique !

Tandis que Céleste m'accompagnait un jour dans une de mes promenades, Delphine arriva inopinément auprès de nous, et elle dit à ma fille : — « Pourquoi n'invites-tu pas ton père à aller l'entendre à l'Opéra ? » Céleste répondit : « — Mais il faudra que je demande au directeur ! » — Tiens ! me dis-je, il y a donc des directeurs là comme ici ? — ce que j'aurais dû savoir, si j'eusse réfléchi un seul instant.

Quelques jours après Céleste vint m'annoncer que son directeur m'invitait et qu'il serait enchanté de me recevoir avec les amis qui m'accompagneraient. Je me rendis un soir à l'Opéra avec Delphine et une dizaine d'amis (esprits). J'étais en ce moment éveillé dans mon lit et je pouvais voir mon esprit en dehors de mon moi extérieur, et je sentais toutes ses impressions. Voici ce que Delphine me fit écrire ensuite sur ce sujet :

« La grande représentation héroï-tragique d'hier, à laquelle nous avons assisté, est une des conceptions à puissant effet où le génie de la composition se mêle aux idées du jour pour en faire ressortir les points saillants. La salle immense, en amphithéâtre, où nous nous rendîmes, regorgeait d'assistants. Heureusement, dans nos places choisies, avec nos amis, nous avions de l'espace pour nous mouvoir en toute liberté. L'auditoire, composé à peu près de vingt mille personnes, devenait par moments une mer agitée, quand la pièce remuait les cœurs du public connaisseur. « ARIDIDE, OU LES SIGNES DU TEMPS, » tel est le nom de cet opéra, où Céleste, comme premier sujet, a paru avantageusement, resplendissante, embrasée du feu artistique qui l'anime. A sa douze-centième représentation, cet effort d'une collaboration des têtes les plus en renom, captive encore tellement les esprits que la foule des curieux, ne trouvant pas de place dans l'enceinte, formait de ses corps compressés une voûte (ou un toit) compacte à l'édifice. La troupe active, en relief, sans compter les comparses, ni l'orchestre, était de cent cinquante artistes de premier ordre. Lorsqu'arriva la partie principale — de redire au pied d'une immense croix, autour de laquelle flottait des ombres menaçantes, plaintives et tendres, toutes les impressions des âges écoulés, que le ciel et la terre ont ressenties, Céleste, notre chère enfant, fut sublime d'art et de vérité. Une Lacroix au pied de la CROIX ! cela prêtait un charme électrique à la mise en scène, que chacun ne pouvait s'empêcher d'admirer. — Je ne dois pas manquer de te rappeler que tu vis ton cher Henry, à la fin de la pièce, parmi les trois cents exécutants de l'orchestre, et que cela te fit grandement plaisir — et à lui donc ! »

Céleste est venue souvent me dire le nom d'autres pièces où elle figurait. Elle m'annonça une fois que Balzac avait composé un bien bel opéra ou un drame à larges vues, et qui était en répétition. Et, pour montrer comme quoi l'autre monde est bien près de celui-ci, sous certains rapports, parmi les artistes, je vais raconter un petit fait qui me fut révélé de but en blanc. Depuis cinq ou six mois Céleste ne me parlait plus de sa carrière, et, un soir, tandis qu'elle et Delphine se trouvaient à côté de mon lit, je questionnai Céleste sur ce sujet. Ma charmeuse me sembla aussitôt embarrassée pour me répondre, et je vis que Delphine souriait et lui disait de me conter ce qui en était — pour voir si je l'approuverais ! Le pot aux roses fut enfin découvert. J'appris alors de Céleste, qu'elle n'était plus à l'Opéra, depuis trois mois — que son directeur avait trouvé à redire sur la justesse de son chant, et, devinant le reste, je lui dis : — Et tu fus *impertinente*, et il te congédia ?.. — « C'est ça ! » répondit-elle, en rougissant. La seule consolation que je lui offris tout de suite fut de lui dire, que le directeur avait bien fait et que je l'approuvais. J'avais compris ceci — qu'on n'est pas du métier sans en prendre plus ou moins les us et coutumes, et que ma fille en subissait les conséquences. Je lui demandai si elle avait été remplacée ? — *Oui*, dit-elle. — Et je suppose que tu as été entendre la rivale ? J'appris ainsi que Céleste avait guetté sa remplaçante et qu'elle ne l'avait pas surprise en défaut. C'était malheureux ! — mais que voulez-vous ? — Si cela n'est pas entièrement de la nature humaine, j'aimerais à savoir ce que c'est ? Lecteurs sceptiques, analysez cette petite histoire, comme vous voudrez, et *concluez* — ce qu'on ne fait guère rien qu'avec de l'esprit !

Voulant tirer Céleste du mauvais pas où elle se trouvait, je lui demandai ce qu'elle penserait si son directeur, un jour ou l'autre, venait se mettre à ses genoux, en quelque sorte, pour lui demander de revenir ? Je vis les yeux de ma fille flamboyer à cette perspective que je lui montrais. — « Ce n'est pas possible ? » dit-elle, et elle m'examinait pour voir si je voulais tout simplement me moquer d'elle. — Non, non ! lui dis-je, reviens dans trois jours et je te mettrai sur la voie pour arriver à ce beau résultat ; mes deux visiteuses partirent enchantées. — Durant ces trois jours mon esprit, paraîtrait-il, car je n'en savais rien consciemment — s'occupa de cette affaire, puisque au moment convenu, quand Céleste vint pour connaître ma décision — je lui dis qu'elle aurait à aller dans une sphère supérieure (où elle ne pourrait encore séjourner) pour prendre des leçons, qui la conduiraient infailliblement au point que je lui avais fait entrevoir. Ma charmante fille me crut, et elle fut conduite à la source qui devait lui procurer de si beaux résultats. Un an après, me trouvant à Paris, Céleste me fit dessiner un croquis d'elle et écrire au bas : — « Victoire ! c'est arrivé ! » Je compris aussitôt, et je sus comment la chose s'était passée. Par l'étude sérieuse, dans un milieu des plus favorables, et par sa persévérance, Céleste était arrivée à un très haut point dans l'art — ce que voyant, Henry invita le directeur de l'Opéra à venir aux écoutes pour juger de la transformation de la voix de sa sœur. Le directeur, tout étonné et transporté d'enthousiasme, se précipita vers Céleste — *pour la supplier de revenir !* — On peut être prophète dans sa famille, sinon dans son pays !

Il ne me serait guère possible de me rappeler toutes les aventures que j'eus en ce temps d'une manière consciente avec l'autre monde. Je raconterai, néanmoins, un fait assez remarquable, en ce qu'il confirme l'histoire qu'on me fit de mon existence précédente sur la terre. Un jour ma main fut dirigée à faire une ébauche d'un esprit et on me fit écrire au bas du portrait : « Flavius, qui mourut à cause de toi ! » — Comment cela ?.. répondis-je. Alors mon visiteur me conta — que du temps où je vivais en Orient, il avait fréquenté mes cours de philosophie, et que rendu dans son pays il avait répandu mes doctrines — ce qui n'était pas du goût des autorités existantes — et qu'en conséquence on lui avait donné la mort : — « Ainsi donc, je mourus à cause de toi ! » — Tu étais Romain ? lui demandai-je. — *Romain !.. non !* répondit-il avec vivacité, avec colère presque. J'étais né dans ce que vous nommez aujourd'hui l'Espagne, sur la frontière, qui fut envahie par les Romains et devint une de leurs provinces. Je détestais les Romains. Mon nom était romain et je l'eus malgré moi. C'était un nom à la mode quand je naquis et on m'en affubla, sans s'occuper s'il me conviendrait plus tard. »

Un autre, se réclamant un de mes anciens disciples, vers le même temps, me fit aussi faire son portrait. C'est tout à fait la figure énergique d'un ancien Romain. Il prétend m'avoir connu à Babylone, où je faisais parfois école. Cet esprit est souvent venu me voir depuis ; il occupe dans les sphères invisibles une position des plus importantes, comme directeur des rapports électriques et magnétiques des astres de notre système solaire — lequel n'est pas laissé à l'*aventure*, ou sans l'attention et la direction constantes de hautes intelligences, essentiellement pratiques.

VII

Je tire un peu de côté le rideau qui cache l'autre monde aux mortels non initiés, afin qu'ils voient un peu ce qui s'y passe. Je choisis le moment où un sujet des plus mondains arrive, raconté alors par Delphine, et j'en donne les extraits suivants :

« Un petit sentiment d'indiscrétion, que j'aidais de toutes mes forces à faire naître en toi la nuit dernière, te fit lancer un regard inquisiteur, pour savoir où j'étais et ce que je faisais. Tu me vis au dernier acte, toute vêtue à l'orientale, couverte d'étoffes précieuses, de pierreries les plus belles, les plus éclatantes. L'or gradué de nuances infinies, parmi les ramages élégants et capricieux des couleurs du fond, rendait ma robe si riche, si féerique, que mes yeux n'en pouvaient embrasser, à vrai dire, que le dessin général. Ma coiffure, avec sa très ancienne forme de mitre persane, cachait mon front et mes cheveux ; l'or tissé s'enroulait avec amour autour des pierres grosses et petites, de toutes formes et de toutes couleurs, et jetait sur ma figure et autour de moi des reflets mystérieux et beaux à ravir. Tu me vis juste au moment où on mettait la dernière main à l'arrangement de cette toilette éblouissante ; et, maintenant que je regarde en toi, je m'aperçois que je te fis l'effet d'une de ces Persanes que tu parais autrefois de ton opulence, de ton faste terrestre. Serais-je, en réalité, un objet de tes souvenirs, que tu tiens à élever avec toi bien haut?.. Ton silence m'en dit long :

mais j'attendrai qu'il te plaise de satisfaire ma curiosité. Tu me vis ainsi vêtue, sans éprouver l'émotion à laquelle je m'attendais.

« Djimœ, sortie enfin de son état mystique d'adoration perpétuelle pour toi, était venue m'apporter ce présent de l'orientalisme ancien, et avait tenu à surveiller elle-même l'opération de sa mise sur ma personne. Elle m'étouffait à présent d'une autre manière. Te dire si je fus surprise de sa transformation, du feu sombre et puissant de sa beauté. Je ne pouvais croire que cette femme, qui se cachait au fond du passé, comme la grenouille dans son trou minéral antédiluvien, put ainsi, tout à coup, ressusciter si éclatante, si belle. Il semblerait que l'abnégation et la dévotion extrêmes de Djimœ, vouées entièrement à ton service, pendant de si longs siècles, arrivent aujourd'hui à multiplier les avantages personnels qu'elle possédait autrefois. Elle surabonde d'effluves magnétiques, qui éclatent subitement en lumières vives, comme le soleil après une éclipse. Ses yeux! oui, ses yeux, ont une profondeur caverneuse, à stupéfier quiconque les regarde ; il sort de ces orbes enflammés des mystères de puissance, de volonté, des feux si ardents et si noirs de force, que la pupille devient irisée. Que de tendresse, néanmoins, dans ses regards, lorsqu'ils s'abaissent, comme ils le firent, sur moi la nuit dernière ; que d'éloquence, de suppliantes prières, ne m'envoyèrent-ils pas tout droit au cœur! Voilà comment m'apparut cette fleur exotique et ancienne de ta gloire orientale. Rien ne se perd dans la nature ! — tout se retrouve ! Djimœ en est un exemple éclatant. Le costume, si riche, qu'elle m'apporta (d'après ton ordre) en est une autre preuve, me dis-tu ; et tu ajoutes, que je serai retrouvée en dernier lieu — à mes propres yeux, telle que j'étais jadis, dans un temps où je cherche tellement à plonger mes regards.

« Après m'avoir transformée en princesse païenne, Djima alla près de ton lit toute transfigurée, d'esclave qu'elle était, en femme libre, sa tête tout illuminée de facultés agissantes, de nobles aspirations. Tes yeux, en se reposant sur elle avec plaisir, lui apprirent tout le cas que tu faisais de ses démarches, de ses intentions. Elle comprit tout sans parole dite, et s'envola toute joyeuse, comme si tu l'avais comblée des plus grands biens. »

Sur un autre sujet, plus important, je cite encore le même auteur :

« Dans un temps, sur la terre, où la foi n'était pas trop entachée d'idées matérielles, ou de lucre, et où la philosophie ancienne perçait des trouées jusqu'auprès des autels, il arriva que des dignitaires de ces autels, vénérés aujourd'hui comme saints, professèrent la croyance au rapprochement intime des sexes, entre les êtres du monde visible et ceux du monde invisible. On alla même alors jusqu'à l'exagération, en prétendant que ces unions étaient bénies de fruits matériels. — La science sur la terre a encore tant à faire pour arriver à une certitude, même relative, sur l'existence de la vie ambiante — comme principe général — qu'on ne doit pas s'attendre à rencontrer beaucoup d'esprits terrestres qui seront prêts à reconnaître l'union physiologique des deux mondes. La foi, elle-même, ayant subi des altérations sérieuses, à la suite de rapprochements avec les passions, qu'elle devait chercher à modérer, au lieu d'enflammer — ne peut pas, non plus, éclairer son horizon, ou faire admettre les notions saines qu'elle professait autrefois. La vérité, comme la mer, subit nécessairement des flux et des reflux, et ne s'étend pas en nappe entière dans aucun monde. Ce que la foi ne pourrait aujourd'hui reconnaître, en sa capacité officielle, comme point fondamental, devra, en vertu du reflux de la vérité, redevenir pour elle un objet lumineux, un sujet compréhensible et de facile élucidation. Les moyens à employer pour obtenir cette révolution salutaire, pour dessiller les yeux humains et leur faire voir ce que les nôtres perçoivent assez aisément — sont déjà à l'œuvre partout sur votre globe. Des événements de toute espèce se produisent sur une grande échelle, et bientôt, hélas! de plus grands encore auront lieu — et, tout cela, afin de rétablir l'équilibre entre le visible et l'invisible, et de promouvoir le bien-être des deux mondes à la fois. »

Le jour suivant, qui était un dimanche, le même esprit me faisait écrire :

« C'est un jour de repos pour les travailleurs de la terre; c'est aussi un jour d'action de grâce, où les hommes élèvent leurs pensées vers l'invisible divinité, en remerciements et en supplications. Le culte de l'être humain pour l'invisible est si grand qu'il se divise parmi les nations en sept jours solennellement consacrés à cet effet. Tous les jours donc le ciel est appelé par la terre à répandre sur elle sa lumière et ses bienfaits. Malgré leurs tergiversations, les hommes rendent hommage à la Source Suprême, d'où ils tirent leur existence; les moins clairvoyants voient quelquefois au delà des filaments qui retiennent leurs consciences prisonnières dans les cachots de l'ignorance, et leurs pensées secrètes ou inavouées n'en sont pas moins des élans d'adoration et de reconnaissance. Le ciel, individualisé comme la terre, a de hautes régions où les passions aveugles et violentes ne peuvent exister : là, devant ce grand tribunal, tous les hommes sont sur un même pied d'égalité, et reçoivent de cette justice impartiale la somme de lumière que chacun peut organiquement recevoir pour remplir sa mission individuelle. »

Il est agréable de reproduire ces pensées, d'une forme simple et gracieuse, où le cachet de cet esprit se sent et se voit dans son élégance native. — Le dialogue suivant pourra aussi intéresser les lecteurs; son côté scientifique et badin dessinent bien les situations prises à brûle-pourpoint par les deux auteurs — Jobard et Delphine ; — le premier s'exprima ainsi :

« La misère sur votre globe, en ce qui concerne l'humanité, provient d'une foule de causes, qui, pour la plupart, échappent à l'observation. Parmi celles-là nous pouvons placer les influences planétaires, ou l'action des autres globes sur celui-ci. L'union intime qui règne entre tous les astres de votre système solaire fait que la perturbation qui a lieu dans l'un de ces co-associés affecte nécessairement la condition des autres; et cela se fait sentir, plus ou moins, en raison de la position des uns et des autres vis-à-vis de la source d'où part la perturbation. Il n'y a réellement, ou relativement parlant, que le soleil, ou le chef du système, qu'on puisse dire, qui échappe aux fléaux dont nous parlons — car ce corps seul, dans chaque système, est le seul qui possède les conditions ou les qualités du développement en toute son essence. Toutes les planètes et leurs diverses sphères fluidiques, où les humains et leurs esprits résident, tour à tour, sont forcément obligées de subir les conséquences, les inconvénients, qui proviennent du travail du développement qui se produit en grand ou en petit dans le dit système.

« Voilà un texte d'un ordre scientifique dont la raison humaine peut s'emparer, et qu'elle peut même traiter à fond, sans que l'investigateur ait un diplôme quelconque dans sa poche, sans avoir passé sous la férule des écoles. Il fut un temps où le *souffleur* présent tenait quelque compte des données scientifiques — cela, quand il était si mal accroché ici-bas ; mais depuis son émancipation il a pu s'apercevoir des futilités, des niaiseries, qu'on drape de manteaux à grands plis — et, il *sait* aujourd'hui que l'existence, prise sous une ou plusieurs de ses faces, ne dépend pas de la somme des connaissances qui s'acquièrent individuellement sur un globe quelconque, mais de celles qui procèdent d'un état supérieur. La source, soit locale, soit générale, est un endroit et en même temps une condition, où il est bon que les soi-disant savants de la terre aillent plus souvent — pour apprendre ce qu'aucun de leurs petits ou gros volumes ne peuvent leur enseigner.

« Il est si ridicule de voir un ver de terre, qui est forcé de ramper si péniblement, lever sa tête avec arrogance, avec mépris, vers la source d'où part son existence, que l'esprit le plus mal appris, a bien le droit de se moquer de lui. C'est le ridicule qui seul peut bien anéantir le ridicule, le confondre. L'esprit humain, par le procédé d'un simple changement de peau, n'abdique pas sa nature, et ne perd pas ses flèches, ni le carquois où il tenait autrefois ces armes acérées.

« Que de choses il faut désapprendre en arrivant de la terre dans le séjour que vous appelez le ciel — et même le purgatoire et l'enfer? Le petit garçon devient de plus haute taille que son père savant, lorsque l'un et l'autre font leur entrée dans le monde fluidique — car il est plus facile de se laisser grandir que d'entreprendre la tâche du rapetissement. Sans notions préalables assez définies sur l'existence ambiante, l'être humain, quelle que soit son importance, qui arrive ici, se trouve, à ses premiers pas et pour assez longtemps, dans une telle impasse, dans des difficultés si nombreuses, qu'il se croit souvent le jouet le plus malheureux de la destinée. Il n'y a rien d'exagéré dans ce que j'avance, et je pourrais citer de nombreuses illustrations humaines qui se trouvent dans ce cas.

« Le bagage qu'on apporte avec soi de la terre, et qu'on a acheté à ses écoles en pièces sonnantes ou autrement — tout bourré qu'il soit de diplômes accrédités, devient un tel embarras pour le malheureux qui a passé par là, que ses meilleurs amis ne peuvent le secourir autrement que par des promesses à longues échéances. Aucun dieu, soit païen, soit chrétien, n'y peut rien !

« Voilà, chers amis, quelques pensées furtives qu'un savant, un peu éclairé avant de partir de parmi vous, vient communiquer par ce médium. »

« JOBARD. »

— RÉPONSE DE DELPHINE. —

« Il était une fois un vieux bonhomme, qui avait un mauvais nom et un si drôle de caractère, qu'il ne voulut jamais donner ce nom, devant aucun autel ou aucun magistrat civil — à nul être portant jupe — tant il craignait qu'il n'eût la capricieuse fantaisie de le propager ce nom, en le perpétuant. — Il était frondeur, taquin et méchant parfois, le sujet en question, et si ce n'eût été de son esprit et du *bagage* de savoir qu'il possédait — et dont il se moque tant à présent, — ce vieux garçon aurait été tout simplement insupportable. — On s'approchait de sa nature apoplectique avec crainte, de peur de le voir se déverser sur soi ; ses amis — peu nombreux — le chérissaient, néanmoins, à outrance, pour sa franchise, sa gaîté explosive, ses reparties fines et le profit qu'ils retiraient de son commerce, car il faut le dire — ce grand disciple de personne — était un puits de science si profond, qu'on ne venait jamais à bout de le vider. — De son vivant, ce vieil ami à nous deux, s'appelait tout bonnement — Jobard ! mais maintenant, ou depuis que nous l'avons mis à l'état de « mort ». ceux qui se moquaient un peu de lui, et qui sont allés le retrouver, sont assez disposés à lui donner le nom de *maître* — mais comme il n'aime pas plus ce nom que le premier — il passe pour un être anonyme et même synonyme de toute espèce de choses. Comme il te l'a dit dernièrement, il s'est fait professeur des sciences, dans leurs rapports avec la philosophie, et, te dire si la jeunesse aime à suivre ses cours — car il possède un talent immense pour se faire comprendre et faire aimer ses instructions. Comme il entrelace si bien, si finement, l'esprit au savoir et le savoir à l'esprit ! Les jeunes gens, des deux sexes, raffolent de lui, et lui font parfois des ovations à le faire pleurer d'attendrissement — car il a le cœur tendre, ce vieux célibataire, même dans la *peau neuve* qu'il a prise depuis qu'il est venu ici. Comme je tiens beaucoup à faire des heureux, je m'occupe depuis quelque temps de trouver une compagne digne de lui — ce qui n'est pas si aisé comme cela paraît à première vue. Même dans le monde des esprits les femmes ont tant de frivolités, et aspirent si peu, en général, aux grandes choses, qu'il est difficile d'en trouver une qui convienne parfaitement à un esprit puissant et fort, comme l'est notre excellent ami. — La dernière lettre que nous lui écrivions en commun, il y a seize ans, lorsqu'il jouissait d'un bel embonpoint à Bruxelles, (Belgique), lui porta, tu sais, le dernier coup, le coup de grâce — car il en mourut, bel et bien, sous un flux de sang au cerveau — causé par l'excitation et le plaisir que notre lettre lui fit. (Il mourut le 27 octobre 1861, à 69 ans.) C'était bien mourir, cela — la joie dans le cœur! — Des méchants, néanmoins, ont prétendu qu'il avait fait une vilaine mort, faute d'autres sacrements! Mais, que veux-tu? on ne peut arrêter les langues de médire du meilleur des prochains. Dieu, et tous les dieux y passent bien par cette épreuve — et pourquoi aucun de nous voudrait-il échapper à ces araignées et autres insectes nuisibles — de l'espèce *humanimale*, comme dirait Jobard?

« DELPHINE. »

On ne m'en voudra pas, j'en suis sûr, de citer encore mon ami Jobard, qui, par son originalité et son grand bon sens est doublement intéressant :

« Les événements se succèdent et ne se ressemblent pas. » Voilà un aphorisme assez vrai. Qu'on tâche d'assimiler autant qu'on voudra, toutes choses rassemblées auront chacune leur caractère propre et un moyen particulier de concourir au but proposé. Les hommes se réunissent en sociétés petites ou grandes pour arriver à contrôler les événements, afin que par une action collective ils embrassent le globe, et produisent partout des efforts simultanés et tellement puissants que rien ne puisse leur résister. Ce moyen d'action, de cohésion, de direction, se fait en vertu des lois et du mouvement qui existe en chacun des membres de la famille terrestre ; — c'est l'intérieur qui s'échappe en dehors et se reproduit là sur une grande échelle. Tous fournissent leur contingent au grand mouvement: tous sont assez grands pour pouvoir se dire directeurs, en action et en théorie, de la chose publique — de la chose terrestre, immédiate et médiate, qui touche et s'éloigne de la croûte que vous foulez sous vos pieds. Dans la conception et le langage humains, on donne plus d'importance à l'immédiat, qui agit sous la vue, sous la connaissance des sens, et cette action est généralement réputée comme étant la raison *pratique*, la raison excellente —sinon par excellence. Mais l'esprit, éclairé d'en-haut, recevant directement sur son cerveau les rayons de lumière — tout en assignant la valeur réelle à cette action immédiate, sait que sa sœur aînée — l'action médiate—l'emporte beaucoup en importance sur la première. Ceci est de l'*a, b, c*, tant c'est élémentaire, tant cela saute aux yeux ; — mais pour ceux qui n'en croient pas même leurs yeux, que faut-il donc faire?... Pour ceux qui admettent un principe et ses conséquences, et qui font l'écrevisse, quand les conséquences dépassent certaines limites — qu'y a-t-il encore à faire?... La raison veut que chacun représente de temps à autre les deux états opposés de l'existence : — qu'un chacun soit actif et réactif — intelligent et stupide — excitant et réfractaire envers telle ou telle vérité : — passant souvent d'un rôle à l'autre, ou d'un sujet à un autre, avec la rapidité de l'éclair. L'intelligence se plie aux nécessités du développement, comme l'être se fait volontiers germe, et se ramasse à l'étroit dans l'organe générateur avant de naître et de renaître ; mais durant son état de labeur, lorsqu'elle est entourée de nuages, l'intelligence en chacun se fait réactive ou reste grossière. C'est une nécessité indispensable du rôle qu'elle remplit alors. L'intelligence et l'individu — ce sont bien deux synonymes, inséparables dans leur essence, mais qui sont toujours en lutte. L'intelligence — c'est l'être en grand : l'être qui embrasse l'univers — tandis que l'individu est l'être ramassé, replié sur lui-même, et qui fait toutes espèces de mouvements, quelquefois grotesques, pour échapper de ses langes. — Les événements font et défont l'un et l'autre — et, l'un et l'autre, il faut ajouter — font et défont les événements. Tout cela est un mystère, très compréhensible pour celui qui veut y regarder de près et de loin à la fois, ou qui possède la faculté éveillée pour faire l'un et l'autre. »

— « La science ou les notions inductives de la philosophie morale, pèchent tellement par la base — sur la croûte terrestre — que c'est à peine si les esprits émancipés de la chair et des basses conditions sociales de votre monde, osent aborder certains sujets, qu'on peut avec raison qualifier d'une importance vitale. La bigoterie, nourrie par l'ignorance et disciplinée par de fausses conceptions, exerce un tel empire sur l'humanité en général, que les esprits éclairés sont plus ou moins forcés de se taire, et de remettre à l'avenir l'explication de certaines vérités, bien nécessaires, qui sont strictement du ressort de la vie pratique, et tendent directement à avancer le bien-être de la société. — Les fonctions de l'amour sont tellement reléguées dans le cercle du mal, dans les profondeurs vicieuses de l'ignorance, et sont frappées d'un tel ostracisme spirituel — en ce qui concerne la part que le monde invisible est appelé de droit à exercer dans de telles fonctions — que les produits se ressentent logiquement de ce pitoyable état de choses. Que d'unions légalisées et *sanctifiées* sentent, sous leur voile de respectabilité et de *convenance*, le froid glacial de la tombe ! Les fruits provenant de telles unions, sont un poison subtil qui empeste plus la société que la prostitution radicale. La misérable pauvre se donne à qui elle *veut* — la misérable riche, *bien élevée*, est *forcée*, très souvent, de tomber dans les bras de celui qui la toise avec de mesquines, de sordides pensées.

« L'association putative entre les deux mondes, le visible et l'invisible, est une de ces ironies flagrantes qu'on ne saurait trop exposer, pour en faire comprendre tout le vice. Il vaudrait autant s'attendre à voir prospérer une association tout humaine, où l'un des associés ferme les yeux sur tout — et laisse faire — que de croire que le monde d'ici-bas puisse profiter de ses relations avec le monde fluidique — en fermant bien fort les yeux — et laissant faire l'autre associé. La première des violations, sinon la plus grande, que votre monde commet, c'est de n'exercer aucun contrôle sur l'immigration des habitants qui viennent grossir ou entretenir son chiffre de population ! L'ignorance crasse sur ce sujet important, même parmi les classes instruites, directrices, est quelque chose de ridicule et de sinistre à la fois. — On semble croire aux contes qu'on débite aux enfants : que tels et tous les nouveau-nés, ont été trouvés sous une feuille de chou : qu'ils ont poussé comme des champignons — ou que l'individualité part en premier lieu de la matrice, et de nul autre endroit. — Si le haut et le bas commerce procédaient avec autant de sans-souci et d'indifférence dans l'achat et l'importation de ses marchandises — que le monde en général témoigne envers le choix et l'immigration de ses habitants de la sphère invisible ! où en seraient ses affaires?... On reconnaît la nécessité d'étudier les règles du commerce, de connaître les pays étrangers avec lesquels on entre en relations, de savoir ce que ces pays produisent — en quelle quantité, à quels taux, et de posséder enfin des notions assez étendues sur diverses sciences — et tout cela, dans le but d'arriver à faire une *fortune* — qui devra presque invariablement se dissiper bientôt entre d'autres mains. Oh! si le monde matériel montrait la moitié de l'intérêt et de l'intelligence qu'il emploie dans ses affaires grossières — au profit de ses affaires supérieures — il n'en serait pas à endurer périodiquement les cataclysmes financiers et autres qui l'assaillent avec tant de sévérité. Si ce monde, au lieu d'employer des agents pour contracter des affaires avec le monde invisible, s'en remettait à ses propres efforts, à sa perspicacité, à son expérience, transmise ou acquise, le bien-être matériel, moral et spirituel ne tarderait pas à fleurir dans son milieu et partout. Si, au lieu de donner aux relations des deux mondes un caractère religieux — comme on fait — on s'efforçait de lui reconnaitre ses qualités toutes pratiques, toutes simples — la gangrène tomberait d'elle-même du corps social et ne la tourmenterait plus. Les monopoles de toute espèce, qui ruinent ce monde, ont besoin d'être signalés à l'attention publique, et les voiles épais qu'on tend dans des desseins égoïstes et misérables, devront être déchirés.

..... « Quand je suis venu avant, apporter ma miette sur ces pages, Delphine ajouta sa fine piqûre à la fin. J'étais le bourdon — elle l'abeille. Cette chère amie nous a plantés là — vous comme moi — depuis un petit âge de temps, qui se multiplie de lui-même assez fortement, sans compter l'*accélératif* qui part de notre ennui pour en accroître l'effet. — Voulez-vous que je vous raconte ce qui a poussé Delphine à s'enfuir? — Vous étiez assez disposé à croire que j'y étais pour quelque chose. Je viens vous dire, pour la deuxième fois, que j'en suis bien innocent, et que l'inspiration part d'ailleurs, de plus haut, je puis ajouter. Vous savez que les « grands frères », comme Delphine appelle vos compagnons invisibles, qui surveillent les grandes destinées, ont une affection vive pour elle. Ces esprits, d'un ordre archangélique, désirent que Delphine se rende digne de la mission qui lui incombe de remplir avec vous. Comme dans votre monde, il y a chez nous des cercles où les profanes n'entrent pas, et où de charmants esprits même ne se trouvent pas tout à fait à l'aise. Je veux dire enfin, que nous avons des groupes, des villes et même des pays entiers, composés d'êtres tellement *arrivés*, pour me servir d'un mot vulgairement juste et justement vulgaire — que la masse des esprits au-dessous, ne saurait apprécier leur existence, quand même cette masse arriverait tout entière au milieu d'eux. Et, c'est dans un de ces grands centres où Delphine a été conviée et où elle se trouve. Vous avez su, que de tous les vôtres, Céleste était la seule qui peut arriver auprès de Delphine, dans la glorieuse sphère où celle-ci se trouve. Cette belle enfant est de fait le rapport immédiat entre vous deux; elle est votre colombe messagère.

..... « Cher confrère. — Je viens à votre appel, sans aucun sujet en particulier devant moi; mais je puis trouver dans mon sac une bribe quelconque qui me servira de texte. Je m'aperçois que vous êtes seul, que Delphine est encore au large — quoiqu'elle soit venue à l'expiration de la quinzaine faire acte de présence..... Vous devez comprendre que je ne tiens nullement à être piqué par la mouche au fin dard, lorsqu'*elle* reviendra, peut-être demain, et que je dois me garder de dire des choses compromettantes. Je connais cette chère amie, qui, d'un petit mot, vous abat un géant, et cela comme si de rien n'était. L'esprit, qui avait autrefois sur terre la monnaie estimable de l'intelligence, qu'on appelle de la repartie, ou de l'esprit enfin, n'a guère laissé cela aux corneilles, ni à ceux qui se font le triste devoir de bayer au bec de cet oiseau. En partant pour notre monde inconnu, il a apporté avec lui surtout ce qu'il avait de précieux et dont il aurait besoin. Donc, l'esprit qui avait de l'esprit, en a encore, et tout bon esprit qu'il puisse être, il peut encore piquer et faire une blessure plus que mortelle.

« Une Française vaut plus qu'un Français. » Voilà ce que Delphine a osé dire lorsqu'elle écrivait ses feuilletons pour des éditeurs, à tant la ligne, je puis ajouter. Ainsi donc, une telle Française peut bien effrayer un Français, dépaysé surtout, et qui eut pour surcroît de malheur de tomber entre les griffes *belgiquement chattemites* des voisins. »

« Jobard. »

Le monde invisible étant peuplé, comme le nôtre, de toutes sortes d'esprits : — bons, indifférents, méchants — il s'ensuit que dans nos rapports avec ce monde on doit s'attendre à des mésaventures, à des désenchantements, à des déceptions parfois. L'expérience personnelle me l'a prouvé d'une manière souvent positive ; j'ai été trompé, malgré ma clairvoyance, malgré mes autres facultés médianimiques ; j'ai eu des désenchantements, des mésaventures; mais tout cela ne fut que momentané, car, animé de bonne foi, de persévérance et d'une certaine dose de réflexion, je pus sortir de ces pas difficiles d'une manière assez satisfaisante. Je dois dire, néanmoins, que dans chacun de ces cas, je *sentais*, malgré la plausibilité et même l'évidence apparente qui m'en imposaient, naître en moi des doutes qui me préservaient contre des chutes. Si, d'une source, on cherchait à me tromper, d'une autre, plus haute, on s'efforçait de m'éclairer ; je voyais l'une, mais je *sentais* l'autre. De plus : « la tricherie ne tarde pas à revenir à son maître ! » ce qui faisait que je pouvais bientôt assister au dénouement, pénible pour autrui et instructif pour moi. Mais « le diable n'est pas aussi noir qu'on le peint » — car j'ai pu souvent constater qu'au fond des déceptions, le mobile rachetait en quelque sorte la faute. Le mal n'est jamais absolu ! Et, que de fois il arrive que des esprits subissent à leur insu l'influence d'autres, au-dessus d'eux, et commettent des actes blâmables, qui servent par contre-coup à amener en eux des révolutions salutaires ! J'ai déjà fait mention d'un fait de cette espèce — là où de grands esprits poussaient Djimœ à étrangler Delphine.

VIII

J'étais un jour, à Montréal, sous le coup d'une angoisse profonde, comme il arrive à tous d'en avoir parfois dans cette vie ; le paroxysme de la douleur en moi était si grand que je ne voulais écouter aucun des miens de l'autre monde, qui m'entouraient et cherchaient à me consoler et à raisonner avec moi. Ma mère, Delphine et mes enfants chéris, ne pouvaient maîtriser mes émotions, malgré leurs efforts réunis — et je m'abîmais dans ma peine — quand, tout à coup, je me sentis magnétiquement soulagé, relevé, par la soudaine apparition du grand esprit nommé (à tort) Jésus, qui se plaça à un pas en avant de moi. En *tombant* ou en surgissant là, au milieu des miens, je remarquai qu'instantanément le cercle s'élargit, par déférence et par l'éclat qu'il produisait. J'ai vu assez souvent d'autres esprits provoquer le même effet. Par sa seule présence mon sympathique visiteur était devenu pour moi un baume souverain ; mon calme était revenu et le *grain* avait disparu. Avant de partir je lui demandai d'embrasser Marie-Louise et Céleste, ce qu'il fit, en posant ses lèvres sur le front de la première et sur la joue de l'autre. Mes deux filles rougirent immédiatement de l'honneur qui leur était conféré : c'est ce que je compris. C'était la seconde fois que je voyais consciemment cet esprit ; mais je le revis trois autres fois depuis.

C'est une anomalie bien étrange que de voir des professeurs, payés pour faire connaître le monde spirituel, et se disant doctes en cette matière, s'arrêter net quand il s'agit de démontrer — en termes ordinaires, raisonnables — ce que c'est que ce monde. Les payeurs, bien étrangement aussi, se contentent de peu en recevant ainsi des non-valeurs; ils présentent, j'oserais affirmer, une face plus laide encore que les autres. Et dire, que le monde terrestre a marché de cette façon depuis si longtemps — sans s'apercevoir qu'il est frustré dans ses intérêts les plus chers! C'est presque inconcevable. Les soi-disant guides spirituels n'ont rien à dire sur l'origine des esprits humains — d'où ils viennent, si même ils existaient avant de naître ici-bas — comment ils ont procédé pour entrer dans une matrice (ce qui serait *shocking* pour eux) — comment le monde spirituel est organisé et conduit — comment ses êtres vivent et s'associent — si on y boit, mange, dort — si les esprits dématérialisés de notre enveloppe, enfin, s'amusent, s'instruisent et progressent! Rien de tout cela n'entre dans le cadre des instructions des pères spirituels de ce monde. La logique pour eux est un non sens — et pourtant ils l'enseignent dans leurs collèges! Que de fois ils disent: qu'on part de la terre pour aller dans l'*éternité?*... comme si l'éternité ne comprenait pas aussi bien le passé et le présent, que l'avenir! Voilà la force de leur argumentation. Voilà l'école que tous les états *civilisés* maintiennent. Il n'est pas étonnant que les hommes de quelque valeur soient forcés de désapprendre ce qu'ils ont appris, et de se refaire à nouveau. — Ce qui précède est dit en toute charité — pour ceux qui en ont besoin.

Un célèbre prédicateur jésuite me parlait un jour, en Amérique, de la *foi*. — Mais, lui dis-je, il y a deux espèces de foi: — la foi transmise et la foi acquise! — laquelle est la meilleure ?... Mon interlocuteur recula étonné devant cette proposition inattendue, et sentant bien que j'allais le terrasser ou l'acculer, il se tut — et changea de sujet. Un esprit aguerri venait de me faire dire ces paroles, sans aucune réflexion de ma part, et je fus le premier à m'en étonner. Que de fois des inspirations directes, comme celle-là arrivent, surtout à ceux qui tiennent leurs portes ouvertes ? Jamais, de fait, aucun mortel ne pense, ne parle ou n'agit seul; il est toujours assisté par un ou plusieurs invisibles. Et, on croit que l'inspiration sert de peu — quand c'est elle, après tout, qui est le moteur suprême en tout. Bien des orateurs, après de beaux discours, m'ont avoué qu'ils ne savaient pas ce qu'ils venaient de dire. Est médium, souvent, celui qui ne voudrait pas l'être. On veut et on ne veut pas — ce qui prouve bien l'aphorisme que : « — L'homme se remue et Dieu le mène! » — par ses agents! — Allez donc! ergoteurs, persifleurs, qui posez pour vous faire valoir; esprits sans conviction arrêtée : girouettes au vent de la *mode* — comparez donc vos arguments avec ceux qui s'opposent aux vôtres.

J'ai déjà dit que le monde terrestre est un effet du monde fluidique. Tout effet ressemble, plus ou moins, à la cause qui l'a produit. On démontre scientifiquement que l'atmosphère contient tout ce que la terre recèle dans ses trois règnes (et non ceux de la nature) ce qui confirme ce qui précède. La petite échelle prouve l'existence de la grande. Le fluidique est une des trois conditions de la matière; c'est, on pourrait dire, une sorte d'interrègne ; le fluidique provient directement de l'éther, lequel est l'âme de la nature. Le concret, comme dernière manifestation de la matière, ne se trouve être qu'un reflet ou un diminutif des deux autres, lesquels sont envers lui, enfant, comme le père et la mère dans la famille. — Ce tableau devrait suffire pour éclairer tous ceux qui ont les yeux ouverts et leur faire comprendre en même temps toutes les conséquences, les détails, répétés autour d'eux, partout et en toute chose ; mais non ; la vérité, même la mieux démontrée, ne sert à rien pour ceux qui ne sont pas prêts à la recevoir.

La fluidique pénètre de toutes parts le matériel, l'anime et le fait vivre — comme lui-même subit cette action de la part de l'éther. Quand le fluidique cesse d'agir ainsi sur un corps matériel quelconque, ce corps se désagrège ou *meurt*, comme on dit ; la mort est alors apparente, mais rien de plus, et ne prouve que ceci : le manque de développement des sens, la faiblesse de clairvoyance de celui qui regarde et ne peut voir. Ceux qui préconisent tant la valeur des sens matériels devraient pourtant être assurés, que voir, par exemple, n'est pas savoir — et que savoir même n'est pas comprendre : il y a loin de l'un à l'autre — tellement loin parfois que certains individus, durant toute une existence terrestre, ne parviennent pas à franchir une seule de ces distances ou étapes. La même règle s'applique aussi bien aux habitants de l'autre monde qu'aux nôtres.

Les faits que j'ai déjà cités comportent tous un enseignement sur la question de l'existence ultra-matérielle et démontrent ce que les esprits peuvent faire et font parmi nous, lorsque des conditions favorables se prêtent à ces démonstrations. Ceux que j'ai encore à raconter, et ils sont nombreux, devront servir à instruire davantage les lecteurs. Mon œuvre, ainsi façonnée, a pour but d'initier l'élève, petit à petit, aux arcanes de la vie future. Les faits se stéréotypent dans le cerveau, tandis que des paroles, non appuyées par des preuves, passent souvent inaperçues. — Ce que les *pères spirituels* manquent de dire, de démontrer — en fait de points de vue pratiques sur l'autre monde, — se trouvera résumé par-ci par-là, dans les exemples qui suivront, comme dans ceux que j'ai déjà mentionnés.

Une nuit, étant éveillé, je reçus la visite de sept délégués venant d'une colonie fluidique, où les habitants, anciens marins, vivant sur les bords d'une mer, menaient une existence misérable, disaient-ils. Le pays était inculte, sans le moindre sourire de végétation — et des tempêtes presque continuelles, ravageaient les côtes. Depuis longtemps les colons désespérés cherchaient à fuir ce pays inhospitalier, sans pouvoir y parvenir. Chaque fois qu'ils construisaient des navires à cette fin, ces navires étaient brisés et mis en pièces par les éléments en fureur. On venait à moi pour obtenir un remède contre ce grand malheur. Qui les poussait vers moi dans ce but? Cette question n'est pas importante. Le fait est que des esprits secourables avaient inspiré ces malheureux à venir auprès de moi, sachant bien qu'ils pourraient se servir de moi dans leur mission de pitié. J'allai parmi les esprits misérables qui vivaient ainsi emprisonnés dans les conséquences de leurs actes antérieurs — lesquels se prolongeaient dans leur vie présente. Je vis que le tableau était exact en tout point avec ce que mes visiteurs m'avaient dit. Je compris aussi que ces « pauvres diables », à force de vouloir, se trouvaient dans un état à pouvoir comprendre les instructions que j'allais leur donner sur les obligations de l'existence, qu'ils commençaient déjà à entrevoir. Ils se trouvaient prêts à entrer dans une nouvelle voie, car ils avaient employé toutes leurs forces pour se racheter à leurs propres yeux, ou à leur conscience, en désirant ardemment mieux faire. C'est pourquoi ils allaient vers le secours. C'est pourquoi ils pouvaient être secourus. C'est pourquoi je pus les sortir de là au moyen de ma puissance médianimique — ou d'emprunt, j'ajoute.

Qu'un esprit, incarné sur terre, puisse accomplir de ces actes, en dehors de sa propre sphère — cela peut paraître incroyable à première vue — comme tout l'est au premier abord — mais la réflexion corrige tout. Si le sceptique, en agissant de la même manière, ferme ses yeux et néglige de faire participer son moi extérieur à de tels actes, le fait n'en est pas moins patent en esprit ou en vérité. Dans ce sens on vaut toujours mieux qu'on ne paraît. Qui n'a pas de cœur ou d'esprit? Qui n'a pas d'âme ?

Je détache d'une communication de Delphine une leçon sur les choses de l'autre monde, qui surprendra même un grand nombre de spirites français, quoique aux États-Unis le fait soit généralement reconnu parmi les adeptes :

« Séparés les uns des autres (les visibles et les invisibles) par un voile très mince, le voile psychologique — et non par un voile même physiologique — il est de fait avéré pour nous, invisibles, que nos organes physiques sont en rapports intimes et constants avec les vôtres — à un tel point que nous vivons de votre vie et vous de la nôtre. — Le fœtus, qui tombe de l'organe maternel, et qui « meurt », dit votre science, est cueilli par nos mains; mais ces mains le replacent dans une matrice, dont la vitalité ou les fluides de la mère (mortelle) elle-même fait les frais; l'allaitement du nourrisson est également soumis à un procédé semblable ; — la mère fournit encore la vie et la croissance à son enfant invisible, « mort » par la voie physiologique de son organisme. »

Je disais auparavant — qu'il nous incombe de matérialiser le spirituel et de spiritualiser le matériel — et l'idée me vient maintenant de répéter cette *recommandation*, ainsi que je puis qualifier la suggestion que je faisais, sans l'appuyer, néanmoins, par aucune raison. — Je me dois à mes lecteurs, qui ont le droit d'hériter de tout ce que je possède de mieux, de plus précieux — de là le codicille que voici : — La pensée est un bien ; mais c'est un bien matériel, j'ajoute ; et je répète aussi : que l'idée étant la menue monnaie de la pensée — il en est de même de la pensée par rapport à l'intelligence. La pensée est une matérialisation *fluidique* de l'intelligence, et, l'idée en est une matérialisation *concrète*, un diminutif. L'une et l'autre cherchent constamment à se matérialiser, à se manifester — comme nous — âmes individuelles — nous cherchons à nous matérialiser, à nous manifester — dans des corps fluidiques et concrets — en pensées et en idées. De fait, nous sommes des intelligences, des pensées, des idées — nos manifestations le prouvent. L'individualité, à vrai dire, se trouve plutôt dans l'âme, que dans les deux autres organismes, dont l'intelligence se sert pour se manifester, c'est-à-dire l'enveloppe fluidique et l'enveloppe matérielle. L'individualité ne peut se manifester parfaitement ou en toute vérité que par l'organisme éthéré de l'âme ; autrement elle subit l'influence du milieu où elle se trouve : c'est logique, inévitable. — Ne dites donc plus : « une *bonne* âme ! une *belle* âme ! » — car toutes sont bonnes et belles — toutes occupent le même niveau de *perfection*. — Ne confondez plus l'esprit avec l'âme — car vous péchez là par une grande ignorance.

Pour montrer comme quoi la pensée est matérielle je cite le fait suivant : — Je discutais une fois avec un de mes frères sur la doctrine spirite. Je me servais de ses propres arguments pour le combattre, mais sans résultat — ce qui sembla amener en moi un état de lucidité extrême — car je vis fort bien les rayons de ma pensée allant au cerveau de mon frère, où ils ne pouvaient pénétrer, et revenir au mien, le heurtant chaque fois d'une façon pénible. La pensée exprimée par moi et dirigée vers un autre cerveau — pour y recevoir la bienvenue — rebondissait vers moi, d'où elle était partie, mais chargée des miasmes ou de l'influence opposante — ce qui ne permettait pas à ces rayons ainsi altérés d'être assimilés par mon organe réflecteur et *élaborateur*; ainsi répercutés, ainsi épuisés, ces rayons, bien visibles pour moi, formèrent autour de ma tête un cercle qui l'étreignait comme un étau. — Cette expérience consciente s'est répétée depuis avec d'autres; mais j'ai profité un peu de la leçon; je sais me taire quand parler ne profite pas à autrui, et me nuit. Cette fois, néanmoins, ce fut ma mère qui me sauva d'une grosse migraine, etc., en venant à point me dire : — « Cesse, mon enfant, de discuter avec ton frère : cela ne sert à rien, car il n'est pas dans une condition de réceptivité. »

J'ai vu fréquemment aux États-Unis des médiums clairvoyants décrire la couleur ou la nuance magnétique des personnes qui se soumettaient à cet examen, ainsi que le mouvement particulier de leur élément fluidique. La couleur périspritale détermine la condition d'avancement de chacun; un bon voyant ne s'y trompe pas — et c'est par ce moyen que les esprits se jugent entre eux, au premier coup d'œil, et qu'ils nous jugent aussi.

On bâtit dans l'autre monde et — comme ici — « le style c'est l'homme ». Les constructions des esprits sont un emblème d'eux-mêmes. La volonté est l'architecte et l'artisan en toute œuvre de ce genre ; les matériaux sortent de l'air ambiant et se façonnent et se mettent en place suivant le désir de celui qui est assez fort pour être positif. Il en est de même pour la confection des habits des invisibles. La matière ambiante dans le monde fluidique est tellement en rapport intime avec les esprits ; elle est si ductile ou plastique, au gré de ces derniers, qu'elle répond aux intelligences qui l'animent en se prêtant à toutes leurs volontés.

Tout est mystérieux, sur la terre, comme ailleurs, jusqu'à ce que l'instruction et l'entendement ouvrent en nous les portes closes. On recommence la vie spéculative et pratique à chaque renaissance, — comme si nous n'avions rien appris, rien su, dans nos existences précédentes. Tout à sa besogne ! sans mauvais souvenirs ! sans attaches en arrière ! on prend chaque fois une sorte de virginité, qui sert à dorer la vie ; autrement chacun serait désenchanté, découragé, dès les premiers pas. De même, de l'autre côté. Si un esprit s'incarne sur terre — comme enfant nécessairement — et s'il vient à mourir aussitôt après — qu'arrive-t-il ? — il renaît spirituellement comme *enfant* — comme s'il ne venait pas de quitter le monde fluidique, homme ou femme. Il naît là, de nouveau, non seulement avec une forme d'enfant, mais avec toutes les charmantes ignorances de cet âge ; il oublie ce qu'il était, si peu de temps avant ; — on ne le reconnaît plus — car il est tout transformé. Il s'ignore lui-même ; il contracte de nouveaux liens ; il appartient à une autre famille, qui le reçoit comme un fruit béni, le soigne, l'élève, l'instruit et le chérit. Il conserve le type de sa dernière réincarnation matérielle et le développe là-haut, comme s'il avait continué à vivre ici-bas. Les siens terrestres, en le retrouvant plus tard, le reconnaissent par ce signe matériel, cette empreinte indélébile, à part d'autres marques qui servent d'attraction. L'esprit ne sort de son rôle de nouveau-né, là-haut, comme ici-bas, que lorsqu'il entre dans des conditions anormales à son état — généralement, lorsqu'il est endormi. Ce n'est que le petit nombre qui échappe à l'action de cette loi, ou qui puisse voir en dehors de son cercle les yeux ouverts.

Charles étant une nuit à côté de mon lit, je l'invitai à dormir avec moi, mais il me répondit qu'il ne s'endormait pas. — Est-ce que tu ne dors jamais ? lui dis-je. « Oui, quelquefois », répliqua-t-il. Je voulus savoir ce que ce *quelquefois* voulait dire. Il s'expliqua et me dit, qu'il dormait une demi-heure ou trois quarts d'heure, de notre temps, toutes les trois semaines ! — Ce qui te donne beaucoup de temps pour travailler à ton chevalet de peintre ! fut mon observation. Mais il ne faut pas croire, d'après cela, que les esprits en général se contentent de si peu de sommeil. J'en ai vu d'autres des miens dormir trois heures de suite.

Oui ! les esprits ont nos besoins, dans des mesures relatives, suivant leurs états, leur avancement. Les esprits terre-à-terre, et ils sont nombreux ceux-là, vivent grossièrement des effluves directes de la vie terrestre ; leurs besoins sont à peu de chose près ce qu'ils étaient avant leur mort. — *Manger, boire et dormir*, sont des nécessités de tous les corps, qui subissent la déperdition de leurs forces par l'activité. Les essences de toutes choses chimiquement assimilables et nécessaires à la récupération des organismes fluidiques, servent aux esprits pour entretenir leur vitalité. Les fonctions corporelles sont pour eux, comme pour nous, des nécessités. Leurs passions s'assouvissent de bien des manières ; et, si la vérité sur ce sujet était dévoilée, même en partie, telle que je le sais, — que de mortels se cacheraient la figure de honte — de se voir exposés comme des sources actives, où ils attirent et retiennent toute espèce de satyres de l'autre monde. Comme clairvoyant, j'ai vu sur terre bien de ces scènes cachées !

L'enfant, en *mourant ici*, continue son existence dans le monde fluidique, pour arriver progressivement à l'âge de maturité, ou de pleine floraison. L'âge normal de l'esprit masculin, est, comparativement, de trente ans ; celui de la femme, de vingt ans. Nos vieillards, en arrivant là, prennent également ces deux âges ou ces deux états. — Le vice ou le crime, seuls altèrent la beauté physique des esprits, et encore cela ne dure pas toujours. — On *meurt* dans l'autre monde pour naître ici — et on *meurt* ici pour naître là.

Les esprits changent-ils de sexe en s'incarnant sur la terre et *vice versa* ?...

« Les esprits ne changent jamais de sexe en se réincarnant sur la terre ou en retournant à la sphère fluidique d'où ils sont partis ! » — réponse que je reçus de la part des grands frères, à qui j'adressais cette question. — On ajouta : « De la sphère éthérée. où les êtres-âmes, jouissent de la plénitude de tout, ils peuvent, à leur gré, ou suivant la *nécessité* et l'*opportunité*, prendre la forme masculine ou féminine, lorsqu'ils vont en mission, fugitive ou prolongée, dans le monde fluidique ou sur la terre, — ce qui n'empêche pas, néanmoins, que le sexe double existe aussi bien dans le monde éthéré qu'ailleurs — seulement il se fond sans se confondre. »

Le malentendu vient de ce qu'on ne distingue pas l'âme de l'esprit.

Voilà des faits qui échappent à la connaissance des ministres spirituels de ce monde. Ils ne peuvent enseigner que ce qu'ils savent !

IX

En août 1877 j'allai en Angleterre et de là en France, à Paris, où j'arrivai au commencement de septembre, la veille des obsèques de Thiers. En traversant la Manche, de Douvres à Calais, Delphine me présenta au libérateur de son pays, qu'elle avait connu autrefois, et à qui elle et d'autres faisaient la bienvenue à son entrée dans l'autre monde. En ma qualité d'Américain ou de « sauvage », comme on se plaisait à nous nommer en Europe, il n'y a pas si longtemps, j'entendis Delphine m'appeler son « chef » — ce qui montre que les esprits savent plaisanter aussi bien que nous. Je détache du journal où elle me faisait écrire, ce qui suit :

« En entrant dans ce nouveau monde pour toi — de ma chère France, où les traces d'un ancien ordre de choses existent encore, par-ci par-là, depuis Calais jusqu'auprès de Paris, tes yeux non accoutumés à ce tableau, se sont agrandis pour en saisir l'ensemble. Dans l'examen des détails, qui t'ont paru tristement minutieux, comme alignés et groupés avec une parcimonieuse méthode d'esprit comprimé, tu as senti naître en toi des émotions de tristesse — et j'ai pu voir ton esprit parcourir les pages de l'histoire de nos pères, et trouver là la cause et l'explication. Dans tes observations sur la continuité des impressions, particulières et générales, que certains esprits et des groupes d'esprits, ont apporté avec eux de la terre, et conservent encore, après des âges même de délivrance matérielle — tu as constaté que certains êtres, couronnés de lauriers, se trouvent dans le cas d'avoir encore leurs préjugés nationaux et autres. C'est une ombre qui te surprit d'abord, à l'égal d'une défiguration. — Si, donc, la nature humaine, jusque parmi ses illustrations, passe par cette filière d'étroitesse, il n'y a rien d'étonnant que certains pays portent encore les marques des systèmes féodaux et autres misères que ton pays n'a pas eues à endurer.

« En portant nos yeux sur la terre pour en faire un relevé, on aperçoit d'abord le vieux monde de l'Europe et le Nouveau Monde. C'est la même humanité qui habite l'un et l'autre — mais que de différence dans les conditions de l'un à l'autre ? Dans le premier on forme de grands hommes et de grandes villes — dans le second c'est le grand nombre qui tend à dominer, qui marche vers ce but, et où la décentralisation s'établit en toute chose. Les masses de l'Europe, comme les Juifs d'autrefois, entendent parler de la Terre-Promise, ou de l'Amérique, et un certain nombre chaque jour brise ses liens et s'y rend pour jouir de nouvelles perspectives, avoir plus de bien-être et agrandir l'horizon de ses pensées — de même qu'en France on voit arriver à Paris ceux de la province qui ont un esprit remuant et progressif. »

Mon ombre claire et spirituelle, Delphine, me donna, peu de temps après mon arrivée à Paris, une preuve de sa présence et de sa clairvoyance dans les choses de ce monde. C'était un samedi après-midi, le 22 septembre. Je traversais la place du Théâtre-Français, descendant vers la rue Saint-Honoré, quand inopinément Delphine s'annonça auprès de moi et me dit aussitôt : — « Retourne sur tes pas ! » Et moi de lui répondre tout de suite : — Et pourquoi ? — « Viens voir l'affiche ! » — répondit-elle. Je compris sa pensée, et la curiosité me poussa à aller voir l'affiche en question. Quel ne fut pas mon étonnement en voyant là : — *Le Chandelier*, par Alfred de Musset et *La Joie fait Peur*, par Madame de Girardin. — Tu savais donc ? dis-je à ma voisine — qui se mit à sourire.

Après la sortie du théâtre, où Delphine m'avait accompagné, elle me dicta ce qui suit :

...« *La Joie fait Peur* !... et tu viens de voir, d'entendre et de juger — avec plaisir, avec émotion et franchement, cette pièce qui est sortie de ma plume.

« Si cette joie ne me fait pas peur, c'est qu'elle se divise, à mesure que je l'éprouve, parmi de nombreux amis, qui, ne me quittent point d'un pas, et qui ont assisté avec nous à la représentation de mon œuvre. Ces amis, presque tous du métier, m'avaient sournoisement ménagé cette surprise ; et, pour rendre la chose plus complète on avait influencé la Direction pour me faire précéder par le *Chandelier*, de notre ami commun — Alfred de Musset — à qui j'abandonne maintenant la place et notre plume. »

« Un a-propos de Alfred de Musset :—»

« Cher ami. — Vous, qui en vertu d'un pouvoir bien fort avez pu faire de moi un être content de lui et des autres — à vous et à Delphine mes pensées les plus chères, les plus chaudes.

« Il fut un temps dans mon existence présente, où le dégoût, toutes les misères du cœur et de l'esprit, venaient m'assaillir avec une violence inouïe. J'en conserve un vif souvenir ; mais je me rappelle par-dessus tout, que c'est à Delphine et à vous, que je dois ma délivrance de cet état intolérable, et la vie remplie d'activité et de douceur, qui est devenue depuis ma part.

« Que de fois j'ai goûté le bonheur de venir auprès de vous et d'elle pour vous remercier?... C'est que je ne pouvais oublier le service signalé que vous m'avez rendu. Je tremblais et je pleurais comme un enfant lorsque le souvenir de ma misérable existence se présentait à mes yeux — comme si elle allait se répéter — et alors je ne trouvais de soulagement qu'en allant auprès de vous deux.

« Dire, grand Dieu, ce que j'ai souffert après ma sortie de la vie terrestre! ce serait impossible. J'en frissonne encore lorsque j'en évoque le souvenir — et les démons moqueurs, grossiers, cyniques, qui m'ont harcelé de tourments indescriptibles — bien plus que vous ne savez — semblent prêts à surgir de leurs noirs antres. La mémoire est une chose précieuse, même lorsqu'elle s'étend sur l'obscurité et qu'elle rapetisse l'être par la douleur. L'ange de dévouement qui se tient à vos côtés, avec tant de foi en vous, avait pris par la main le pauvre malheureux et tâchait de le divertir de ses peines et de l'arracher des serres ignobles qui le tourmentaient; mais elle ne pouvait parvenir à faire luire en lui qu'un fugitif éclair. Je retombais, attiré par une force invincible — de sa présence, de sa pitié secourable et tendre — dans le centre impur et révoltant que j'avais créé autour de moi-même sur la terre, par la matérialité de mes désirs et le mépris de tout au delà de cette vie. Là, je redevenais la proie facile d'êtres, qui me surpassaient par la force et l'étendue de la noirceur qui les entourait et les animait. Cris, prières, supplications, rien n'empêchait ces êtres de m'envelopper de leur influence méphitique et de me faire subir les souffrances les plus aiguës, les plus incroyables. L'anéantissement, que j'avais préconisé, et la moquerie des choses saintes et pures, que j'avais reléguées dans les sphères de l'imagination et de la niaiserie — ces deux réalités du passé, en se faisant réalités présentes, débordaient tellement autour de moi et m'infligeaient de si atroces contre-coups, que, haletant, épuisé, et passant par les horribles portes de la mort, sans pouvoir mourir, je tombais tout défaillant, dans le marasme le plus affligeant. C'est alors que l'ange de bonté venait m'enlever pour me secourir. Bien souvent ses pleurs ont servi de baume à mes plaies. Bien souvent ses tendresses ont cherché à me retenir auprès de lui et du cercle brillant qui l'entourait, et où vous me vîtes pour la première fois. Mais non! ses efforts ne pouvaient m'empêcher de retomber dans l'abîme. Elle ne pouvait vaincre ni émouvoir de pitié les fantômes réels que j'avais créés, et qui m'arrachaient violemment de ses bras. Il fallait pour cela un esprit plus viril, qui pût braver sans émotion les puissances qui me retenaient — et m'arracher non seulement de leurs mains, mais me faire subir une terrible agonie de déchirements réhabilitoires. C'est à vous que cet ange confia ce soin; c'est à vos pieds qu'elle m'entraîna, en frissonnant, comme si elle allait elle-même éprouver les horribles souffrances qui s'ensuivirent. Ce fut avec un impitoyable sang-froid, avec une puissance incomparable que vous procédâtes à m'enlever — la peau! — et toutes les attaches adhérentes qui se prolongeaient au fond de mon être — si matériel! L'opération douloureuse et salutaire que vous exerçâtes en cette occasion sur ma personne, pour la première fois, à votre connaissance extérieure, a été une des plus difficiles que vous ayez eu à faire — mais j'appris depuis que vous étiez assisté par des invisibles à grande puissance.

« Les accès de violence et d'opposition tenace que je témoignai sous le coup de vos efforts répétés, se montrèrent, m'a-t-on dit, si terribles, que, ni Delphine, ni les autres amis, ne purent les contempler. J'eus, je me rappelle, à endurer, pendant cinq minutes, mille agonies entre vos mains, avant d'être prosterné à vos pieds en masse inerte, dans un état d'insensibilité complète. Ce fut dans cette situation que je fus transporté au loin par des anges de pureté et de miséricorde, à la tête desquels se trouvait ma bonne, mon excellente amie, Delphine !

« Je ne repris connaissance que quelques heures après, et alors je me crus sous l'empire d'un rêve, trop beau pour y croire immédiatement. Je refermai les yeux ; mais les chants, les caresses, les sourires de mon entourage nombreux, parmi lesquels je crus remarquer d'anciens amis, bien chers — me forcèrent de me rendre à l'évidence et de jouir de la délicieuse réalité. Dire ce que j'éprouvais de me savoir enfin délivré et de me voir dans une société si aimable, si bonne — sans aucune envie de fuir — ce serait impossible. Le festin de « païen », comme Delphine vous dit le lendemain, qu'on me donna — pour célébrer ma délivrance — fut quelque chose de hors ligne, en ce que la joie, la tendresse et la musique des cœurs abreuva mon être de toutes les délicieuses pensées possibles. Dans ce cénacle de charité et d'amour, où des centaines de visages heureux et souriants me communiquaient tous les trésors de leur tendresse fraternelle, et cherchaient à m'éclairer sur mon passé et mon avenir — j'éprouvai les joies du ciel — et j'appris ce qu'il me restait à faire pour mériter d'être plus tard leur hôte constant. Je partis, aussitôt après la fête, comme vous l'apprîtes, pour remplir une mission d'épreuve, qui dura une dizaine d'années de votre temps.

« Je viens aujourd'hui, entre mes deux sauveurs, savourer et bénir l'occasion qui m'appelle à dire quelque chose à ceux qui m'ont connu, soit personnellement, soit par mes écrits. J'ai dû, d'abord, en toute conscience, m'acquitter du devoir de raconter succinctement ce qui précède.

« La noble femme qui, dans son existence passée, chercha à faire résonner les cordes les plus tendres de la lyre, et à toucher les cœurs par des œuvres qu'on admire encore — comme une flamme brillante qui traverse les airs et étonne les yeux et qu'on ne peut suivre où elle va avant de disparaître — cette noble femme brille de tels éclats de beauté et de bonté, qu'elle aveuglerait même le monde parisien si elle venait y étaler ces splendeurs. Ce n'est pas à titre de confrère en littérature que je parle ainsi d'elle.

« On a placé ma pièce avec la sienne aux *Français*. Ce pauvre, bien pauvre *Chandelier*, fruit de la fièvre et du dégoût, mérite plutôt d'être brisé, que de paraître encore sur la scène; en disant cela, je n'envisage pas le goût épuré de l'esprit, mais le goût ordinaire qui se règle sur l'art actuel de ce bas monde. Si on venait m'annoncer un jour, que cette pièce a été rayée du répertoire, j'en serais réjoui. Mise à côté de celle qui sait si bien plaire, où le sentiment regorge des nuances les plus vraies, les plus délicieuses — c'est une moquerie ! L'œuvre ainsi jugée par l'auteur, ne saurait vivre longtemps; c'est une consolation que j'accepte d'avance. »   Alfred de Musset.

Le produit est toujours en rapport avec la nature du terrain où le grain est semé. La graine spirite répandue dans ce pays, où le matérialisme et une foi aveugle se disputaient et se disputent encore l'empire, ne pouvait et ne peut encore rencontrer des conditions favorables à sa germination ni atteindre un état supérieur de croissance. Cette graine, de plus, se trouve affectée par la nature et l'éducation des semeurs, ou du grand nombre des esprits, plus ou moins dématérialisés, qui s'occupent de semer cette graine dans le pays d'où ils sont partis. — On ne refait pas un esprit en un jour, même dans le monde fluidique; et, les esprits supérieurs, qui se trouvent là, ne peuvent tout de suite contrôler les actions des masses jusqu'au point de rendre les unes et les autres conformes aux vues, aux lois de la sagesse. Le développement de l'individu par son expérience personnelle, par ses propres efforts d'abord, étant dans le monde des esprits une chose obligatoire, sacrée, il s'ensuit que n'importe quelle doctrine provenant de cette source, se trouve toujours plus ou moins entachée de l'état incomplet de la crudité de son grand nombre de personnalités. Un autre point de vue, non moins important : — la règle est, que la forme de l'idée transmise, doive se baser sur l'état approximatif du grand nombre des récepteurs — et non sur celui du petit nombre, des gens éclairés. Il arrive aussi, qu'un esprit terrestre, qui a fait œuvre méritoire en consacrant ses veilles et ses nuits à l'avancement de ses semblables, et qui a établi par de grands efforts les assises d'une doctrine quelconque dans son pays, avec l'aide de coopérateurs — comme cela arrive invariablement — s'aperçoit en passant de vie à trépas — que le plan de son œuvre pèche par l'usage immodéré dont ses disciples font de son nom ! Le

« Maître » devient alors le sujet de ses sujets, et ne peut, même médianimiquement, parvenir à affaiblir les ombres qui se sont introduites sur son plan, et qui en défigurent le mérite, la beauté. Tout cela, néanmoins, n'est dû, pas autant à l'imperfection de l'organisateur, qu'à celle de son entourage, qui lui faisait sourdement sentir son influence.

Le spiritisme en France (importé d'Amérique peu de temps après ses premières manifestations dans ce pays du *go-ahead*) devait nécessairement subir l'effet du caractère national. On l'accueillit avec enthousiasme dans tous les centres de la société, dans la chaumière, comme dans le château. Il fut à la mode durant des années — ce qui démontre bien qu'on lui accordait de la valeur — et ensuite !... on chercha une autre *sensation* ! — Le fait est que l'esprit national français, si spirituel, ne peut guère se maintenir dans une voie où le sérieux l'emporte sur la belle humeur ! Chacun son rôle dans la vie !

Les esprits d'outre-tombe qui eurent pour mission de faire connaître la doctrine en France dans le commencement, savaient parfaitement que leurs compatriotes terrestres se lasseraient bientôt de cette nouveauté. Animés, néanmoins, du feu patriotique : désirant que la France terrestre fût un reflet de la France céleste, ces envoyés eurent le bon esprit de profiter de l'enthousiasme national pour y propager une doctrine importante dans la Doctrine générale, qui manquait dans les autres pays. Ce fut une manœuvre habile de la part de ces esprits; c'était frapper le fer pendant qu'il était chaud : — Ils proclamèrent la *Réincarnation* ! Si ces esprits avaient remis à plus tard cette révélation capitale, ils n'auraient pu trouver en France, de médiums pour l'énoncer; l'atmosphère nationale en se refroidissant sur ce sujet aurait empêché cette doctrine d'y pénétrer.

Le système adopté par les esprits en ne proclamant pas d'une manière générale dans le Nouveau Monde, ou aux États-Unis, la doctrine de la Réincarnation, témoigne de la part des directeurs fluidiques qui ont provoqué cette mesure — non pas un manque de clairvoyance et d'intelligence — mais bien le contraire ! Il s'agissait pour eux de se servir de l'esprit pratique des Américains pour établir leurs révélations sur des bases solides — sur l'*expérimentation* ! Un fait est une chose brutale, dit-on ; mais ce fait, tout en étant une chose brutale ou grossière, comporte toujours en lui de précieux enseignements — et ceux qui se servent de cette méthode arrivent plus tôt et plus sûrement à un résultat que les autres qui dédaignent ce moyen. Partie remise n'est pas partie perdue ! Les masses énormes de déclaration faites par les revenants sur la nature de l'autre monde, sur leur vie, leurs occupations dans ces sphères — communiquées par une grande variété de sources ou de médiumnités différentes à leurs amis sur terre — ces preuves, s'appuyant, s'enchaînant, se contredisant même — tout cela forme un factum formidable et précieux, tel qu'on ne saurait trouver ailleurs dans le monde entier. Ce système pratique, qui pressure les faits et forme des fontaines innombrables de théories — coulant de source même — sans être altérées par des spéculations fantaisistes, — ce système, dis-je, mis en pleine activité dès le commencement et poursuivi depuis sans arrêt aux États-Unis — a servi à combler les lacunes qui existent dans tous les autres pays, où la liberté de parler, de penser et d'agir, est entravée par bien des obstacles. La solidarité en action, agissant ainsi par une voie active, a compensé pour la non activité des autres voies. C'est ainsi que la nature procède toujours : les dormeurs sont remplacés par les veilleurs, les *agisseurs* — ce qui n'empêche pas, toutefois, les premiers de gourmander les derniers, quand ils se réveillent à demi, et de s'attribuer le mérite de la besogne accomplie durant leur sommeil ! — Ne serait-ce pas dans un de ces moments de somnolence qu'on aurait inscrit, au cimetière du Père-Lachaise, sur la tombe de Allan Kardec : — qu'il fut le « *fondateur* (!) du Spiritisme moderne ! »

Durant mes six voyages ou assez longs séjours, chaque fois, en Europe, allant un peu partout, jusqu'en Russie et en Algérie, dans le but d'aider la cause du spiritisme, j'ai remarqué qu'il existe partout un grand manque d'organisation, (fruit de l'apathie générale). — On ne cherche guère à développer les médiums. — Les plus belles médiumnités, qui surgissent par-ci par là, de temps à autre, n'ont qu'une durée d'étoile filante, faute de l'encouragement nécessaire. — On en est encore généralement au moyen élémentaire des tables tournantes et parlantes. — On considère comme un mal de payer les médiums pour leurs services, comme si *tout* travail ne méritait pas salaire. — Les conférenciers et conférencières, (ces fouets actifs de la cause) sont très rares. — On ne discute pas dans les assemblées. — La seule médiumnité un peu active qu'on rencontre sur le continent est celle des guérisseurs magnétiques. — On y fait beaucoup de *prières* — mais peu de besogne ! En Angleterre même, où l'état des choses est mieux, la cause n'est pas dans un état vivace — seulement, il y a un bon nombre de conférenciers, et on y discute.

Ce relevé, comme chose exacte, a, néanmoins, sa raison d'être. L'état politique et social empêche, non seulement l'émancipation des êtres au point de vue matériel, mais aussi celle de l'esprit. L'autorité, et encore l'autorité, sous le nom de *protection*, exerce son empire, non seulement dans les États dits oppressifs, mais même où le système républicain existe. La langue en France est soumise encore à l'autorité de l'Académie, et même en spiritisme on a où on ne peut se passer d'un Maître ! Et pourtant, en Angleterre, sous un régime monarchique, ces deux autorités n'y existent pas.

Je me borne à ces quelques observations d'un ordre général, car mon but est de faire connaître en Europe le spiritisme américain, ainsi qu'il se démontre en partie par mes expériences personnelles, et non pas d'enseigner aux spirites américains ce que c'est que le spiritisme en Europe.

Je retournai à la fin de décembre aux États-Unis, et je me rendis quelque temps après à Terre-Haute, pour voir encore les miens se matérialiser et me donner de nouvelles leçons.

On me fit la bienvenue au cercle de Mme Stewart. Mes chers invisibles raffolaient de joie de me voir revenu auprès du foyer, où ils pouvaient librement se montrer et causer avec moi. L'interruption n'avait servi qu'à rendre leur réapparition plus brillante. Ils vinrent mieux qu'avant, à ma première visite — avec plus de force et d'assurance. Au lieu d'un seul médium, j'en eus deux cette fois à ma disposition. L'autre, Laura Morgan, jeune fille de cette ville, âgée seulement de seize ans, était déjà développée comme médium à matérialisation, pour permettre aux esprits de condenser leurs bustes, par son intermédiaire, dans une ouverture pratiquée dans la façade d'un cabinet, à côté de la porte. C'était une manière nouvelle pour moi de voir les esprits; et, je dois dire, après de longues expériences, que c'est, après tout, la plus satisfaisante, pour les investigateurs et pour les esprits eux-mêmes. Ces derniers n'ayant à matérialiser que leur buste, ont alors plus de puissance pour parler, agir et peuvent rester plus longtemps en place.

Mes filles chéries vinrent l'une après l'autre m'enlacer de leurs bras, au cercle de Mme Stewart. Même Catherine, revenue du désappointement que je lui avais causé, en n'approuvant pas le choix qu'elle avait fait de son premier amoureux, m'accueillit avec tendresse. Il se passa quelque chose à cette entrevue qui mérite d'être racontée. Tandis qu'elle était assise à côté de moi, je fus soudainement poussé à lui dire : — qu'elle était bien malheureuse en amour, car je voyais qu'elle était fréquentée par un autre sujet, qui ne lui convenait pas plus que le premier. Catherine baissa la tête, comme pour réfléchir, et aussitôt après ses beaux yeux doux se fixant sur les miens, elle me répondit franchement : — « Ecoute, papa, je suis bien décidée à me laisser guider par toi — par conséquent, sois tranquille, je ne ferai rien que tu n'approuveras pas ! » et elle se jeta tout émue dans mes bras, où je la pressai avec effusion. Et je lui dis : — C'est bien, Catherine ; tu ne t'en repentiras pas !

Cet incident prouve que je voyais juste dans les affaires de ma fille dans sa vie d'esprit — car autrement elle eût nié. Je prie donc mes lecteurs de réfléchir sur ce fait et de conclure.

Marie-Louise, ainsi que Catherine, ne vint pas cette fois, affublée de toilette de noce comme avant, mais simplement et avec un cœur réjoui. Mes autres filles se présentèrent animées et joyeuses, chacune conservant son caractère et ses allures. Les bouquets et les bonbons redevenaient mes offrandes quotidiennes à ces chères créatures du ciel, qui, en emportaient avec elle le parfum et l'espérance. L'émotion en moi était délicieuse en voyant mes chéries se parer, chacune à sa manière, des fleurs que je leur apportais — de les voir manger des friandises, tout comme si elles étaient encore de ce monde. Je dis un jour à Céleste, tandis qu'elle grignotait des pastilles de menthe, qu'elle préférait à tout autre bonbon, et que je venais de lui donner : — Mais, ma belle, ça paraît être des dents que tu as dans la bouche ; mais je n'en suis pas sûr ! La rieuse, tout en roulant ses quenotes fines parmi le sucre, me répondit : « Mets donc ton doigt dans ma bouche pour t'en assurer ! » ce que je fis aussitôt. Je retirai bien vite mon index de cette sorte de jolie caverne si bien émaillée, et je pus constater qu'il portait des empreintes probantes. Voilà de ces faits qui laissent une impression charmante dans le cœur d'un père, séparé, pour un temps, de ses mignonnes — à part de l'enseignement qu'une telle preuve comporte. Ma chère diva venait généralement mise en noir, ce qui faisait paraître ses jupons bien éclatants de blancheur, lorsque sa robe se relevait par le frôlement contre le cabinet ou qu'elle la relevait elle-même. Je lui dis un jour que je lui apporterais un relève-jupe, si elle tenait à en avoir un. Elle répliqua que cet article lui serait bien utile, en effet. Je visitai les marchands de nouveautés, accompagné, néanmoins, par quatre de mes filles, à l'état fluidique, lesquelles me firent trouver un de ces objets de toilette, qui était en soie et de fort bon goût. Tandis qu'elles tenaient ainsi les cordons de ma bourse, et qu'elles m'amusaient de leur caquetage, elles me suggérèrent d'acheter un petit présent pour leur jeune sœur Marguerite — et elles me conduisirent dans le fond du magasin, à une vitrine, où elles me désignèrent une jolie petite poupée, non habillée, guère plus longue que le doigt, mais parfaite dans tous les détails. Elle se pliait aux articulations très facilement ; elle était enduite de cire, possédait de jolis traits et ses cheveux étaient naturels. Enfin, c'était un bijou de poupée, tel que j'en ai rarement vu. La trouvaille alla avec l'autre dans ma poche et je partis enchanté de cette excursion — laquelle plaît autant au beau sexe de l'autre monde qu'à celui de ce monde. Si les femmes de la terre dans leurs fréquentes visites chez les marchands, ouvraient leurs *bons yeux*, elles se verraient accompagnées, presque toujours, comme je l'étais cette fois.

J'eus à cette seconde tournée à Terre-Haute, où je restai cette fois un mois, une douzaine de séances privées, lesquelles furent bien intéressantes.

Le lendemain de mes achats mystérieux, j'eus une de ces séances à part, de dix heures à midi. Ce fut ma petite Marguerite qui vint la première. En véritable gamine, dès son apparition *tangible*, elle se laissa choir, les jambes croisées sous elle, sur la plate-forme, à côté de moi, et prenant aussitôt dans ses mains la poupée elle la retourna en tous sens et dit qu'elle la trouvait jolie. Et, se levant vivement, je la vis poser ses doigts sur les basques de son corsage noir et chercher à en déchirer un morceau. Je compris ce qu'elle voulait faire, et lui donnant mes ciseaux de poche, elle s'en servit pour couper un morceau de sa robe. Se rasseyant sans rien dire, ma Benjamine, semblant entreprendre une tâche importante, se recueillit un instant, et procéda à plier et replier le morceau d'étoffe, ensuite ses doigts agiles conduisirent les ciseaux pour tailler, d'une seule pièce, l'habit qu'elle voulait confectionner. C'était un gilet qui, mis immédiatement sur le sujet, lui seyait à la perfection. J'en fus tout émerveillé. Comme elle voulait me rendre mes ciseaux, je lui dis de les garder, de les dématérialiser, si elle pouvait le faire. Elle répondit que oui, qu'elle pouvait le faire, et qu'elle s'en servirait pour tailler bien des toilettes à sa chère poupée ! Les baisers de ma mignonne, alors âgée de neuf ans, et son babillage charmant, me prouvèrent qu'elle était enchantée de son présent. Depuis, elle est venue plusieurs fois me parler de sa poupée et des toilettes qu'elle lui a faites.

Ce sont des enfantillages ! — que tout cela — diraient certains esprits forts; mais ils sont d'un ordre bien élevé pour les cœurs sensibles et bien importants aussi pour ceux qui savent raisonner — autant que cet « enfantillage », de la chute de la pomme, le fut pour Newton. Le fait seul de la dématérialisation de la poupée et des ciseaux, qui se pose ici comme problème, difficile à prouver, je l'admets, n'est pas, après tout, plus extraordinaire, que la dématérialisation du corps de l'esprit qui emportait l'un et l'autre de ces objets ! Un de ces faits se prouvait à mes sens, donc, l'autre devenait aussi admissible ! De plus, j'eus, plus tard, des preuves à peu près irréfutables, que de telles expériences ne sortent pas du domaine du possible pour les esprits et que ce n'est qu'un jeu pour eux, lorsque les conditions sont favorables.

Au cercle de Laura Morgan, où j'allai de temps à autre, mes enfants venaient aussi bien matérialisés, aussi reconnaissables, que chez Mme Stewart. Un jour, étant seul dans ma chambre — comme je croyais — je pensais à ce fait remarquable, que j'ai déjà cité, où Henry était venu m'avertir qu'on avait durant la nuit volé mes outils — et je me dis en moi-même : — Il faut que je donne à mon garçon un outil quelconque en souvenir de sa vigilance et de son service en cette occasion. Je furetai dans ma malle et je trouvai des petites pinces, ce qui faisait mon affaire. Donc, le lendemain, étant chez ce nouveau médium, muni de l'outil en question, Henry fut le premier à se montrer. Il me serra les mains joyeusement et causa facilement avec moi de choses et d'autres. Je lui dis, que je lui apportais des pinces en souvenir de ce qu'il était venu me dire, il y avait *douze* ans. « Il n'y a que *dix* ans de cela ! » répliqua-t-il. J'insistai plusieurs fois sur ma date, et lui, avec autant de persistance, maintenait la sienne. Ce conflit entre nous deux tourna à son avantage, comme j'en fus convaincu plus tard. En partant je lui dis en plaisantant, qu'étant un des aînés de la famille, une sorte de *boss* ou de chef sur les autres, il pourrait se faire respecter, se faire obéir, au moyen de cet outil, que je lui donnais. Il se mit à rire et disparut. — Avant son apparition j'avais bien remarqué, par ma clairvoyance, une sorte de lutte insolite entre lui et sa sœur Céleste, à qui aurait son tour d'apparaître, et il me semblait que c'était cette dernière qui avait le dessus. Donc, après la disparition de Henry, Céleste emboîtant aussitôt le pas après lui, bien matérialisée, cette petite scène, invisible pour tout autre, me revenant à la mémoire, j'en fis la remarque à ma fille. — « Oui, oui ! c'était mon tour : c'était entendu ! mais n'importe, le coquin — il se fera arranger plus tard par Gabrielle ! » — Ce nom de Gabrielle, était toute une révélation pour moi. C'était le nom (que j'ignorais) de celle que Henry aimait, et qui était venue se photographier avec lui, depuis plusieurs années, fait dont j'ai fait mention à Boston. Céleste, piquée de ce qui venait de lui arriver et ripostant ainsi, témoignait bien qu'elle n'était pas une déclassée de son sexe, bien humain. C'était intéressant à saisir cet épisode sur le vif; j'en ris de bon cœur, car j'en envisageais tout le côté comique et réaliste à la fois. — Céleste, à une autre séance, au même cercle, se mit à toucher les cordes d'une guitare, que j'avais placée dans le cabinet, dans l'espoir qu'une ou l'autre de mes filles en jouerait. Ce fut le contrôle du médium qui me dit que c'était Céleste qui agissait ainsi, car je ne la voyais pas, la porte du cabinet étant fermée. Voulant m'assurer du fait je dis donc : — Si c'est toi, Céleste, qui es là, joue-moi *A la Claire-Fontaine* ; l'air en question résonna aussitôt dans le cabinet, joué avec art et en toute vérité. — C'est bien ! dis-je — je suis bien sûr que c'est toi; mais, pour rendre la chose plus complète, tu vas me jouer *Vive la Canadienne* — ce qui fut fait avec un entrain merveilleux, avec une main d'artiste accoutumée à faire ressortir tout le sentiment de cet air. — Maintenant, lui dis-je, montre-toi pour que je t'embrasse comme remerciement. A l'ouverture du cabinet Céleste apparut toute rayonnante de joie et j'allai l'embrasser. La chère belle venait de me donner une telle preuve de son savoir-faire, montrant en même temps son désir de me plaire, que je me sentais disposé à la garder en ce monde. Je lui donnai son relève-jupe, dont elle fit usage ensuite à l'autre cercle.

Joséphine apparut ensuite avec une mise bien charmante, avec une désinvolture, qui était en rapport exact avec son caractère. Elle avait un air crâne, comme je pourrais dire. C'est, après tout, le mot qui la dessine le mieux en sa qualité de *tomboy*, de tapageuse. Elle portait à son corsage une jolie boucle, que je voulus avoir, mais elle me dit qu'elle se fondrait entre mes mains, que les conditions ne permettaient pas de la rendre matérielle d'une façon permanente.

X

Les manifestations des esprits par la voie directe ou sans médium, ont été pour moi une source passablement active. Une nuit, étant couché, je vis apparaître Delphine et je constatai avec un peu de surprise que ses yeux semblaient avoir pleuré. Je lui en fis la remarque et elle avoua, avec contrainte, que c'était vrai. La cause était ceci : — Elle était allée voir son père, et la conversation étant tombée sur moi, ce dernier, voyant par ses propres yeux et non par ceux de sa fille, aurait exprimé son opinion d'une manière peu favorable en fin de compte. Cet aveu me fit sourire et je dis bien tranquillement à ma visiteuse, qu'il me serait bien facile d'opérer la conversion de son père — ce qui lui fit ouvrir les yeux bien grands. Elle voulait savoir comment j'agirais pour cela. — Tu vas voir, lui dis-je, et j'appelai aussitôt par son nom un esprit familier qui apparut à nos yeux, et je lui dis de rassembler et de tenir prêt le Tiers-Ordre, pour une excursion que je dirigerais bientôt. Tout cela, je le vis, était encore du mystère pour Delphine ; elle ne pouvait comprendre ce que j'allais faire — malgré son initiation (récente) dans l'ordre des Grands Frères. Je ne la gardai pas longtemps dans l'incertitude, car, sans attendre le sommeil, je vis mon esprit s'échapper de mon corps, qui restait dans le lit, et se mettre à la tête de la troupe du Tiers-Ordre, composé à peu près de 10,000 esprits, masculins et féminins, et traverser l'espace plus vivement que l'éclair. Je savais où aller, et bientôt j'arrêtai ma petite armée dans une colonie peuplée par des esprits un peu rétrogrades, en ce qu'ils conservaient encore bien des préjugés qu'ils avaient apporté de la terre. Il s'agissait de purifier l'atmosphère de ce lieu, où se trouvait audelà d'un million d'habitants, par un procédé chimique, à nous connu — afin de produire un réactif salutaire dans les idées entretenues parmi ces populations. « Qui se ressemble s'assemble », dans l'autre monde, comme sur la terre. Parmi cette classe d'esprits se trouvait le père de Delphine ! — Je pouvais me voir, de mon lit, à quelque chose comme un million de milles, d'après les calculs terrestres, aussi bien que si cette distance s'était réduite à dix pas. Je suivais les allées et venues de mon double; j'entendais, en bonne partie, les ordres que je donnais à ma troupe; je m'apercevais que chaque compagnie et tous ses individus, habitués à cette besogne, agissaient chacun suivant son rôle, non seulement sur l'atmosphère extérieure, mais sur celle des intérieurs des habitants et sur leurs organismes mêmes. C'était un va-et-vient de la part de mes gens, qui intriguait énormément tous les esprits de cette colonie, au milieu de laquelle nous opérions une véritable révolution. Tout ce monde était sorti de chez soi; tous sur le qui-vive et dans l'émoi, cherchaient à se rendre compte de cette invasion chez eux et de ce qui s'y faisait, si inopinément, de si mystérieux — car, il faut le dire, ces êtres retardataires, étaient aussi ignorants que leurs confrères terrestres, relativement parlant — seulement ils pouvaient nous voir, constater que nous agissions, mais sans savoir, pour la plupart, ce que nous faisions, ni quel serait le résultat de cette action générale. Cette opération en grand, cette manière de trancher dans le vif, sans souffrance directe, néanmoins, pour les individus, comme cela devient le plus souvent nécessaire dans des cas isolés ou individuels — pourrait être comparée aux grandes actions philantropiques qui ont lieu parfois sur la terre et qui ont pour conséquence de changer tout à fait les conditions de toute une classe de malheureux. La fraternité engendre bien des systèmes de secours ; les grandes organisations opèrent logiquement sur une vaste échelle — mais toujours en vertu des règles ou des lois de la nécessité et de l'opportunité — car le côté sombre de la vie a partout son utilité.

Ce pays où nous étions formait une dépendance de la France fluidique. Il s'y trouvait beaucoup d'habitants qui étaient là depuis un ou deux siècles, partis de la terre avec des notions qui les retenaient encore dans ce milieu, où le progrès ne se fait guère sentir — où il n'est pas ignoré, mais où l'apathie et l'égoïsme règnent davantage.

Pendant un moment de répit j'aperçus Delphine appuyée sur le bras de son père, à qui elle expliquait ce qui se passait. Venant à jeter les yeux sur moi, tandis que je planais dans l'air, à une certaine distance, je le vis se retourner vers Delphine et lui demander : — « Mais qui est donc celui-là, qui semble être le chef de la troupe?... Alors, je pus m'apercevoir des émotions qui bouleversaient Delphine ; elle allait lui répondre, quand je l'arrêtai immédiatement par ma pensée, en lui envoyant ce jet, qu'elle seule pouvait voir et comprendre : — respect au père ! Elle me laissa répondre, et je le fis sans parler. Je me rapprochai un peu et, transformant mon périsprit de manière à lui donner toute l'apparence de mon moi matériel, sous lequel il m'avait vu avant, et d'après lequel seul il me connaissait — je restai ainsi devant lui un instant, souriant, et je le saluai profondément en me retirant. Je vis Delphine et son père, tous deux galvanisés, par ce qui venait de se passer. La première revint à elle aussitôt, mais son père était comme foudroyé ! — La conversion promise à Delphine était opérée, mais elle agissait comme la foudre sur le converti ! Je donnai le signal du départ, et suivi de Delphine et de toute la troupe, nous partîmes. Je rentrai immédiatement chez moi, dans mon corps encore éveillé, en citant à Delphine ces mots de Shakespeare : — « *Revenge is sweet !* »

Tout en accomplissant une œuvre d'utilité publique, dans l'autre monde, je venais en même temps de remplir le cœur de Delphine d'une grande joie — d'ouvrir une voie nouvelle à son père — et de me venger en riant, en faisant le bien.

Tandis que je suis sur ce sujet je raconterai un autre trait, qui se rapproche de celui-là, et qui eut lieu quelques années après, à Paris, à la Comédie-Française, durant un entre-acte. Mais, je dois dire tout d'abord, que c'était la faute (si c'en est une) de Delphine, car c'était elle qui avait préparé le coup — ou la leçon. — J'étais donc bien innocemment occupé à ne penser à rien, attendant tout simplement le lever du rideau, pour voir la suite de *Pépa* — quand, tout à coup, je vis mon double s'élancer sur le bord de la scène et s'arrêter là. Aussitôt, — le rideau ne faisant pas obstacle — je remarquai que la scène était remplie de beau monde, d'anciens auteurs, acteurs et actrices — à qui ce plancher était familier. Il y avait de l'esprit, beaucoup d'esprit même, chez la plupart de ces revenants qui, n'apparaissaient qu'à moi, probablement, de tout l'auditoire. Le raffinement de ces êtres, groupés là artistement, semblant attendre un spectacle nouveau ou promis, comme de fines fleurs cueillies avec soin, réjouissait les yeux et répandait un parfum exquis. Il est vrai, néanmoins, que ces esprits, ces « beaux esprits », posaient là dans l'attente de voir quelque chose d'inusité, et qu'ils formaient un auditoire à eux seuls, quoique sur la scène. L'extraordinaire qui devait apparaître à tous ces yeux éveillés — si accoutumés à juger l'art — et qui devait les réjouir — c'était *moi!* tout simplement moi. Je fis immédiatement grand effet en apparaissant devant cette foule brillante — car je vis toutes les têtes s'incliner devant moi, et cette marque de profond respect se manifesta instantanément, de la part de tous. C'était bien, en effet, un beau coup de théâtre, que ce premier acte; mais le second ou le dénouement, le fut davantage, dans un sens inattendu, toutefois. Aussitôt après cette réception, je vis mon esprit fondre graduellement sur place, et reparaître tout de suite — mais avec un aspect moins éclatant — et j'entendis mon double exprimer ces quatre mots : — « *Je suis le même!* » On ne me croyait pas, et déjà les dos commençaient à se tourner vers moi ; on s'apprêtait à partir dissatisfait, comme si on avait été sottement mystifié. J'arrêtai cet élan général en appelant *Molière* ! qui, immédiatement apparut à côté de mon double et se mit à lui serrer les mains avec effusion. Ce véritable grand esprit de la Comédie humaine et spirituelle à la fois, se tourna alors vers ses disciples et leur dit en souriant, mais d'un air narquois : — « Je vous assure que c'est bien le *même* ! » Et je m'entendis dire à tout ce monde ébahi, refoulé et presque dépité : — Il n'est pas étonnant qu'il soit votre chef, votre *Maître* — il voit *clair !* Et je rentrai en moi.

Le lendemain de l'apparition de Henry à la séance de Laura Morgan, j'étais à me promener dans les rues de la ville, quand tout à coup Henry s'annonça en me disant brusquement : — « Je m'en suis servi ! » Je ne pensais pas à l'affaire de la veille, et ne comprenant pas ce qu'il voulait dire, je répliquai : — Servi de quoi? « Mais des pinces ! » — Sur qui ? dis-je. « Sur Emma ! — je l'ai pincée du côté gauche, plus fort que je ne le voulais, et, tu sauras qu'elle en porte la marque ! » — *Elle en porte la marque?* lui dis-je, avec un peu d'étonnement. « Eh, oui ! répliqua-t-il ; c'est la même chose pour nous que pour vous autres, gens de la terre ! » Cela m'intriguait, et je demandai à ma mère, qui se trouvait en ce moment près de moi — si c'était vrai ? Elle me répondit affirmativement en souriant. A la séance du soir, chez Mme Stewart, Emma étant venue, je lui posai la même question, et je reçus d'elle la même réponse, mais sur un autre ton.

Voilà, j'imagine, un fait qui servira de texte à la discussion, même parmi les spirites sur le continent. Il comporte quelque chose d'important, sous son aspect en quelque sorte trivial — c'est pourquoi je le donne comme leçon à mes lecteurs.

L'ami Jobard, étant venu une nuit me faire visite tandis que j'étais au lit, nous causâmes sur un sujet où nous différions d'avis. Alors, voyant que je ne pouvais le convaincre, je lui dis que j'allais appeler Hector — un Grand Frère (qui me fréquentait souvent) et lui soumettre la question. Jobard consentit. J'appelai donc Hector, et il arriva presque aussitôt auprès de mon lit. Je regardai du côté où se trouvait Jobard l'instant avant, mais il n'était pas là. Je le vis au loin, dans un état de grande émotion. Je compris tout de suite ce qu'il en était. Ce cher ami n'avait pu soutenir l'éclat d'Hector, au moment où celui-ci apparaissait, et avait été repoussé immédiatement — comme une plume devant un ouragan. Je me mis à rire et à lui dire d'approcher — qu'Hector n'était pas dangereux — mais rien n'y fit. Il n'osait pas venir près de ce foyer ardent, qui lui brûlait les yeux. Ayant expliqué à Hector le sujet qui avait motivé son appel, il me donna raison. Après le départ de ce grand esprit, qui avait causé en Jobard un si grand émoi, ce dernier s'approcha de nouveau de moi — mais il n'en revenait pas, « *d'avoir vu tant de gloire !* » disait-il. — Et pourtant, lui dis-je, Hector est aussi simple et bon que possible. — Je m'aperçus, après cette scène, que Jobard devenait rêveur, et il me dit un jour, qu'il « commençait à se lasser du professorat — qu'il aimerait à monter plus haut » — et, il ajouta : — « S'il était possible d'arriver à cette gloire que j'ai vue, d'Hector ? » — C'est possible, tout est possible, et nous verrons à cela, lui répondis-je. — La chose était tellement possible, qu'elle arriva, peu de temps après, comme on le verra plus loin.

C'était ici, à Terre-Haute, que mon oncle Lalumière, frère de ma mère, et curé de l'endroit, avait longtemps vécu et où il était mort, quelque dix ou quinze ans avant. Je ne l'avais jamais vu, mais j'avais sa photographie. Ce brave curé s'était donné beaucoup de mal pour tout bien organiser dans sa paroisse, dans ce centre protestant. Il avait bâti, église, collège, couvent, écoles et presbytère. Tout le monde le connaissait et l'estimait, les protestants comme les autres. Donc, un jour, cet oncle m'apparut tandis que je parcourais la ville et nous échangeâmes quelques paroles. Je me trouvais en ce moment dans une rue que je ne connaissais pas auparavant. En arrivant près d'un coin, je vis tout à coup mon oncle s'élancer à gauche comme pour traverser le pignon d'une grande bâtisse. Je lui demandai aussitôt où il allait ainsi et pourquoi faire ? Il fit halte pour me dire qu'il allait là « pour voir ce qui s'y passait », — et cette forme visible pour moi seulement, pénétra au travers du mur et disparut à l'intérieur. Je demandai à un passant ce que c'était que cette bâtisse, il me répondit : — « *C'est le presbytère* ».

Je pense qu'il serait superflu pour moi de faire aucun commentaire sur ce point — car il porte en lui son enseignement.

Ce même esprit prit, peu de jours après, un autre moyen de se rappeler à ma mémoire. A l'instigation de mes enfants, je commmençai à épingler des morceaux de papier dans le cabinet de Mme Stewart, tandis que ce médium ne s'y trouvait pas, afin d'obtenir des dessins directs. J'en eus ainsi un bon nombre, la plupart d'un ordre humoristique. Mes enfants, aimant à plaisanter, s'amusèrent à faire des caricatures, l'un de l'autre, à traiter des sujets burlesques, avec des écrits au bas de chacun. Leurs signatures, ou leurs prénoms, me furent ainsi présentés — il n'y eut qu'un seul de mes enfants qui alla au delà, en se donnant un nom de famille, et cela me fit grandement plaisir. Ce fut une de mes filles, et elle signa : *Céleste Lacroix*. Mais il est bon de dire, que ce fut à la suggestion de Delphine, que celle-ci agit ainsi. Sur un des papiers je trouvai un jour le portrait d'un homme, que je ne reconnus pas d'abord. Mais poussé à retourner la feuille, de bas en haut, je fus bien étonné de trouver la clef de l'énigme. Sur le plastron de la chemise se trouvait, en traits fins, minuscules, le front chauve et les petits yeux, pétillants d'expression, de mon oncle. Une autre fois j'eus toute une composition, d'un sujet traité à fond, et qui représentait quelque chose qui m'était tout à fait personnel, que nul autre n'aurait pu comprendre : c'était bien imaginé et les détails, joliment dessinés, étaient nombreux. L'artiste, mon Benjamin, Léon. s'était aussi inspiré de Delphine, ainsi qu'il me l'avoua. Sur une autre feuille le même avait aussi dessiné un coupe-papier ; il avait reproduit exactement le modèle d'un de ces objets (en ivoire avec manche bien sculpté) que je lui avais donné peu de jours auparavant, et qu'il avait dématérialisé. Delphine me donna également de l'écriture indépendante ou un précieux souvenir. Je la vis partir d'auprès de moi, avec l'intention d'aller écrire dans le cabinet. Je quittai ma chambre et j'allai de l'autre côté de la rue, voir si l'intention avait eu une suite. En effet, la preuve s'y trouvait, et je la garde.

D'après ce qui précède, on doit reconnaître que les esprits peuvent, dans certains cas, se manifester, ou prouver leur capacité d'action matérielle, en dehors de la présence immédiate d'un médium. J'ai eu après, par d'autres médiums, des preuves du même genre.

A une séance privée, Céleste me montra jusqu'où ses forces musculaires pouvaient aller, sous l'effet de sa volonté. Elle me dit, qu'elle était plus forte que moi, et qu'elle pouvait m'étendre sur place d'une seule main. J'en riai d'incrédulité, mais afin de voir un peu ce qu'elle pourrait faire et avec le désir de la contenter, je mis ma main droite dans la sienne et mon corps dans la position voulue pour résister à ses efforts. Ma charmante fille n'avait certes pas une forme qui annonçait une grande force, loin de là, mais je m'aperçus qu'il me fallait employer toutes les miennes pour me tenir debout — ce qui n'empêcha pas que je me vis au bout d'un instant étendu de toute ma longueur sur les planches de la plate-forme où la joute avait lieu. Cette déconfiture inattendue me surprit et me fit rire, et je me relevai un peu penaud, je dois l'avouer. Quoi ! une créature fluette comme elle avait pu me maîtriser, m'étendre comme une grenouille, dans une position ridicule ! Ma foi, je n'en revenais pas d'étonnement. Ma fille, toute fière du résultat, riait à ma barbe et se tordait d'aise de me voir ainsi baissant pavillon devant elle avec une grâce si gênée. Il y avait, en effet, de quoi rire. Mais je trouvai dans mon cerveau un moyen terme de me refaire ou de me consoler. Je demandai à Céleste si elle pourrait en faire autant avec Stewart, le mari du médium, et qui était mon seul compagnon durant cette séance. Elle répondit affirmativement. Donc, me dis-je — voilà ce qui me consolera un peu, car Stewart était un homme très puissant et pesant au delà de deux cents livres. Cette espèce de colosse s'était moquée un peu de moi et en face de cette proposition il riait encore davantage. Je l'engageai, néanmoins, à force d'insistance, à mesurer ses gros muscles noueux avec ceux de ma belle rieuse qui, de plus, alla à lui et l'entraîna, comme malgré lui, sur la plate-forme. Stewart jeta ses puissantes épaules en arrière et s'arc-bouta, et mettant aussitôt sa grosse main dans la petite qui l'attendait, j'assistai alors en spectateur ému à une scène des plus curieuses. D'abord, la lutte semblant être de part et d'autre, une chose de tâtonnement, n'offrit rien de remarquable, mais bientôt je m'aperçus que Céleste, tout à son affaire, cherchait à détruire, par de petits coups secs, répétés et vifs comme l'éclair, l'équilibre de son gros adversaire qui, plusieurs fois, faillit tomber. Mais il arriva, que par une succession de manœuvres presque imperceptibles de la gentille lutteuse, qui épiait sans doute avec sa clairvoyance la position et l'action relative des muscles de son adversaire, malgré la peau et les habits qui les recouvraient, provoquant par son toucher magnétique un déplacement plus ou moins grand de la tension de ces muscles, comme un levier qui soulève et remue bien plus gros que lui-même — je vis tout à coup la grosse masse humaine s'ébranler et tomber à plat — d'une manière bien plus ridicule, il me sembla, que je ne l'avais fait. Je me mis à battre des mains, tandis que Stewart se relevait de sa position humiliante, ne sachant trop comment expliquer sa défaite. J'étais content, et ma fille aussi jubilait, avec son petit air de rien n'y touche.

Emma vint ensuite et durant tout ce second acte me tint en haleine, par ses faits et gestes. De ses doigts suintants, elle cherchait constamment à me toucher la figure ou les mains. Je ne pouvais soutenir ce contact et je faisais tout pour l'éviter, car l'effet était très désagréable, même pénible à endurer; j'en frissonnais chaque fois par tout le corps. Quel était ce fluide qu'elle produisait à volonté au bout de ses doigts? C'est ce que je ne saurais dire. Je me promenai avec elle par toute la grande pièce; riant et gesticulant, sautant et dansant, elle se comportait enfin comme un être libéré de tout souci, de toute contrainte. Elle se mit ensuite à courir autour de la salle, me défiant de l'attraper. J'invitai alors Stewart à être de la partie. Il vint à mon appel, et à nous deux nous essayâmes de capturer cet esprit si alerte, qui, de plus, se moquait de nos efforts. La chasse fut chaude et pleine d'incidents comiques. A un moment, comme nous la cernions, et qu'elle n'aurait pu échapper à nos mains, j'allais la saisir, quand tout à coup elle disparut, *fondant immédiatement sur place*. Nous n'en revenions pas de surprise, et tous deux nous nous regardions bouche béante. Au bout d'un instant elle lâcha un cri, et nous la vîmes à l'autre bout de la salle, près du cabinet, où elle se sauva en me faisant un pied-de-nez. Revenant bientôt après, elle se mit à taquiner mon compagnon Stewart; prenant ensuite un air sérieux elle lui proposa de l'endormir magnétiquement, disant qu'elle pouvait le faire; mais ce n'était que de la frime. Se plaçant debout devant sa *victime* assise, elle se mit à faire des passes — mais chaque fois que le sujet éprouvait l'effet et allait dormir — elle le touchait au front de ses doigts suintants, ce qui faisait tressauter le pauvre martyr et lui occasionnait des frissons terribles de la tête aux pieds. Le calmant après, avec des promesses et des passes, elle répétait le même jeu, tant et si bien enfin, que le sujet se révolta, se fâcha, pour tout de bon. C'était là le point culminant où elle voulait le faire arriver. Tout à fait satisfaite elle se sauva dans le cabinet et disparut.

A une autre séance privée Céleste endossa ma robe de chambre et se promena bras dessus, bras dessous avec moi par toute la pièce. Je la conduisis dans le cabinet, pensant qu'elle en sortirait bientôt. D'autres lui succédèrent et m'amusèrent tellement que je ne pensais plus à ma robe de chambre, lorsque Minnie, le contrôle du médium, me dit que Céleste avait emporté ce vêtement avec elle. En effet, après la séance, je cherchai partout sans pouvoir le trouver. Ce ne fut que le soir, à une séance obscure, que ma robe de chambre me fut rendue, en me l'enroulant autour de la tête. Je ne pus voir l'esprit qui agissait ainsi, mais Céleste m'annonça le lendemain, à la séance publique, qu'elle n'avait pas dématérialisé ce vêtement, qu'elle l'avait laissé dans le cabinet, où il était resté tout le temps. Je ne pouvais la croire, car j'en avais bien examiné l'intérieur. Elle me dit alors qu'il avait été entouré et pénétré d'un fluide qui le rendait *invisible*! — Tandis que je causais ainsi avec ma fille, à la porte du cabinet, tenant tout le temps sa main droite dans la mienne, je sentis plusieurs fois la main du médium (guidée par le contrôle, Minnie s'emparer du bas de mon pantalon et tirer dessus fortement. Je n'y fis pas attention, ne sachant ce que cela voulait dire ; mais je le sus ensuite. Céleste me dit en m'embrassant qu'elle allait s'en aller, et tout à coup je vis sa forme chanceler et tomber ou disparaître dans celle du médium — mais sans lâcher ma main — même après sa disparition. Mais quelle ne fut pas ma surprise en constatant que c'était celle du médium, sa main droite — la même qui avait tiré sur mon pantalon quelques instants avant!... C'était « incroyable » — mais c'était un fait *bien fait*. Il y avait eu *transfert*, voilà tout.

Cette charmante fille étant venue encore le lendemain soir et se tenant avec moi sur le bord de la plateforme, en pleine vue de l'auditoire, je lui demandai si elle pouvait disparaître là, sans retourner, par conséquent, dans le cabinet. Elle répondit que oui. J'avais mes raisons pour cela, et elle les connaissait sans doute. Il se trouvait parmi les assistants deux étrangers incrédules, que j'avais entendu causer durant la journée, et prétendre qu'un fait, comme celui-là, était *impossible*! Donc, je tenais beaucoup à confondre ces deux esprits forts — c'est pourquoi je faisais cette proposition à ma fille. La disparition de Céleste s'opéra graduellement, lentement, et quand la tête même ne fut plus visible, sa main gauche tenant ma droite l'était encore, avec une partie du bras, jusqu'au coude, — alors cette main entraîna la mienne à frapper avec elle trois forts coups sur le plancher!!! La lumière en ce moment était excellente, et la supercherie était impossible à admettre. Je fixai alors mes yeux sur les deux incrédules ébahis et je leur dis : — Allez *digérer* cela !

Il me paraît bien à propos de donner ici l'histoire de Céleste, telle qu'elle me fut révélée, longtemps après sa mort. — Céleste occupait une position souffreteuse dans l'autre monde avant de devenir ma fille, et ce fut Delphine qui la prit par la main et la guida. Elle la poussa à se réincarner dans ma famille — sachant bien que son stage sur terre serait de courte durée — et qu'elle pourrait ensuite être sa mère adoptive et l'élever à sa guise, lui communiquer sa nature artistique et ses autres qualités. — Ce complot entre ces deux esprits réussit en tout point. Aussi, l'affection de Céleste pour sa protectrice (sa véritable mère) est-elle sans borne : elle l'adore !

J'eus avec Emma une lutte assez singulière et qui entraîna à sa suite bien des péripéties. Je lui dis à brûle-pourpoint, à une séance privée, qu'elle aussi avait un amoureux que je ne pourrais admettre dans la famille. Emma se redressa vivement, comme si je l'eus piquée au vif. Sa fierté et surtout son fort penchant d'indépendance, d'individualité, se trouvèrent blessés par cette apostrophe de ma part. Je m'en aperçus immédiatement, mais je n'en continuai pas moins à lui dire : — qu'il pourrait bien arriver, qu'un jour ou l'autre, je le lui enlèverais ! Elle me répondit, en me toisant un peu : « Toi ? » Oui ! *moi* ! lui dis-je. Mon ton, demi-badin, ne lui plaisait guère et son air de défi, peu voilé, devint superbe. Néanmoins, je ripostai en lui disant, qu'elle semblait douter de mon pouvoir, et qu'en conséquence je lui ferais une proposition, celle-ci : Combien de jours veux-tu m'accorder pour te l'enlever ? « Trois jours ! » répliqua-t-elle. — C'est bien, ma fille, et rappelle-toi, que dans trois jours ça sera fait ! furent mes dernières paroles. Elle disparut en toute hâte, comme pour se préparer immédiatement à la lutte qu'elle aurait à soutenir.

La soirée venue, je montais le long escalier qui menait à la salle du cercle, pour assister à la séance publique, quand je sentis Emma m'approcher et je l'entendis me dire, sur un ton de dépit bien manifeste : — « Je ne vois pas pourquoi tu prétends contrôler mes actions — toi habitant de la terre ! et moi d'un autre monde ! Je nie ton autorité sur moi ! » — Je sentis avec douleur le gant que ma fille me jetait à la figure ; il me sembla aussi qu'elle me poignardait au cœur, car j'éprouvai là une sensation atroce. Je ne dis rien, néanmoins. Emma ne se montra pas à cette séance, ni les deux jours suivants.

Etant couché, ce même soir, Delphine apparut à côté de mon lit. Je vis qu'elle avait les yeux gonflés, et je lui dis : — Mais tu as pleuré ! et pourquoi? J'appris qu'elle sortait d'une entrevue, où se trouvaient Emma, Catherine, Céleste et Henry, et que le sujet du débat avait été celui raconté plus haut, que, Emma maintenait son dire contre tous. Elle insistait que mon autorité de père, ne pouvait pas s'étendre au delà de la terre. Elle s'indignait de cette prétention inouïe de ma part, dont on n'avait jamais avant entendu parler et elle se déclarait prête à me combattre coûte que coûte ! — Je questionnai Delphine sur l'opinion des autres enfants, qui se trouvaient à cette entrevue, et j'appris que Catherine n'avait rien dit, elle écoutait ; que Céleste faisait semblant d'appuyer Emma, pour *taquiner et faire fâcher son frère* ! — et, enfin, que Henry avait fait feu et flamme contre Emma. — Voilà ce qui venait d'arriver à mon insu, et voilà pourquoi Delphine avait pleuré (une seconde fois, à ma connaissance extérieure).

A la troisième journée, où il s'agissait pour moi de montrer mon pouvoir et de revendiquer mon autorité de père, étant, durant l'après-midi, au cercle de Laura Morgan, quelques instants avant l'ouverture de la séance, un esprit me souffla à l'oreille, qu'il était temps pour moi de songer à mon affaire avec Emma. En effet, dis-je, et j'appelai aussitôt l'amoureux de ma fille, par son prénom, que je ne connaissais pas ostensiblement avant. Je vis apparaître, fluidiquement, ledit individu — et, du premier coup, je jugeai que j'avais eu raison d'agir comme j'avais fait. Sa longue tête, ornée d'une forte chevelure bouclée, semblait si longue, qu'elle me faisait l'effet d'une tête d'âne. De plus, je voyais que son intérieur était en harmonie avec l'extérieur. Ce jeune homme de l'autre monde me dit alors : — « Que me voulez-vous ? » — Je veux, lui dis-je, que vous cessiez de courtiser Emma ! — « Non ! » fut sa réponse. — Je vous forcerai de le faire, lui répliquai-je. « Vous ne le pouvez pas ! » répondit hardiment ce gaillard, qui paraissait exulter sa réplique, laquelle n'était qu'une leçon qu'il récitait. La souffleuse, Emma, n'était pas loin. Je la sentais bien dans mon atmosphère, guettant et agissant sur cet être pour lui donner du courage. — C'est bien ! mon rebelle ; nous allons voir à cela — et j'appelai aussitôt un autre esprit, par son nom *féminin*, cette fois. L'appel fut suivi d'une apparition immédiate, mais lointaine. Je vis un joli minois entouré de belles boucles dorées, et qui semblait sur le qui-vive en me répondant ainsi par sa présence. Je fixai alors l'amoureux d'Emma et je dirigeai ses yeux vers cette gentille apparition. Il en tressaillit immédiatement. Voyant alors ce qui se passait en lui, je lui dis tout simplement : — Vous pouvez vous en aller ; je n'ai plus besoin de vous ! Emma était déjà remplacée dans son cœur — de fantaisie — et, j'étais victorieux !

La séance commença juste au moment où je venais de finir mon affaire. Personne autour de moi n'y avait rien vu, et tout cela pouvait paraître à ma raison comme un accès de fièvre de mon cerveau, ou une boutade exagérée de mon imagination. C'est ici qu'il est bon de convenir que les faits ont une grande valeur. La corroboration est une chose précieuse — et elle ne tarda pas à venir en cette circonstance.

Emma apparut dans l'ouverture du cabinet, bien matérialisée, bien elle-même ? non ! car elle avait un air penaud, que je ne lui avais jamais vu. Son bras droit s'étendait en dehors du cabinet, et de son index elle me menaçait. J'allai auprès d'elle et en souriant je lui dis : — Eh bien ! ma fille, qu'en dis-tu ? qui est battu ?... — « C'est moi ! » répondit-elle, en baissant la tête. — Ecoute ! lui dis-je : ce que je t'avais promis de faire, est fait ! Rappelle-toi, ma fille, que je ne suis pas votre père pour rien. Individuellement ou collectivement vous ne pourriez me résister — car j'ai la puissance de père spirituel, aussi bien, et même mieux que l'autre : de plus, cette puissance est légitime, car je l'exerce pour votre bien, et non par caprice. Je sais ce que je dois faire, et je sais ce que je fais.

Emma vaincue, mais non convaincue, ainsi que je le savais bien — souffrait bien plus dans son amour-propre que dans son cœur. L'objectif, en amour, est assez rarement une chose sérieuse, importante. On aime pour aimer, pour obéir à la loi. L'amour n'est, après tout, qu'un moyen dont l'intelligence (à son insu extérieur le plus souvent) se sert pour amener le progrès. Voilà comment il faut envisager cette question.

Ma chère fille n'en resta pas là, comme je pus le constater par ma clairvoyance et par l'inspiration. (Ces deux méthodes se relient, je dois dire en passant.) Emma chercha à obtenir gain de cause, dans le monde fluidique, en s'adressant à un tribunal compétent. Elle était, sans le savoir, la chère enfant, le médium pour certaines influences qui la poussaient dans cette voie, en lui faisant comprendre, que c'était une question de principe, auquel il fallait un précédent final. La décision du tribunal me fut favorable. Le verdict signala: que le cas en question sortait de la règle ordinaire, en ce que la plainte ne pouvait pas établir l'incompétence de l'accusé à exercer ses droits de père en dehors de son milieu ordinaire: que le contraire était prouvé ! Je donne là la substance du jugement qui fut rendu. Mais malgré cela, Emma resta rebelle au fond de son être. Il me fallut recourir à un moyen extrême, bien malgré moi, pour la délivrer des influences qui la contrôlaient. Ce ne fut que dix mois après que j'opérai sa conversion.

Il convient d'expliquer à mes lecteurs, encore une fois, que le monde des esprits est une sphère de contention comme la nôtre et que là il y a des médiums (comme chez nous) mais dont la plupart sont inconscients, comme ici. Médium, veut dire *intermédiaire*, et, qui ne l'est pas ? Où est celui qui n'est pas entouré et même dominé par des êtres qui lui sont supérieurs ou qui essayent de l'être ?

On chantait un hymne durant une séance chez Laura Morgan (comme c'est habituel dans les cercles américains) et le refrain était : — « *There will be no more sorrow there !* » — ou : « Il n'y aura plus de chagrin là-haut ! » quand Delphine répliqua à mon oreille : *Quel mensonge !* »

Donc, pour revenir à notre propos, je dis que le monde fluidique a ses partis et ses castes. La gent cléricale, d'où la nôtre tire sa source, d'où elle s'inspire, a ses grandes et ses petites manœuvres, ses sourdes menées, ses tripotages de consciences, ses aspirations ambitieuses, aussi bien que ses vertus individuelles, qui rachètent peu à peu les méfaits de ce Corps puissant. Plus jésuites que nos jésuites d'ici-bas, ceux d'en haut excellent à manier la pensée, à lui donner des formes charmantes, à circonvenir les faibles, à intriguer les finauds, à bafouer les adversaires non aguerris, à gagner ou à conduire, plus ou moins, ceux qui par des penchants vicieux ou désordonnés se laissent aller à la dérive. Contre cette puissance, qui cherche toujours à tirer en arrière le char du progrès, (afin de l'empêcher d'aller trop vite) la vigilance la plus active est nécessaire, non seulement dans quelques départements de la vie individuelle ou collective, mais dans tous. Pour pouvoir combattre efficacement cette influence occulte de l'autre monde, il faut être Grand Frère, plus puissant que ces « Pères ».

Ah ! je ne parle pas ainsi pour le plaisir de faire des phrases. Comme tous les vieux soldats qui se sont mis en avant, je porte des blessures, non seulement comme esprit, mais surtout comme « mortel ! » Mon bonheur domestique ici-bas a été réduit en cendres, par les agissements ténébreux des « Pères » et des « Mères » qui usurpent ces noms et ces qualités, dans l'intérêt de leurs ordres. En gagnant les femmes ils se supplantent à la place des pères légitimes, pour saper leur autorité, leur influence et enlever leurs enfants. Ce qui prouve bien la corrélation des deux mondes, sous un aspect saisissant, c'est que cette influence me rend autant qu'elle peut, sur la terre, le *mal* que je lui fais là-haut, en inspirant ses représentants matériels d'en agir ainsi. C'est de bonne guerre, et j'aurais tort de m'en plaindre tout à fait. Avec l'intelligence toujours en éveil on reconnait assez facilement que la lutte, animée par les passions, sert à faire avancer le char du progrès. Le sentiment n'est qu'une faiblesse — admirable ! si l'on veut — mais appelée à être toujours écrasée par la raison. C'est inévitable, partout et en tout.

C'est en allant à la source, pour traiter le mal, qu'on en vient le plus à bout. C'est pourquoi je me suis engagé à travailler dans l'autre monde, bien plus que dans celui-ci. Là, on arrive à la racine — ici, rien qu'aux branches de l'arbre social. La lutte dans l'existence universelle, que ce soit ici ou là haut, s'engage entre le bien et le mal matériel, moral ou spirituel et l'intellectuel ou philosophique. La lumière et l'ombre, en agissant l'une contre l'autre, produisent un mieux à chaque combat. Le rôle de chacun change à chaque existence renouvelée, à mesure qu'on traverse ces trois étapes de la vie générale: matérielle, morale et intellectuelle ; par conséquent tous font partie, dans un temps, dans un autre, de cet ordre Clérical (le nom n'y fait rien) dont la mission est de disputer pouce à pouce la translation des êtres d'un état à un autre. Les inquisiteurs d'autrefois sont aujourd'hui les adversaires du cléricalisme ! Quand on arrive à combattre sans passion violente — c'est qu'on est déjà fort et avancé ; l'adversaire est un ennemi intelligent — qui ne combat pas un semblable, mais le système que ceux-là représentent.

Afin de terminer l'histoire d'Emma je rapproche le temps. C'était à la fin de novembre; j'étais à Alger. Un soir, étant dans ma chambre, un esprit, que je ne pensais pas connaître, me fit dessiner un croquis d'Emma et écrire au bas : — « *toujours rebelle!* » Ensuite, il me fit faire son portrait. Après, il me raconta une de ses vies antérieures, au temps où j'existais moi-même sur terre. Il me dit, que nous nous étions bien connus — qu'il était général de division, à la solde de la Perse, et stationné dans mon pays d'alors, la Turcomanie (son nom alors était Suliman-Abrès). Que depuis il s'était réincarné Portugais. Faisant allusion au portrait d'Emma, qu'il venait de me faire dessiner, il me dit, « qu'il était envoyé auprès de moi pour m'annoncer qu'il était temps que cet état de rebellion cessât: que je devais m'en occuper, sans quoi d'autres le feraient. Et, comme je pourrais croire qu'on emploierait trop de sévérité envers elle, on préférait que je la domptasse moi-même. Il continua cet entretien en me disant d'appeler Emma, aussitôt que je serais couché, et de lui demander ce qu'elle pensait des deux dessins en question — qu'il se tiendrait près de moi, mais invisible pour ma fille. »

Donc, aussitôt couché, je fis venir Emma, et je lui dis de regarder son portrait sur la table, que je venais de faire, et de m'avouer ce qu'elle pensait de l'inscription: « toujours rebelle! » Elle haussa les épaules et la tête ensuite, comme pour me faire comprendre, que c'était vrai. Je tâchai alors par tous les moyens que ma langue paternelle pouvait imaginer de lui faire comprendre son erreur, de l'attendrir; je lui contai même ce qui venait de se passer; je la suppliai de m'épargner la douleur de la voir tomber entre des mains impitoyables, etc., etc.; mais toutes mes paroles glissaient sur elle en pure perte. Voyant cela, je lui dis alors de regarder l'autre esquisse plus loin, et de me dire ce qu'elle en pensait. Je fus bien surpris de voir ma chère fille tressaillir et s'élancer aussitôt vers moi, comme prise d'un affolement terrible et criant sur un ton désespéré et fort : — « *bourreau! bourreau! bourreau!* » Ces mots déchirants me révélèrent ce qu'il en était. Je compris tout — mais je vis aussi que cette frayeur d'Emma, n'était pas suffisante pour la guérir ou pour opérer sa conversion, c'est pourquoi je la frappai aussitôt de paralysie, ne lui laissant que l'usage de ses yeux et de ses oreilles. Je la plaçai alors sur le dos, dans un vaste champ, où les passants pourraient la voir dans cet état, en lui disant qu'elle n'en sortirait qu'après avoir pu déchaîner sa langue et demander grâce du fond de son être... Ce ne fut qu'après vingt jours, de notre temps, que je tirai ma chère martyre de cette triste position. Durant tout ce temps je souffris sympathiquement ce qu'elle éprouvait d'angoisses, et j'avais hâte de l'arracher à ce supplice.

Cette histoire d'outre-tombe, relatée à contre-cœur en quelque sorte, est pour moi aussi véridique que les apparitions tangibles que j'eus, et que d'autres, comme témoins, voyaient aussi bien que moi. On n'offre pas les siens à la pâture de la curiosité publique, etc., sans de graves raisons ! C'est pour l'instruction des autres que je dévoile ces faits sacrés, que je préférerais garder pour moi, si ma conscience ne me disait pas : — « Un pour tous! » Sachez, lecteurs, que ma sincérité servira à vous ouvrir les yeux — peut-être, après qu'*on vous les aura fermés* ! — ce qui ne sera pas encore trop tard.

A une des séances publiques chez Mme Stewart, un esprit féminin, se disant être Parépa-Rosa, grande cantatrice irlandaise, décédée depuis quelques années seulement, apparut sur la plate-forme et alla à un piano, qui se trouvait dans la salle, et chanta trois morceaux d'opéra en s'accompagnant. Cette primadonna électrisa son auditoire par la force et la beauté de sa voix. Elle était déjà venue plusieurs fois se faire entendre avant mon arrivée. On lui demanda, au moment où elle entrait dans le cabinet pour disparaître, si elle voudrait bien (étant dématérialisée) aller dans la grande salle au-dessus, et chanter là ? Elle répondit que oui, et disparut. On ouvrit alors la porte de l'escalier qui conduisait à l'étage au-dessus, et bientôt, en effet, nous entendîmes tous les éclats brillants de la même cantatrice.

Il y eut lieu aussi à ce cercle, mais après, une expérience qui fit beaucoup de bruit. Un juge, Lawrence, de l'Etat de Michigan, qui fréquentait les séances et recevait souvent la visite de sa femme décédée, voulut se faire remarier avec son ancienne épouse. Il eut à cet effet une séance privée et amena avec lui un pasteur de ses amis pour faire ledit mariage en règle et avec des témoins. La chose se passa avec tout le décorum voulu, et, après la cérémonie il y eut un petit *lunch*, où la remariée parut et goûta. Sa toilette nuptiale, fabriquée par elle-même, était splendide, dit-on. La presse s'occupa beaucoup de ce fait, avec force commentaires, par-ci par-là, car le remarié était très connu. Il était de force à se moquer du qu'en dira-t-on ! — Aux Etats-Unis il y a assez fréquemment des mariages entre les vivants et les « morts » — et ces vivants ne sont pas envoyés à l'hospice des aliénés et n'en continuent pas moins de faire leurs affaires et de jouir de la confiance publique. — Il n'y a pas rien que l'Atlantique qui sépare l'Europe de l'Amérique !

Avant de partir de Terre-Haute je voulus donner à mes enfants une espèce de petite fête, une sorte de pique-nique. Ce fut ma dernière séance. J'apportai bien des comestibles, tels que gâteaux, bonbons, fruits, noix — et un litre de lait. J'empruntai une balance à bascule, d'un épicier du coin, afin de peser ceux qui viendraient matérialisés. C'était là une nouvelle expérience que je voulais faire. Ainsi organisé, pour cette séance privée, je m'assis, attendant une apparition. Ce fut Céleste qui sortit la première du cabinet, et elle alla aussitôt se mettre debout sur la balance, qui était sur le bord de la plate-forme. Je ne savais pas encore que ma belle rieuse était une fille de tant de poids — mais j'en eus bientôt la preuve. Je commençai avec cent livres ; ce n'était pas assez. J'ajoutai successivement jusqu'au poids total de deux cents livres, et ce n'était pas encore assez.

J'appelai alors le mari du médium pour examiner la balance, pensant qu'elle était détraquée ; mais non, elle était dans un état parfait. Pendant ce temps Céleste faisait semblant de s'intéresser aussi vivement que nous à cet examen. Enfin, j'allais ajouter cinquante livres de plus, quand je m'aperçus que la balance montait. Je tirai le poids vers son pilier, et finalement tout à fait, sans que ma fille ne bougeât. Elle ne pesait plus *rien du tout* ! Je regardai pour savoir si ses pieds reposaient bien sur la balance, et, de plus, je les tâtai avec mes mains, sans m'apercevoir de rien de louche. C'était inconcevable — mais c'était un fait. Le dialogue entre ma fille et moi, au sujet de son trop de poids, et de son manque de poids — de sa nature de plomb et de sa qualité de plume — aurait mérité d'être phonographié par mon ancien ami, l'auteur de cet instrument remarquable, Edison (à qui je prédis, lorsqu'il était gamin et vendait des journaux sur les *cars* — le bel avenir qui l'attendait). Céleste fit honneur au festin en goûtant de plusieurs des mets et disparut.

Joséphine arriva ensuite et joua sur la balance le même jeu — ce qui prouve que les expériences qu'on fit depuis à Londres, et auxquelles on a prêté tant d'importance, au point de vue « scientifique », ne signifiait pas grand'chose. Joséphine vint s'asseoir sur le banc, à côté de moi, et je causai avec elle sur plusieurs sujets. Elle se servit de bonbons, et tout en grignotant elle parlait. Je lui remplis un verre de lait ; elle en prit une bonne gorgée et posa le verre sur la plate-forme qui était devant nous. Quelques instants après elle me dit de regarder le verre, et je le trouvai *vide*. Tout étonné, je lui dis : — Mais comment cela se fait-il ?... tu n'en as bu qu'un peu, et il n'y en a plus ! Elle se mit à rire et m'expliqua que c'étaient Louis et Léon qui, à l'état d'invisibles, m'avaient joué ce tour. Au bout d'un instant je m'aperçus de la disparition de plusieurs des paquets de bonbons, et Joséphine m'annonça que les mêmes *voleurs* avaient encore emporté ces choses. Et pourtant le tout était là, sous mes yeux. Minnie, le contrôle, me dit après : — « Votre lait est bon ! » — Comment le sait-elle ? dis-je à ma fille ; celle-ci éclata de rire, ce qui me poussa à regarder près de moi : le pot au lait avait disparu, mais au bout de quelques instants Léon le rapporta *vide*.

Je dois expliquer, que quand les esprits *matérialisés* mangent ou boivent, les choses avalées par eux ne sont pas digérées, comme nous le faisons, mais sont dématérialisés instantanément, on peut dire. De plus ce phénomène se produit assez rarement dans d'autres cercles.

Louis et Léon vinrent ensuite et m'amusèrent beaucoup avec leurs gamineries. Ils avaient beaucoup à se faire pardonner, ces espiègles, ces effrontés voleurs. Ils m'expliquèrent qu'ils avaient voulu me montrer leur savoir-faire et m'intriguer ; l'un et l'autre se mirent sur la balance — et se moquèrent de la *science* ! C'est, après tout, ce que la plupart des esprits peuvent faire ; et dire qu'il y a partout des spirites qui prétendent faire du spiritisme « scientique » ou soumettre les esprits aux lois qui règlent notre matière ! Les plus savants sont les plus ridicules, lorsqu'ils se mêlent de ces expériences.

J'avais donné à Minnie, l'Indienne, quelque temps avant, une paire de mocassins brodés en poils de porc-épic coloriés, fabriqués par les Indiennes du Canada — ce qui lui avait fait bien plaisir. Elle se matérialisa cette fois et apparut avec son costume national de Siou, les cheveux épars sur la poitrine et sur les épaules, et les mocassins en question aux pieds. Elle s'accroupit sur la plate-forme, à côté de moi, et me fit tâter ses pieds, pour me montrer que mon cadeau, les mocassins lui allaient parfaitement. Sa fille aussi apparut ensuite, et, comme sa mère, il n'y avait pas à se tromper sur son identité d'Indienne ; non seulement quant au costume, mais pour les traits, les cheveux gros et plats et la manière d'être. De plus, les Indiens ont une odeur particulière, forte, qui ne se trouve pas dans les autres corps humains. Je suis né parmi les Indiens de l'Ouest et je suis assez bon juge de cette race. Les esprits indiens rendent de grands services à la cause. Il est bien reconnu qu'ils sont de puissants auxiliaires pour la production des phénomènes ; leurs fluides se prêtent facilement aux manifestations d'un ordre physique ; et il n'y a guère de médium américain qui ne soit fréquenté par un ou plusieurs de ces esprits.

(Mon père parlait cinq ou six dialectes indiens, et un de ces enfants de la forêt vierge vécut longtemps chez nous, jusqu'à la mort de mon père, ainsi qu'un nègre ;

et mon grand-père maternel fut *scalpé* près de Vincennes par les Peaux-Rouges. Técumseh, le grand chef de l'Ouest, sauva la vie de mon oncle, vers 1812, quoiqu'il fût du côté des Anglais, c'est-à-dire, l'antagoniste de mon oncle ; mais ils étaient d'anciens amis en dehors de la politique. Les Peaux-Rouges du Nord et de l'Ouest ont toujours témoigné de l'affection pour les Français et leurs descendants, parlant, plus ou moins, leur langue ; bien des tribus ont pris parmi eux leurs chefs, et c'est ainsi que la grande classe des Métis s'est formée dans le Nord-Ouest principalement. Il est assez rare qu'un Indien consente à parler anglais.)

XI

Tandis que j'étais dans un wagon-lit, Pullmann, attendant le départ du train, de Terre-Haute, je constatai que Delphine et Djimœ étaient avec moi. Je jugeai ce moment favorable, paraîtrait-il, pour faire à mes visiteuses une grande révélation — d'accomplir enfin une promesse faite à Delphine, depuis *quinze ans* : — de lui faire connaître le lien qui nous unissait dans la nuit des temps. Je me mis à regarder Djimœ dans le fond des yeux et je lui dis : — Tu ne sais pas ce que Delphine est par rapport à nous?... Djimœ se mit à trembler d'émotion, comprenant bien à mon ton, que j'allais dire quelque chose d'extraordinaire. Delphine, aussi émue, ouvrit de grands yeux et me regarda d'un air étrange. Sans autre préambule, mais en désignant Delphine du doigt, j'ajoutai : — Notre Fille ! Elles comprirent immédiatement, mais ce fut un coup de foudre pour les deux à la fois. Djimœ resta bouche béante, ses yeux regardant dans le vague. Delphine tomba en syncope. Voilà ce que ma révélation venait de produire ; mais bientôt l'une et l'autre reprirent leurs sens et envisagèrent la chose avec sang-froid. Je leur dis alors que j'allais leur donner des preuves, que ce que je venais de dire était la stricte vérité. J'appelai un esprit masculin, qui apparut aussitôt, et j'engageai Delphine et Djimœ à suivre ce guide, qui les conduirait où les preuves se trouvaient.

Le lendemain matin Delphine vint me rendre compte de leur excursion. Elle me dit que le guide les avait menées d'abord par terre, jusqu'en Turcomanie, et de là, en suivant un courant électrique, qui reliait ce pays avec sa contre-partie fluidique, ils étaient arrivés dans un endroit où se trouvaient un bon nombre de bâtisses publiques. Le guide les fit entrer dans une espèce de Musée et les conduisit directement dans un des départements, où tout lui semblait familier. Là, ayant pris un dossier, qui avait trait à mon existence antérieure, il mit sous leurs yeux un document qui établissait que d'une des femmes de mon harem, nommé *Djimœ*, il m'était né une fille !

Le lendemain de mon départ de Terre-Haute, étant sur la voie ferrée, en route pour Montréal, je décidai que Henry et Marie-Louise s'uniraient avec leurs fiancés, à une prochaine date, le 13 mars, suivant mois. J'eus à peine formulé en moi-même cette décision que je vis venir auprès de moi tous les miens, l'un après l'autre. Le téléphone psychique les faisait accourir ainsi à la source même d'où partait la nouvelle. J'étais entouré d'êtres curieux — curieusement vivants — et dire que tous les autres voyageurs n'y voyaient rien et n'entendaient rien ! Tandis que je causais avec ma mère et Delphine sur ce sujet, je sentis tout à coup une main fluidique qui me frappa fortement sur l'épaule. C'était mon ami Jobard, qui me dit aussitôt : — « Ah ! je vous y prends, à préparer des noces, sans m'en rien dire ! » — Tiens ! dis-je à Delphine : voilà longtemps que tu parles de trouver une compagne pour Jobard, et il est encore à attendre. J'expliquai alors à mon ami que mon désir était de le faire arriver à deux grandes fins d'un seul coup. Comme il désirait aller plus haut, je le ferais initier dans l'Ordre des Grands Frères, où se trouvait une femme, appelée Flot Doré, qui lui conviendrait parfaitement comme compagne. Les yeux du savant pétillèrent à ma proposition, surtout à la première partie; mais j'arrêtai son élan et je lui dis, que les épreuves dans son cas, seraient terribles, extrêmes : qu'il lui faudrait endurer toutes les violences de l'*air*, de l'*eau* et du *feu*! L'aspirant ne se déconcerta pas, au contraire; il se déclara prêt à tout endurer pour monter! et il me pria de procéder immédiatement aux cérémonies de l'initiation. J'appelai Hector et je lui dis d'assembler le Chapitre, ou les Frères et les Sœurs, et de *tracer le Cercle* — ce qu'il fit aussitôt. Quelques centaines de Frères et de Sœurs accoururent à l'appel de Hector et la plupart entrèrent dans le cercle, les autres se placèrent en dehors, en vigie. L'installation de tous les emblèmes nécessaires à la cérémonie se fit rapidement — tels que arches, angles, triangles, drapeaux, inscriptions, meubles, etc. — lesquels sortaient, comme on pourrait dire, des aides, comme s'ils avaient été des cassettes renfermant ces objets. La mise en scène ressemblait un peu à celle des Grandes Loges Maçonniques sur terre, là où les groupes et les individualités ont chacun un rôle à remplir, en raison de leur avancement. Trois Grands Frères, représentant le premier degré, revêtus de grands manteaux ou robes d'or, recouverts d'insignes, occupaient le centre du cercle. Hector était un des trois, et, je suis forcé de dire, que *moi* aussi, j'étais de ce nombre. Je proposai que Hector eût à agir comme chef, mais lui et l'autre déclinèrent ce rôle d'honneur, alléguant que l'aspirant étant mon ami et étant proposé par moi, je devais conduire le cérémonial usité. — Je ne prétends pas donner les détails de ce grand acte d'une initiation majeure dans la Grande Frérie, mais en esquisser seulement quelques parties saillantes. J'ordonnai donc qu'on transportât Jobard au loin et qu'on lui fît subir toutes les violences d'un ouragan — ce qui eut lieu immédiatement, avec une foule d'incidents d'un ordre tragique. Il arriva, bousculé, blessé et n'ayant plus que le dernier souffle, au milieu du cercle. Remis de son épouvante et des effets sensibles de cette épreuve réelle, le néophyte se déclara prêt à subir la seconde. Je fis le signe voulu et on l'amena au loin encore ; des flots déchaînés, en fureur, l'envahirent et l'étouffèrent graduellement jusqu'à l'instant où arrivé près du centre du cénacle, ses sens troublés n'en pouvant plus, il tomba en syncope. Remis encore une fois, je dis à mon vaillant ami, que la troisième épreuve — par le feu — était la plus terrible : qu'il était temps de reculer s'il ne se croyait pas de force à la traverser. Mais, voulant lui communiquer un stimulant puissant, je dirigeai ses yeux vers un groupe de femmes ou de Grandes Sœurs, qui stationnaient à ma gauche et je lui désignai celle qui portait le nom ou l'emblème de Flot Doré — femme belle et majestueuse à un bien haut degré, dont la chevelure dorée et ondulée, descendait jusqu'à ses pieds, en un flot compact. Jobard comprit et tressaillit; il se rendit aussitôt, de lui-même, au bûcher sacramentel qui l'attendait et se posa résolument debout au faîte. Les flammes l'entourèrent bientôt, enlaçant ses membres et son torse de leurs langues avides et impitoyables. Les yeux de l'héroïque Frère, maintenant, se tournèrent de bas en haut, sous l'effet de la douleur et devinrent tout blancs. Je criai aussitôt : — à l'*incandescence* ! et alors les flammes dévorantes, de rouges qu'elles étaient, prirent immédiatement une couleur blanche, et consumèrent tout de suite le corps fluidique de Jobard en une fine cendre, qui se déposa dans une urne au fond du bûcher. Le sacrifice était consommé! Le courageux néophyte n'avait nullement faibli! Le vaillant frère *n'était plus*! Il n'était plus, en effet, même pour le très grand nombre des assistants. Les trois chefs seuls pouvaient voir Jobard dans sa forme éthérée, à l'état d'âme, planant au-dessus du bûcher. La solennité de cet événement était tellement grande que les sens de tous étaient en quelque sorte paralysés. Je m'approchai de l'urne, où je mis la main, et de mes doigts j'envoyai vers l'archange quelques pincées de ses cendres en lui disant : —*Ame de Jobard, reprends tes cendres purifiées!* alors chacun put voir les poussières monter graduellement et reformer le corps qui était disparu. Jobard était revenu — mais renouvelé ; il était reconnaissable, — mais un tout autre lui-même, par la grande majesté qui sortait maintenant de son être. Affaibli, néanmoins, par les rudes épreuves qu'il venait de subir, Jobard dut recevoir durant quelque temps des soins pour rétablir l'équilibre physiologique en lui, car les lois qui président et contrôlent la matière sont les mêmes à tous les degrés, avec quelques modifications seulement, d'une division à une autre.

Ceux qui, après avoir lu ce qui précède, seraient disposés à traiter cette histoire « du haut de leur grandeur », comme chose invraisemblable, « impossible », devront ou devraient s'examiner eux-mêmes et constater les épreuves qu'ils traversent — avec ou sans leur volonté consciente. Ils verront alors qu'ils bravent la mort bien souvent, qu'ils endurent des misères physiques et morales, sans nombre, et qu'ils deviennent par là même plus mûrs, meilleurs. Il faut dire, néanmoins, que ce n'est que le petit nombre qui marche volontairement, les yeux bien ouverts, vers les difficultés de la vie ou vers les bûchers qui consument la chair. L'ignorance n'empêche pas l'activité de régner en dehors de ce centre obscur.

A la date fixée, le 13 mars 1878, je mariai mes deux enfants, Henry et Marie-Louise, et peu de temps après, à la fin d'avril, j'allai à New-York pour assister aux séances d'une dame Lindsley, où de belles matérialisations avaient lieu, disait-on. En partant de Montréal, je mis dans ma malle une belle canne en ébène, avec pommeau en or, richement ciselé et portant une inscription, laquelle était un cadeau de reconnaissance. Mon intention était de donner cette canne à Henry dans le cas où il viendrait me dire directement qu'il pouvait la dématérialiser. Au cercle de Mme Lindsley j'eus aussitôt la visite de plusieurs des miens. Emma se présenta avec ses doigts suintants et qui possédaient la même vertu qu'avant, chez Mme Stewart. Delphine apparut là, pour la première fois, avec une forme reconnaissable, tellement bien enfin, que j'en fus tout émerveillé. J'étais ainsi récompensé de mes efforts, de ma persévérance. Toutes mes filles et la plupart de mes garçons, durant un mois de séjour que je fis à New-York, se montrèrent à moi en parfaite tangibilité, avec les allures que je leur connaissais. La lumière, au gaz, était certainement la plus forte que j'aie jamais vue à aucun cercle, et le cabinet, composé de quatre légers panneaux recouverts de toile noire cirée, et sans toit, se plaçait où on voulait, quelques instants avant la séance. Comme chez Laura Morgan, les esprits ici ne matérialisaient généralement que leurs bustes, et leur puissance vocale était en conséquence remarquable. Je ne vis jamais, non plus, de si beaux costumes, féminins surtout, avec parures brillantes, qu'à ce cercle. Souvent les apparitions chantaient à haute voix et improvisaient des pièces de poésie sur un sujet donné, le tout avec beaucoup d'art. Ce médium, si puissant, à la suite d'une mésaventure singulière, que je raconterai, n'eut pas toutefois une longue durée d'activité.

Henry ne se montra à mes yeux impatientés qu'au bout d'une quinzaine d'attente. Durant cet intervalle, avant de me rendre au cercle, je l'appelais pour savoir si je devais emporter la canne, et chaque fois il répondait négativement. Enfin, un soir, au moment où j'allais partir de ma chambre sans l'appeler, il me dit : « Apporte la canne, papa ; je suis prêt ! » J'apportai donc le cadeau en question et je le plaçai en arrivant, sans rien dire, dans un coin de la pièce. Personne ne connaissait mon intention et nul ne pouvait se douter de ce qui allait arriver. Mon garçon enfin apparut à l'ouverture du cabinet, avec sa figure ordinaire, et j'allai à lui, en lui disant intempestivement : — Que viens-tu donc faire ?... D'un air étonné il me répondit aussitôt : — « Mais, je viens chercher la canne ! » Après ce qui venait de se passer entre nous, ma question lui parut oiseuse ; mais je tenais à suivre cette tactique pour obtenir une plus ample confirmation. Avec beaucoup de plaisir je lui donnai ma canne à emporter, à dématérialiser — ce qu'il fit — car après la séance je la cherchai inutilement partout.

Le lendemain après-midi, étant dans la rue, je songeais à cette affaire, et des doutes assez forts venaient m'assaillir, quand j'entendis Henry dire à Gabrielle (sa femme maintenant) : « Dis donc à papa ce qu'il en est ! » et aussitôt Gabrielle me dit : — « Je t'assure qu'il l'a parfaitement dématérialisée et qu'il l'a en sa possession. Nous nous promenions ensemble tantôt, et au lieu de tenir cette canne par le pommeau, comme c'est l'habitude, il la tenait par le milieu, comme un bâton de maréchal — afin que chacun put voir le pommeau luisant. Tout le monde s'arrêtait sur notre route pour contempler cet objet qui porte le cachet de la matérialité. Ça se voyait quand même — et c'est ce qui donnait à Henry une mine de lion, d'avoir une rareté, une trouvaille pareille dans ses mains ! » — « Des boulevardiers dans l'autre monde ! » on s'écriera en haussant les épaules. Et, pourquoi pas ?

On verra plus loin une forte preuve que la *mort* ou la disparition de ma canne n'entraînait pas son annihilation. Les objets comme les corps survivent — ce qui donne raison aux savants lorsqu'ils disent, que rien n'est perdu, détruit, tout à fait.

J'allais rentrer une nuit dans mon hôtel, et je mettais la main dans ma poche pour prendre mon passe-partout, quand j'entendis Léon me dire : « Papa, tu as perdu un de tes billets de banque ! » Justement, dans cette même poche de mon pantalon j'avais et je devais avoir encore, il me semblait, un billet de dix et un de cinq dollars — mais en entendant Léon me parler ainsi, je me dis en moi-même : j'espère bien que ce n'est pas le dix que j'ai perdu ! Aussitôt mon invisible gamin me répondit : — « Oui, oui ! il ne te reste que le *cinq* ! » En effet, je ne trouvai que le cinq. Léon alors m'annonça que son frère, Henry, s'était aperçu dans la matinée, de la perte que j'avais faite — mais trop tard pour y remédier — et qu'il lui avait dit de trouver une occasion pour me l'annoncer. — Voilà une preuve qui saute aux yeux, et qui entre tout droit dans le cerveau.

Au cercle de Mme Lindsley, j'eus la visite de plusieurs esprits que je connaissais, mais qui ne s'étaient pas matérialisés avant. Henry me présenta sa nouvelle femme, Gabrielle, qui, m'enlaça dans ses bras en m'embrassant et me donna le doux nom de père. Elle était très bien, ma bru : grande, élégante de forme, jolis traits, expression heureuse — enfin, douée pour captiver le cœur de mon artiste, Henry. Cette belle personne, bien visible, bien tangible, resta devant moi une dizaine de minutes, causant facilement sur divers sujets, comme si elle eût été de ce monde. Sa robe en barège, vert foncé, était décolletée et dessinait bien sa taille souple et bien formée. Elle me conta qu'elle était née à Pittsfield, dans l'Etat de Massachusetts, (non loin de Boston) de parents franco-canadiens — que sa naissance datait de vingt ans et qu'elle était « morte » à l'âge de six ans. Je lui demandai le nom de son père, afin de savoir si c'était bien un nom français. Je fus un peu surpris d'apprendre que son père portait le nom de Frey ; mais, lui dis-je : cela n'est pas un nom français, mais bien anglais. Elle se mit à sourire et m'expliqua que son père — pauvre et ignorant — avait tout simplement changé son nom — qu'elle me donnerait une autre fois le nom véritable (lequel, j'appris plus tard, était Bourgeois.) Cette explication concordait avec ce que je savais déjà sur les habitudes des pauvres Canadiens émigrés aux États-Unis, surtout dans les Etats limitrophes manufacturiers de l'Est. Un certain nombre de ces braves gens, s'imaginant à tort, que les Américains ne peuvent prononcer leurs noms français, les changent complètement ou en partie — et, assez souvent il arrive qu'ils font des traductions ; ainsi, par exemple : Boisvert, devient Greenwood ; Poirier se dit Peartree, Dubois s'écrit Wood, etc. (Il y a au delà d'un million de Canadiens, d'origine française, aux États-Unis.)

Cette première apparition, si intéressante, de Gabrielle, se multiplia à ce cercle, et toujours elle venait avec une mise différente. Delphine se montrait avec des toilettes somptueuses. Une fois, en quatre apparitions répétées de près, ou en deux minutes de temps, elle apparut avec quatre costumes différents — robe montante et décolletée, en soie, satin, velour et dentelle — de coupes et de couleurs différentes. La figure radieuse de Delphine s'illuminait de plus en plus, comme si mon étonnement croissant lui eût servi de stimulant, de moyen. Ayant accompli ce prodigieux coup de baguette magique, et toute fière d'elle-même, elle me demanda mes ciseaux de poche, que je lui donnai, sans savoir ce qu'elle voulait en faire. Au moment où elle allait couper un morceau de la large dentelle de fil, de Maline, qui ornait le haut de sa robe décolletée, elle hésita et se retourna complètement, pour me faire voir que cette dentelle était bien d'un seul morceau et faisait tout le tour du corsage; alors elle en coupa un morceau sur le devant et me le donna, en m'assurant qu'il se conserverait. Après avoir examiné un peu cette précieuse relique je levai les yeux et je constatai que là où le morceau avait été coupé, il n'y avait pas de brèche! — Comment cela se fait-il? lui dis-je. « Je l'ai refait! » me répondit-elle en souriant. En effet, la dentelle était complète, comme avant, bien que j'en eusse un bon morceau dans la main. Delphine ne se contenta pas de tailler ainsi son corsage — avec impunité — mais mes ciseaux lui servirent ensuite à couper une mèche de ses fins cheveux blonds, qu'elle me présenta. Ces deux souvenirs sont encore en ma possession, aussi intacts que le premier jour où je les ai reçus.

Delphine m'avoua que les magnifiques diamants qu'elle portait en cette occasion, étaient des cadeaux que je lui avais faits, et qu'elle avait tout simplement matérialisés. Comme je ne tiens nullement à ces

choses, il paraîtrait que, comme esprit, je possède la
faculté de fabriquer instantanément des pierreries et
bijoux de toute espèce, pour l'agrément de celles qui
les aiment. En simple mortel, néanmoins, je me bornai
à acheter un collier en grosses perles fausses, un
nuage en laine blanche et une jolie paire de jarretières
— pour l'usage ordinaire de Delphine. Elle apparaissait presque toujours les deux premiers dons,
coquettement mis sur sa personne ; elle se parait aussi
avec les bouquets que je lui apportais. A une certaine
séance, comme les conditions ne lui permettaient pas
de venir, je dus remporter mon bouquet, et il allait en
être ainsi à la séance suivante, où j'en avais deux à lui
offrir, quand une de mes filles intervint à propos pour
mener la chose à bonne fin. Le cabinet du médium, en
cette circonstance, ainsi que je pouvais voir, était
bondé d'esprits, qui cherchaient à empêcher les miens
d'y pénétrer, lesquels étaient obligés de rôder autour
inutilement. Je voyais Delphine, le cœur gros et se
lamentant, car je lui disais dans ma pensée, que si
elle ne venait pas cette fois chercher mes deux présents, je cesserais d'en apporter d'autres. C'était un
moyen que j'employais pour lui communiquer courage
et hardiesse ; mais il menaçait de rester sans résultat,
en face de la lutte physique qu'il y avait à faire. Les
choses en étaient à ce point, quand j'aperçus (par ma
clairvoyance), Emma allant à la désolée et lui dire :
« Eh bien, moi, je vais aller te chercher les deux bouquets, puisque tu es trop lâche pour faire une trouée
dans le cabinet », et, comme preuve, je vis Emma
s'élancer avec une force ou une volonté inouïe parmi
la foule compacte des envahisseurs et arriver là comme
un coin poussé avec violence. Et, comme autre preuve,
plus forte encore, — je vis mon effrontée, ma « dia-

blesse » de fille, ainsi que je l'appelais souvent, apparaître tangiblement à l'ouverture du cabinet et m'appelant avec son doigt. Emma me parut essoufflée et pressée d'en finir avec sa mission ; elle lança son bras en dehors et, sans rien dire, enleva prestement mes deux bouquets et disparut aussitôt. Ce fut là une victoire qu'on célébra au-dessus de ma tête avec force sourires et exclamations.

Le lendemain de cette scène, étant dans ma chambre, je vis Emma auprès de moi, et elle me dit : « Je ne comprends pas pourquoi tu fais tant de cas de Delphine et que tu la pousses tant en avant : après tout, tu ne pourras jamais faire d'elle autre chose qu'une *femme!...* » Ma rebelle me lançait là une de ses pointes aiguës — mais qui ne manquait pas d'originalité.

Tandis que je me promenais dans Broadway, une après-midi, je vis un de mes garçons, Joseph, qui jouait à la boule avec d'autres esprits de son âge. Il s'arrêta quelques instants pour me dire : — « Tu sauras que Rubens t'a fait un beau présent, il y a trois jours. Il a peint pour toi deux grands tableaux ». — Ne sachant si je devais croire ou prendre à la lettre ce que mon gaillard me disait, je cherchai à le mettre à l'épreuve en lui demandant, s'il connaissait les sujets de ces tableaux ? Il répondit aussitôt : — « Oui, je le sais ; il y en a un qui est laid, ça représente la *guerre!* — et l'autre, la *paix!* » Et, comme choqué des doutes qu'il voyait en moi, il ajouta sur un ton de dépit : — « Tu ne me crois pas, hein ! eh bien, demande-le à Delphine ce soir au cercle — et tu sauras si je dis la vérité ! »

A la séance, quelques heures après, Delphine arriva gaiement pour compléter l'histoire de Joseph — seulement elle se plaignit du « *babillard!* » car elle désirait m'annoncer cette nouvelle elle-même, elle confirma, néanmoins, tout ce que mon garçon m'avait dit. Je lui demandai où se trouvaient ces tableaux : « Dans le grand salon de notre maison! » me répondit-elle. Je voulais aussi savoir leurs dimensions — mais ce ne fut pas Delphine qui répondit à cette question, à peine articulée — mais bien l'auteur ou Rubens lui-même, qui, ne se manifesta qu'à mes sens spirituels, à une grande distance de moi. Il me dit que: « chaque tableau était de trente pieds de haut sur cinquante de largeur : que celui de la *Guerre*, contenait cent cinquante figures — tandis que l'autre, celui de la *Paix*, n'en avait que trois. On y voit, dit-il, la femme occupée à son ménage — l'enfant à la porte de la maison, qui joue — et l'homme aux champs, qui travaille. »

Peu de temps avant cette révélation j'avais eu la fantaisie une nuit, tout en étant éveillé, d'aller me rendre compte de la maison que mon esprit (je savais) avait construite, pour l'usage des miens, et de moi-même aussi, à certains moments. Je savais que mon nid fluidique contenait un grand salon — et lorsque Rubens m'eût dit les dimensions de ses deux œuvres, je compris qu'il les avait exécutées exprès pour remplir un des panneaux de cette pièce. — Sur le perron avant d'entrer dans la *seule* maison que je possède, j'avais, à cette visite, remarqué et admiré deux lions accroupis. Mon esprit s'était arrêté devant ces deux chefs-d'œuvre, avec beaucoup de complaisance. Je mentionne ce fait, car, comme on verra plus loin, j'en eus la confirmation d'une manière étrange, même remarquable.

Rubens me fréquentait depuis un bon nombre d'années ; il me témoignait beaucoup d'affection et prétendait que nous étions de très anciens amis. Je le voyais assez fréquemment dans mon « *home* », qu'il tenait tant à orner de ses œuvres de génie. Il dit que je lui rends de grands services, et qu'il est loin d'en être quitte avec moi.

Je vis plusieurs fois à ce cercle des esprits vêtus en militaires. L'un d'eux portait l'habit gris clair avec parements noirs et boutons jaunes. Il faisait autrefois partie du 75e régiment d'infanterie de cette ville et avait été tué durant la guerre de Sécession, disait-il. Il chantait chaque fois avec beaucoup d'entrain et aimait à causer avec nous. Parmi les assistants, un soir, se trouvait un vieillard à longs cheveux blancs et qui se mit à sangloter en voyant un bel officier de cavalerie, qu'il reconnaissait comme étant son fils. Ce fils, si aimant et si chéri, était lui-même très vivement ému, et ses accents quoique forts étaient tremblants. Contre l'habitude ordinaire des Américains, ce fils et ce père s'enlacèrent et s'embrassèrent avec grande effusion — ce qui donna à cette scène un fort cachet de solennité. Il arrive assez souvent dans les cercles, que des assistants virilement constitués, s'affaissent et pleurent comme des enfants — en revoyant ceux qu'ils croyaient perdus à jamais !

Le mauvais état de l'atmosphère, l'indisposition du médium, ou encore, la présence de personnes malveillantes, — ont pour effet de gâter, plus ou moins, les manifestations. Il arriva plusieurs fois à ce cercle que les miens vinrent méconnaissables. Dans ces cas leur chair semblait flasque et était rugueuse au toucher, tandis que les pores devenaient des cavités larges et profondes ! Lorsque mes filles venaient voilées je savais ce que cela voulait dire : la coquetterie, comme toute autre chose, vient d'en haut. Chez tous les médiums j'ai pu voir ces effets, ces contretemps, *précieux* — car, pour celui qui raisonne, cela devient une forte preuve contre la supercherie.—Il s'agit de chercher la vérité à bien des sources pour avoir une bonne somme de connaissances. Le fait est que les manifestations des esprits varient d'un cercle à un autre, quelquefois grandement. De plus, les esprits contrôles, factotums des médiums à matérialisation doivent être, en général, de bas étage, matériels dans leurs goûts et leurs habitudes. Leurs fluides denses deviennent ainsi une puissance entre les mains des directeurs invisibles qui président aux manifestations. Les médiums à effets physiques étant ainsi hantés, pénétrés, par de grossiers personnages, à passions fortes et tenaces, finissent souvent par contracter les penchants ou les vices de ceux qui s'identifient en eux — surtout si ces médiums exercent longtemps leurs facultés. C'est le cas de dire, que : c'est le fumier qui fait la récolte !

Ce prélude devient une explication pour ce qui suit.

Dans l'intention d'aider le médium, qui était pauvre et avait une famille nombreuse, j'avais enrôlé une douzaine d'hommes qui venaient régulièrement trois fois par semaine au cercle, ce qui faisait une assez ronde somme, à un dollar chacun, pour permettre à ce médium de faire face aux besoins de sa famille, à part de ce que cette femme pouvait gagner autrement ou à d'autres heures. La majeure partie des assistants désiraient obtenir l'entière matérialisation des formes ou leur apparition en dehors du cabinet. Quant à moi je préférais le contraire — mais j'étais dans la minorité. Il se trouvait parmi nous un homme riche, du nom de Robert Tice, de Brooklyn, qui servit de bâton dans les roues auprès d'un bon nombre de médiums, et fit beaucoup parler de lui ensuite. Ce croyant, gaucher et faiseur d'embarras, eut pour mission de briser le cercle, d'arrêter tout à fait les facultés de Mme Lindsley et de la rendre sérieusement malade durant trois semaines. Il avait été convenu que la première partie de chaque séance serait vouée à la sortie des esprits et l'autre à leur apparition comme bustes à l'ouverture du cabinet. Durant une semaine, ou trois ou quatre séances, les choses allèrent ainsi. Le contrôle avait eu la sottise de dire, plusieurs fois, que les matérialisations à son cercle, consistaient en des formes *indépendantes* — sans personnifications, sans transfigurations ! Les apparitions en dehors du cabinet furent principalement féminines, et ces formes avaient certes l'apparence corpulente du médium et même ses allures. C'est ce qui poussa le nommé Tice à avoir recours à un stratagème, qu'il garda secret, afin de découvrir si nous étions mystifiés. A la dernière séance, au moment où la première partie venait de finir, M. Tice se leva de son siège et alla au cabinet et passa sa main sur le front du médium endormi, disant en même temps : « La pauvre femme ! elle est tout en transpiration ! »—et il referma aussitôt la porte. Il s'agissait maintenant de la seconde partie — des apparitions à l'ouverture, lesquelles étaient généralement nombreuses et excellentes. Ce fut une jeune femme qui se montra — mais chacun put voir qu'elle avait une large *tache noire* sur le front — car alors la lumière avait été rendue plus forte qu'avant ou durant le premier acte. M. Tice se leva aussitôt et ouvrant brusquement la porte du cabinet il cria aux autres : — « Voyez ! le médium a au front une *tache noire* ; c'est moi qui, tout à l'heure, la lui ai mise. Je soupçonnais cette femme, et quand j'ai passé ma main sur son front je lui appliquai du noir de fumée. Vous voyez que la figure qui est apparue à l'ouverture avait la même marque : c'était donc le médium ! Messieurs, il y a supercherie ! sans nul doute ».

Le ton haut et les gestes violents de l'accusateur produisirent grand effet dans notre assemblée de *treize* ! C'était fatal ! Les uns, les autres, hypnotisés par le fulminant dénonciateur subissaient, chacun à sa manière, les conséquences du coup de foudre qui venait d'éclater. Le médium subitement réveillé de sa transe, était en proie à une espèce de convulsion ou d'hébétement pénible à voir. Ses deux grandes filles présentes parmi nous, tout émotionnées de sanglots frénétiques, cherchaient à rappeler leur mère à elle-même. Quant à moi, j'étais indigné de ce procédé brutal de la part de notre confrère, Tice, et, demandant la parole, j'exprimai mon opinion adverse à l'assentiment général, alléguant que la tache vue sur la figure qui était apparue à l'ouverture du cabinet, ne constituait pas une preuve suffisante pour moi — ne témoignait nullement que ce fut la figure du médium — malgré la *tache* qu'elle portait ! La discussion devint vive, même un peu acerbe. L'ignorance d'une part et le savoir de l'autre se heurtaient et produisaient des feux inutiles pour le moment, mais non pas pour plus tard. Je savais bien qu'il y avait eu substitution ou *supercherie* si l'on veut — non pas dans le cabinet, mais en dehors. Je pouvais distinguer la vérité de l'apparence et comprendre, de plus : que l'habitude ne se prête guère aux innovations : que celle établie et fonctionnant bien en dedans du cabinet, où les esprits n'avaient à se matérialiser qu'en partie et à ne pas sortir de ce foyer commun et rendu commode pour eux par la condition de la pratique — devait nécessairement réagir, plus ou moins, contre toute situation nouvelle. L'ignorance concluait, comme analogie, qu'un faux billet devenait la preuve de la fausseté de tous les autres ! C'est ainsi qu'on juge les choses, généralement, dans ce *bas* monde ! On attaquait une preuve qui ne signifiait rien, et on laissait de côté la véritable.

Cela me rappelle qu'un jour, ayant demandé à Henry, si on ne pourrait pas me faire dessiner (médianimiquement) aussi bien dans l'obscurité, qu'en pleine lumière, comme je le faisais ? Mon garçon me répondit : — « Oui, certainement ! »... — Mais, lui dis-je après réflexion, combien de temps faudrait-il pour cela — pour changer mon habitude ? — « Oh ! *deux ans*, à peu près », ajouta flegmatiquement mon impitoyable fils. Cette réponse renversa mes espérances, mon projet.—On ne fait pas de grands sauts en n'importe quoi.

Quelques jours après cette scène j'appelai le contrôle du médium — pour savoir ce qu'il avait à dire comme excuse — car je le considérais comme coupable du malheur qui venait d'arriver. Il vint, et avec un air contrit il m'avoua « qu'il avait eu tort, en effet, de dire, que les formes sortant du cabinet, étaient distinctes de celles du médium — car aucune d'elles ne l'avait été : — les conditions ayant manqué pour produire cet effet. Si on m'eût laissé faire pendant quelque temps encore, je serais arrivé à produire des formes indépendantes, j'en suis certain ; mais l'ignorance et l'impatience des autres ont tout gâté. »

Le gâteur en cette circonstance était sans aucun doute, à mon avis, l'intempestif Tice. Comme élément corrosif son influence suffisait, non seulement à empêcher le développement en vue du médium, mais à neutraliser les beaux faits qui avaient lieu ordinairement.

XII

Je partis de New-York peu de temps après pour Paris, pour assister à la Grande Exposition (1878.) Durant mon séjour de quatre mois dans la belle capitale — du monde! — je fréquentai beaucoup les cercles spirites, où je donnai souvent des preuves de clairvoyance, etc. Chez Mlle Huet, 173, rue Saint-Honoré, où j'allai souvent, j'exerçai mes facultés au profit des nombreux visiteurs qui allaient là en investigateurs. Mlle Huet est un ancien et excellent médium, dans le genre de Mme Rodière — pour la production de coups frappés ou de communications par l'alphabet. Elle a rendu de grands services à la cause — et je lui sais gré du bon accueil qu'elle me fit toujours.

A M. Leymarie, directeur de la *Revue Spirite* et de la Société des Études Psychologiques — je dois beaucoup de reconnaissance. Ses bontés pour moi ont été de toutes sortes, ainsi que celles de son excellente femme. A tous les deux mes vifs remerciements!

Un matin, à Paris, je fus invité à aller dîner et passer la soirée chez un comte russe — M. de G. — qui était spirite, ainsi que sa femme et ses filles. Dans l'après-midi, une de mes filles, Marie-Louise, vint me souffler : — « Quand tu iras chez M. de G., ce soir, n'oublie donc pas d'apporter ton crayon de sanguine! » — Et pourquoi? lui dis-je. « Ah ! parce que nous te ferons dessiner le portrait d'un des amis de M. de G., et qui *vit* en Russie. » — Durant la soirée je racontai à mes aimables hôtes ce qu'on m'avait dit et on m'apporta aussitôt du papier, sur lequel on me fit croquer le portrait d'un homme, avec une mèche de cheveux qui tombait sur le front. — On reconnut, en effet, ce portrait comme étant celui d'un ami *vivant* — en Russie — comme il m'avait été dit. — Hugo d'Alezi, autre médium dessinateur présent, fit aussi des portraits de vivants et de morts qui furent reconnus.

Je tire ce fait parmi des centaines semblables à celui-là, que je pus produire en Europe et en Amérique, pour l'instruction des autres. Le plus souvent ces preuves étaient fournies par mon entremise, au moment où je m'y attendais le moins — pour des étrangers, pour des personnes qui ne m'intéressaient pas. Les vivants aussi bien que les morts sortaient — et sortent encore — du bout de mon crayon, grâce aux invisibles qui dirigent ma main *mécaniquement*. Ces croquis, sont loin d'être des chefs-d'œuvre, mais ils suffisent généralement pour donner une idée du sujet, pour exprimer, on peut dire, le type de la personne.

Il m'est arrivé assez souvent de prédire la mort de personnes étrangères ou amies. Bien des spirites de Paris savent que j'annonçai trois ou quatre mois d'avance le décès de Mme Allan Kardec. C'était l'esprit de son mari qui me le dit en se montrant à moi seul dans l'assemblée, où se trouvait cette vénérable et intéressante dame.

Le 10 août 1878 (mon anniversaire) tandis que j'attendais un ami à la gare du Nord (Paris), je vis soudain apparaître dans le ciel — malgré le toit de l'édifice — toute une société élégante d'esprits parmi laquelle se trouvait ma bonne, ma charmante Catherine — en costume de mariée. A côté d'elle je vis celui que j'avais agréé et qui allait aussitôt devenir son époux — après ma bénédiction paternelle, devant ces nombreux témoins. Tout humain, tout mortel que j'étais — sans autre télescope que celui de la clairvoyance — je distinguais bien ce beau et grand groupe d'êtres vivants, quoique *morts*, d'hommes, de femmes, qui attendaient la mise en action que j'allais pouvoir opérer parmi eux. C'est attrayant, un mariage, dans l'autre monde, comme dans celui-ci, et les invités, les intimes, s'y présentent dans leurs plus beaux atours. Chacun offre au couple heureux des sentiments délicats, des souhaits empressés, et cherche à embellir la scène de toute façon. C'est ce qui se passait là haut, au-dessus de la gare, au-dessus de toutes les nombreuses têtes intelligentes qui étaient là — et dire que j'étais le seul de tous ces spectateurs, qui pouvait discerner et comprendre ce bel acte de la vie humaine dans la phase spirituelle ! C'était cette pensée qui venait et revenait à moi tandis que ce beau tableau était là — ne demandant qu'à être vu, admiré, par les autres, comme par moi-même. Quand donc ! me disais-je, les êtres de la terre pourront-ils s'unir de tout en tout avec les habitants de là haut, avec les leurs qu'ils aiment et qu'ils pleurent ? C'était là une tristesse qui s'emparait de mon cœur, assez grand pour embrasser l'humanité, aussi bien que ceux sortis de ma chair.

J'avais dit à ma fille, tandis qu'elle était matérialisée à Terre-Haute, qu'elle ne se repentirait pas de l'abnégation dont elle faisait preuve — en se laissant entièrement guider par moi. Son père n'avait pas oublié, ni sa promesse, ni cette profonde et délicieuse confiance que sa fille aimante avait manifestée. J'avais trouvé l'affinité qui lui convenait; à l'insu de l'un et de l'autre j'avais *tendu le piège* — comme disent nos trappeurs — et ces deux *roucouleurs* s'étaient laissé prendre tout gentiment, et avec plaisir, il est bon d'ajouter. Je savais encore cette fois ce que je devais faire et ce que je faisais.

Aussitôt que je vis ce lever de rideau, cette apparition délicieuse, je pris mon rôle d'occasion et abandonnant là mon corps, inerte pendant quelques instants, au milieu des autres — j'allai saluer les invités, les témoins, et, prenant par la main les deux fiancés je les unis — en appelant sur eux les bénédictions des Grands Frères — lesquelles ne tardèrent pas à descendre sur les deux heureux, comme d'une corne d'abondance, non pas comme un désir, un souhait, mais en toute réalité substantielle, en flots quasi tangibles — comme une vapeur qui ne cherchait qu'à se condenser. Cette délicate attention des Grands Directeurs était un cadeau de leur part. C'était la substance mère de toutes les substances, de toutes les matières : l'élément primordial de tous les corps — contenant en lui toutes les formes : — c'était enfin un flot d'*Ether !* On comprit l'intention suggérée et l'usage qu'on pouvait faire de cette quintessence de richesses incalculables, et, par la volonté — cette baguette magique — on se fit château, meubles, costumes et toutes espèces de choses utiles et agréables pour un nouveau ménage.

L'époux de Catherine, nommé Como, était dans sa dernière existence terrestre, Portugais de naissance, marin de profession et un des premiers explorateurs des Antilles. Depuis son trépas sa mission consiste à faire rechercher et découvrir le Passage Nord de notre planète — ce qui prouve que la vie d'ici-bas se continue et s'exerce à des choses utiles pour nous.

Les fêtes qui eurent lieu à la suite de ce troisième

mariage de mes enfants fluidiques, furent ce qu'elles devaient être, en harmonie avec l'état des choses qui venaient de se passer. J'y assistai, en partie, durant le sommeil de mon corps, mais je ne cherchai pas à en conserver le souvenir : le principal me suffit toujours. Catherine est venue bien souvent depuis me dire : — « Qu'elle me devait le bonheur dont elle jouissait ! » La chère enfant le méritait bien ! Il n'y a que quelques années, elle m'annonça qu'elle était la mère d'une petite fille, nommée Mariette, partie de la terre à l'âge de cinq ans et qu'elle avait adoptée. Como en raffole comme elle-même de cette enfant de bénédiction qui, vient fréquemment auprès de moi — pour se faire « gâter » comme nous disons. Et, pour ajouter un nouveau détail (qui a certes toutes les proportions d'un événement) à l'histoire de Catherine, je dévoile ce fait que je l'initiai, il y a au delà d'un an, dans l'ordre des Grands Frères — sa nature d'être aimant, développée à un suprême état, susceptible à tous les sacrifices — la rend assez digne de cet avancement et de faire partie du troisième degré. C'est la seule de mes enfants qui jouisse de cet honneur, lequel entraîne, néanmoins, des épreuves bien autrement fortes que celles dont se plaignent les terriens. Le sacrifice de soi pour le bien général est, par dessus tout, ce qui fait le mérite personnel.

Durant mon séjour à Alger, en octobre et en novembre suivants, je me fis un devoir d'assister à une séance arabe, des Aïssawa — des disciples de Aïssa, qui, prétendait rendre ses sectaires « invulnérables » comme lui-même — à l'épreuve des éléments, etc. — en se conformant à certaines pratiques prescrites — lesquelles consistent simplement à produire l'état anormal chez les sujets. — Je vis là des espèces d'énergumènes qui, en sautant, en hurlant, comme des bêtes fauves — avec l'écume à la bouche et les yeux sortant de leurs orbites — subissaient avec impunité, en effet, le contact répété sur la peau, d'un gros tisonnier bien rougi par le feu. Ils montaient pieds nus sur un sabre bien aiguisé et sautaient dessus, sans faire la moindre égratignure à l'épiderme. Ils mordaient à une feuille de cactus, à longs et forts piquants, sans que la bouche en souffrît aucunement. Avec un poignard, ils s'arrachaient un œil qu'on voyait pendre sur la joue — et, ils le remettaient en place sans la moindre avarie — et, finalement l'un d'eux avalait un — *scorpion* ! ce qui donnait la chair de poule à tous les assistants. — Je tâchai de faire comprendre à ces grossiers médiums, qu'ils pourraient facilement obtenir des matérialisations d'esprits, et je leur enseignai la manière de procéder ; mais ces êtres, attachés à la routine, comme tous les Orientaux, ne prêtèrent qu'une oreille distraite à ce que je leur disais. Depuis plus de cent ans Aïssa avait fondé cette secte et ses suivants n'avaient pu faire un seul pas en avant.

Je quittai Paris à la fin de novembre pour aller me chauffer plus près du pôle Nord. J'embarquai au Havre sur l'*Amérique* pour rentrer en Amérique. Le 11 décembre j'étais à New-York et le 27 à Montréal.

Il me tardait de revoir mes visiteurs d'outre-tombe en chair et en os — et, comme le Canada Français n'ouvre pas encore son ciel à ces hôtes, pas plus que la Mère-Patrie — je partis de nouveau, pour Philadelphie cette fois. J'arrivai dans cette belle grande ville, qu'on surnomme souvent *Quaker-City*, le 4 février 1879. H. C. Gordon, était le médium que j'allais voir. J'étais le lendemain soir à son cercle pour la première fois. C'était un petit homme blond, âgé d'une cinquantaine d'années; sa médiumnité datait des premiers temps du spiritisme et elle s'était maintenue indemne à peu de chose près. Home cite ce médium dans ses Mémoires et en fait des éloges. La lumière à ce cercle n'était pas aussi forte que chez Mme Lindsley — mais de près on pouvait distinguer les traits des formes. On y chantait durant les entr'actes ou quand les esprits ne se montraient pas, soit à une ouverture (comme à New-York) soit entièrement en dehors du cabinet.

A la première séance j'eus la visite de Delphine et de Céleste, mais elles n'étaient guère reconnaissables. A la seconde Emma eut le bon esprit de se présenter à l'ouverture du cabinet, où elle pouvait mieux paraître. Je la reconnus aussitôt; elle avait ici comme toujours, les mêmes doigts suintants, le même ton de voix, allures, grimaces, etc. Elle savait que j'avais apporté d'Alger un petit cadeau pour elle — un collier mauresque de fausses monnaies — et elle le demanda; cet impromptu me fit plaisir. Sortant alors du cabinet je vis qu'elle portait au front cet ornement, comme les Algériennes souvent le mettent — ce qui prouvait bien que ma fille était allée au nid des anciens corsaires, les yeux ouverts. Elle devait, en effet, conserver un vif souvenir de ses expériences — la chère fille! Elle alla de l'un à l'autre parmi les assistants pour montrer sa figure et son collier, me tenant par le bras tout le temps — et elle disparut en dehors du cabinet, en fondant sur place, mais sa tête resta en vue quelques instants, montant et descendant pour faire carillonner les pièces du collier contre le plancher, — fantaisie de femme et d'esprit qui plut à tout le monde. Ma « diablesse » a un esprit original et ne tient jamais à faire tapisserie.

J'avais apporté un autre cadeau, mais pour Marie-

Louise : une longue écharpe en soie algérienne à fond blanc, avec barres transversales aux bouts en couleurs brillantes et or, se terminant par de longues franges blanches. Ma chérie savait aussi que ce présent l'attendait et elle ne tarda pas à venir le chercher. Quelle apparition gracieuse ! Tout en elle et autour d'elle je pouvais voir sa nature suave et pénétrante s'exhaler comme un chaste parfum et embaumer l'air. Cette vision, quoique condensée ou rendue matérielle, me suffisait pour la reconnaître. Elle vint tout droit à moi m'enlacer de ses bras et me caresser. J'étais heureux ! Que j'avais bien fait, pensai-je, de partir de l'Europe fossilisée, pour venir jouir d'une telle scène dans le Nouveau Monde !... Je n'en revenais pas du bonheur qui m'inondait en ce moment ! Pourquoi donc ma fille, vue ou sentie, de loin ou de près, causait-elle en moi des sensations si ineffables ? Pourquoi s'enroulait-elle si étroitement autour de moi, comme le lierre au chêne ? Pourquoi, lorsque je la tenais ainsi embrassée, que j'oubliais tout, tout ? Ces questions s'étaient souvent présentées à moi, mais jamais je n'avais essayé à connaître le mystère, quand durant mon séjour à Philadelphie, mon fils, Charles, me le dévoila inopinément.

J'avais, on doit se rappeler, remis à plus tard le mariage de Marie-Louise — ce qui prouvait bien qu'il existait dans ma pensée d'esprit certaines raisons assez sérieuses pour me pousser à agir ainsi, à l'encontre des désirs de ma fille. Consciemment je ne connaissais pas ces raisons, mais tout finit par se dévoiler. Après les noces j'avais souvent la visite des deux heureux, mais après quelque temps je m'aperçus que Marie-Louise venait seule et moins souvent. Cela m'étonna un peu d'abord, mais je n'y prêtai pas grande attention. Je finis, néanmoins, au bout de neuf ou dix mois, par comprendre qu'il devait y avoir quelque chose de louche dans ce changement de front. J'appris enfin — chose qui étonnera plus d'un de mes lecteurs — que le mari de ma chère fille était *jaloux de moi* ! Il s'imaginait que sa femme m'aimait plus que lui ! C'est pourquoi Marie-Louise, bien à contre-cœur, me négligeait un peu. Il y avait déjà un an qu'ils étaient mariés et depuis quelques mois je connaissais la position pénible de ma fille, et j'en souffrais. Une nuit Joséphine et Céleste me parlèrent de cette affaire et la première me dit tout à coup : « Mais pourquoi ne l'arranges-tu pas ? Tu es capable de le faire ! » et elle ajouta : — « Ah ! si j'avais un mari comme celui-là !... » Donc, un soir, au moment où je ne pensais nullement à cela, Charles me dit de but en blanc : — « Sais-tu, papa, que Joseph, le mari de Marie-Louise, a une espèce d'excuse ou de prétexte pour être jaloux de toi ? » — Comment ! lui dis-je brusquement — oses-tu dire une chose pareille ? Et j'allais me fâcher contre mon fils qui m'apportait une explication de ce mystère. « Eh bien ! — notre jaloux a appris que Marie-Louise avait été autrefois sur la terre — il y a très longtemps de cela — *ta femme* !... » Ce mot m'expliquait tout.

La suggestion piquante de Joséphine, faite à brûle-pourpoint, devait se réaliser; mais plus tard, lorsque je vis le moment favorable. Et, afin de terminer cette histoire, j'anticipe d'un an la date. — J'appelai un jour ce désagréable et malheureux sujet, et le prenant par l'oreille je lui fis, pour la première fois, une semonce sévère et le clouant à un rocher avec une volonté de fer, je lui dis qu'il resterait là jusqu'à ce que les sueurs de la mort lui sortissent de tous les pores. Et, afin d'activer l'opération je l'entourai de vipères — dont il avait grande horreur, je le savais — le laissant là souffrir des agonies presque sans nombre. Ce ne fut qu'au bout de trente-six heures que je sortis la victime du supplice — et que je permis à Marie-Louise de lui porter secours et courage.

Il s'agissait dans ce cas de provoquer une grande réaction dans le sujet pour lui enlever un triste héritage, qu'il tenait de sa mère et avait apporté avec lui de la terre, quoiqu'il mourût en bas âge. Cette œuvre de ma part, d'un caractère scientifique et charitable, devait avoir l'effet voulu — car aux grands maux il faut les grands remèdes. Ma chère fille connaissait avant son mariage la *maladie* de celui qu'elle voulait secourir et elle savait ce qu'elle aurait à souffrir — ce qui ne la fit pas hésiter à accepter cette mission. C'est là la pitié et la *piété pratique* des anges — lesquelles se rencontrent sur la terre dans les cœurs féminins surtout. Ah ! il n'y a pas à craindre pour l'avenir de l'humanité, nulle part, tant que de tels dévouements existeront — tant qu'il y aura des femmes qui, toujours, chercheront à s'immoler, le rire sur les lèvres et la joie dans le cœur !!

Ainsi que je l'ai déjà dit, les vices sont considérés dans l'autre monde comme des maladies et subissent un traitement en conséquence. Même sur terre on commence à prendre ce point de vue, parmi les nations civilisées ; les connaissances psychiques mèneront l'humanité terrestre vers un état meilleur en dissipant les nuages qui obscurcissent ses horizons.

Avant d'entrer dans le cabinet le médium, Gordon, avait la sage habitude d'annoncer aux assistants que les formes qui sortaient du cabinet ou se manifestaient en aucune manière, pourraient bien ne pas être à chaque fois des formes indépendantes — car il savait qu'on se servait de lui dans des cas de personnification et de transfiguration, aussi bien que de sujet passif, pour la production de formes indépendantes : qu'étant endormi durant les séances il ne pouvait savoir ce qui avait lieu, etc. Mais, malgré cet avertissement, renouvelé à chaque séance, il arriva que ce médium fut molesté plusieurs fois par de fanatiques incrédules, par des orthodoxes enragés, qui ne pouvaient souffrir que les morts sortissent de leurs tombes. Tous les médiums de cette catégorie ont eu, à vrai dire, ce sort — d'être considérés comme des *humbugs*, charlatans — comme la plupart des novateurs en science et en philosophie. Le progrès se porte bien tant qu'il est bafoué et tyrannisé ! Gare les époques où chacun s'endort d'aise et d'insouciance !

On trouva le moyen une fois de faire incarcérer ce médium pendant un an dans un hospice d'aliénés. Durant ce temps les esprits lui apportaient sur le seuil de sa fenêtre des gâteaux, des fruits et même des cigares — et de bons cigares, me dit-il. Grâce à l'intervention des invisibles qui, au besoin, savent inspirer et guider des cœurs nobles et généreux, Gordon put sortir de sa prison et continuer sa mission. En d'autres circonstances, presque aussi pénibles, il trouva encore des sauveurs. Quand ses finances arrivaient à bout, aussitôt surgissait quelqu'un prêt à combler le déficit et à remettre les choses en ordre. C'est la vie des artistes matériels et spirituels.

Ces faits d'interposition me rappellent celui que Mme Lindsley me conta un jour à New-York. Cette pauvre femme se voyant ainsi réduite à la dernière misère, sans un sou pour acheter du pain à ses enfants et ne sachant que faire pour sortir de ce mauvais pas — reçut tout à coup l'inspiration d'aller trouver un certain homme, qui, lui prêterait la somme nécessaire pour se rendre à Chicago, où elle rencontrerait, en sortant du train, un sauveur qui lui dirait : — « N'êtes-vous pas Mme Lindsley ? » et qu'elle devait le suivre où il la mènerait. La chose se passa à la lettre — et un mois après son arrivée à Chicago ce médium retournait à New-York avec mille dollars dans son portefeuille.

J'eus deux fois, à Paris, des preuves personnelles, qui démontrent la puissance des esprits dans certains cas — comme pourvoyeurs de biens matériels. La première fois je constatai avec surprise que mon porte-monnaie contenait cinquante francs de plus que je n'avais quelques heures avant. La seconde fois il s'y trouvait cent francs de plus. Alors j'ouvris les yeux bien grands et je commençai à comprendre que la corne d'abondance des fées ne devait pas être tout à fait épuisée, et, voulant m'assurer de la nouveauté et de la certitude du fait, j'appelai mes féeriques filles pour les questionner sur ce sujet. Elles apparurent toutes joyeuses, comme étant au fait de ce dont il s'agissait. A ma réquisition elles se dirent *non coupables !* — Mais vous devez savoir qui l'est ? demandai-je : « oui, oui ! c'est grand'maman ! » répondirent-elles en chœur, tout exultantes de mon étonnement. Je me dit alors : Une mère change de corps, mais non pas de cœur ! La mienne tenait à me prouver, ce qu'elle m'avait souvent dit — de ne pas craindre pour l'avenir ! Je n'avais guère besoin de ces deux sommes, si mystérieusement versées dans mon porte-monnaie ; mais la chose me prouvait ce que ma mère pourrait faire au besoin. — On se demandera naturellement : — Mais où les esprits prennent-ils cet argent ?... Il s'en perd tant partout !

Il y avait bien dix ou douze jours que je fréquentais le cercle de Gordon et je commençais à m'étonner de la non apparition de Henry, quand un soir il se montra à l'ouverture du cabinet souriant et gesticulant — comme si la mort ne l'avait jamais marqué de son sceau. Il devait y avoir anguille sous roche pour qu'il eût tant tardé à venir — lui si alerte, si pressé ordinairement à m'accueillir. En effet, il y avait de l'extraordinaire en voie, du « surnaturel » comme disent les logiciens et les rhétoriciens sortis des collèges — comme si ce mot ou son sens n'était pas un *nonsense*, non-sens. Henry ne venait pas les mains vides, tel que je le sus bientôt. Sa ressemblance était parfaite et l'allure enjouée et les yeux pétillants le complétaient admirablement ; mais tout dans sa manière d'être me disait qu'il cachait quelque chose. Comme je l'interpellais sur ce point il sortit aussitôt ses mains de l'ombre et me dit joyeusement : « Reconnais-tu ça ? hein ! » me montrant en même temps une canne noire, dont il cachait le pommeau avec une de ses mains. — Ma foi ! lui dis-je, il me semble la reconnaître, mais je n'en suis pas certain. La canne que mon espiègle tenait dans ses mains et qu'il approchait tout près de ma figure paraissait être d'ébène et de la grosseur de celle que je lui avais donnée. Pendant deux ou trois minutes il me taquina avec ses paroles et ses gestes et finalement il ôta sa main du pommeau et s'écria : « Maintenant tu dois la reconnaître ?... » En effet, il m'eût été impossible de dire autrement. C'était bien la canne que je lui avais donnée à New-York, au cercle de Mme Linsdley, avant mon départ pour Paris. Je la reconnaissais par le pommeau en or, ses ciselures et l'inscription. Alors, Henry, tout fier de son exploit, se mit à jubiler, à s'épanouir d'aise devant mes regards étonnés et charmés.

L'assistance était nombreuse ce soir-là et j'appelai chacun à tour de rôle pour voir la canne que mon magicien de garçon, dix mois avant, avait dématérialisée et qu'il venait maintenant de rematérialiser. Tout le monde s'extasia devant cet objet revenu de l'autre monde, après avoir appris l'histoire de mes lèvres. Henry se complaisait à montrer son cadeau et à affirmer tous les détails que je racontais. Pendant au moins vingt minutes il occupa parmi nous un haut piédestal. Personne n'avait jamais vu chose pareille; c'était inouï! disaient-ils. — A deux autres séances Henry montra encore sa canne et à chaque fois elle disparaissait avec lui.

Ma petite Marguerite se présenta à une séance avec une couronne de roses blanches exactement semblable à celle que je lui avais donnée au cercle de New-York — ce qui faisait pendant avec l'histoire de la canne. Emma me rappela une promesse que je lui avais faite à Terre-Haute et que j'avais complètement oubliée — de lui apporter une bague. Cet incident de rien prouvait bien toutefois son identité et sa mémoire; c'était le seul motif de son dire. Joséphine venait d'une manière charmante et avec beaucoup de puissance; ses toilettes variaient souvent et ses allées et venues parmi l'auditoire se faisaient sans gêne, avec assurance. Une fois je lui demandai d'orner son tablier blanc d'un bord en couleur, et sans remuer du milieu de la chambre elle le fit d'une manière étrange. Elle me dit de désigner sur le tapis la couleur que je préférais. Je choisis le rouge. Alors chacun put voir s'échapper du tapis un petit nuage rouge, lequel monta des pieds à la robe et de la robe au tablier, où il se fixa autour, laissant là un joli bord permanent. C'est de la magie blanche comme on n'en voit guère chez les prestidigitateurs ! Une autre fois je lui demandai de jouer un air sur l'orgue de salon qui était dans la salle de séances. Je lui dis, que je lui donnerais un dollar si elle le faisait. Elle se rendit à l'instrument, s'assit et joua un morceau plein de sentiment. Comme elle allait disparaître dans le cabinet je la rappelai et lui donnai la récompense promise en lui disant — mais mentalement — : Si tu n'en veux pas tu pourras en faire cadeau au médium. Après la séance je demandai à Gordon de vider ses poches, ce qu'il fit volontiers, et on trouva la pièce d'argent dans une poche de son gilet enveloppée d'un papier gris, sur lequel se trouvait écrit au crayon : « *This is a novel way of contributing*, (signé) Shaddock. — Ceci est une nouvelle manière de contribuer. » Shaddock était le nom du directeur des esprits de ce cercle; il se montrait souvent et causait haut avec les assistants.

Je fis cadeau d'une paire de mocassins à Joséphine ; elle s'en chaussa aussitôt devant moi et se mit à danser avec. Son frère Joseph en eut une paire aussi, et chaque fois fois les deux ne manquaient pas de porter ces chaussures indiennes.

A une séance, Eliza, ma femme, se matérialisa et se montra à la porte du cabinet; sa ressemblance était parfaite et la robe qu'elle avait était en tout point exactement semblable à son ancienne robe de noce. Je la reconnus immédiatement. La mise en scène de cette apparition n'aurait pu être mieux ; mais ce n'était qu'une création frappée de mutisme ; la forme consumait l'expression par sa grande puissance.

Le 22 février, étant la fête nationale de Washington, l'assistance au cercle était nombreuse. On s'attendait à voir paraître le Père de la Patrie, ainsi qu'on l'avait en quelque sorte promis ; mais ce fut l'esprit du général Rochambeau, son délégué, qui apparut à sa place, avec le costume complet du temps. Il portait dans sa main le pavillon étoilé qu'il secoua de côté et d'autre, tandis qu'en chœur nous chantions *Hail Columbia*! l'hymne national. Cet esprit, petit de taille, mais grand par ses manières et ses gestes, reprenait bien son rôle d'autrefois, comme un de ces envoyés de la France généreuse, qui avait pour mission d'aider à fonder la Grande République.

Tout en ce revenant exprimait bien le grand et noble poème sorti du cerveau et du cœur de la Grande Déesse du monde, de cette Mère de tant d'États, qui, s'oubliant elle-même donne tout aux autres — même aux ingrats ! Sublime esprit d'amour ! devant toi tous les fronts purs s'inclinent, tous les cœurs tressaillent ! et ce fut ainsi que Rochambeau fut reçu par nous, Américains, à cette séance.

A la même occasion, l'année suivante, mais à un autre cercle, Washington apparut bien matérialisé et prit part à une petite fête que nous fîmes en son honneur. Il était bien reconnaissable et portait son ancien costume de général.

A ce cercle, comme à d'autres, il arrivait quelquefois que mes jovialités avec mes enfants choquaient l'esprit morose et retardataire de certains assistants. Raides et compassés, solennels et grotesques comme des momies, ces anciens méthodistes ne pouvaient pas comprendre qu'on fît d'une salle de séance un lieu pour rire, ou qu'on reçût les morts autrement qu'avec un visage lugubre. Ces braves gens agissaient ainsi de bonne foi, ce qui n'empêchait pas mes gentilles rieuses et moi-même de voir et d'agir autrement. A une séance je vis (comme lucide) le buste de Céleste sortir de celui du médium — et aussitôt le rideau de l'ouverture fut retiré et *elle* apparut en me faisant signe d'aller là. — Mais tu es belle comme un cœur ? lui dis-je ! — ce qui illumina davantage ses traits ; elle avait aussi une mise des plus coquettes. Elle apparut ensuite à la porte du cabinet et demanda que chacun chantât — alors sa voix domina toutes les autres voix et sa prestance assurée de diva gagna tous les cœurs. Tout le monde fut enchanté de cette manifestation et l'interview devint chose obligatoire.

XIII

Comme de coutume mes expériences avec les esprits ne se bornaient pas à celles du cercle. Une nuit je me vis sortir de mon corps et m'élancer dans l'espace, où je rencontrai un ami qui m'entraîna dans un beau temple circulaire, dédié à la Science. Du vestibule mon ami entra dans l'enceinte, par une des nombreuses portes ; mais au lieu de le suivre — il arriva — je ne sais comment — que je me mis en tête de vouloir entrer au travers du mur de la salle. Le choc fut violent et j'en vis des milliers d'étincelles. A ce moment, mon compagnon, semblant au fait de ce qui venait de m'arriver, reparut à la porte et me regarda d'un air souriant. J'avais agi de la sorte sous le coup d'une impression terrestre, comme si mon esprit non suffisamment libéré — se croyant encore bien matériellement enveloppé — pouvait traverser une substance fluidique avec toute facilité. A ce réveil de moi-même, pour ne pas dire à ma courte honte, je suivis mon ami dans l'intérieur — mais par la porte. Nous allâmes nous placer en arrière sur un siège. La vaste salle était remplie d'esprits et à la tribune on voyait le président prêt à ouvrir la séance. Je l'entendis dire, tandis qu'il regardait de notre côté : « qu'il se trouvait parmi eux un étranger qui venait d'entrer, et qu'il serait bien aise de l'entendre dire quelques paroles à l'assemblée. » L'invitation s'adressait à moi, et cédant à cette gracieuseté et à une impulsion de conscience, je me rendis à la plate-forme où se trouvait la tribune. Je m'entendis alors aborder le sujet de la science sous ses divers points de vue généraux, les classer par groupes d'utilités, retracer la naissance des notions élémentaires, à travers les âges, leur développement graduel, correspondant en tout avec les besoins et les aspirations des masses, où se trouvent les racines, la sève de toutes les sciences. Je cherchai surtout à démontrer la nécessité de démocratiser la science et non pas de la loger dans des palais — dans des serres chaudes, là où elle perd ses vertus vivaces et fortes. De plus, dis-je — la science ne peut avoir de valeur qu'autant qu'elle s'inspire directement de la philosophie — cette mère de toutes les idées, qui, en se condensant dans les divers règnes prennent différents noms, des attributions variées, des nuances multiples, qui se marient toutes et forment un grand ensemble éclatant de lumière. — Je ne donne là que quelques traits du discours que je prononçai devant cette docte assemblée, de cinq à six cents esprits s'occupant de science; c'était une de leurs réunions périodiques.

J'allais descendre de la plate-forme pour aller retrouver mon ami quand quelque chose d'insolite eut lieu à côté de moi et me cloua où j'étais. Tous les assistants, aussi bien que moi, purent voir cinq formes masculines, l'une à côté de l'autre, sortir du plancher ou se matérialiser. Ces êtres, enveloppés de longs manteaux blancs, représentaient aux yeux de tous un état très avancé; ces visiteurs inattendus, surgissant tout à coup de cette façon, étaient si imposants que chacun se trouva comme paralysé par leur présence. Après avoir salué l'auditoire en baissant la tête profondément, ces grands esprits fondirent sur place — laissant après eux une influence de solennité. Cette soudaine apparition avait pour but d'approuver ce que je venais de dire ; et c'est ce qu'on comprit.

Quelques jours après cette expérience, j'en eus une autre qui ne manque pas d'un côté instructif. J'étais encore en route, mais au-dessus des nuages. J'arrivai près d'un esprit, étendu sur un canapé, qui se disait en lui-même : « C'est singulier ! elle m'avait pourtant bien promis, en partant de la terre, de venir à ma rencontre !!... » (C'était en anglais qu'il pensait ainsi). Sans me montrer à ce rêveur je lui criai : *what*? ou *quoi*? Je le vis se lever aussitôt sur son séant et regarder tout autour sans rien voir. Il s'étendit de nouveau pour recommencer son monologue. Enfin, par trois fois la même chose se répéta, seulement alors je me montrai à ce nouvel arrivé de la terre, et je lui dis : que je connaissais son histoire (car je la voyais en lui) et qu'il n'y avait rien d'étonnant à ce que sa bien-aimée n'eût pu venir à sa rencontre — car il ne l'avait pas mérité ! C'était un sujet, assez bon au fond, qui, né en Ecosse, à Aberdeen, de parents riches, avait vécu dans l'opulence, sans faire de mal à personne, mais sans s'inquiéter du malheur des autres. Sa vie n'avait été qu'une vie de plaisir et d'insouciance, sans préoccupation pour le bien public. Il avoua que ce tableau avait été celui de sa vie terrestre, et il pencha la tête, désespéré de ne pouvoir voir celle qu'il aimait — sa fiancée ! Je lui demandai alors, ce qu'il serait prêt à faire dans le cas où je la lui ferais voir ? — « Tout ! tout ! » fut la réponse attendue, et qu'il exprima avec une ardeur inouïe, en me dévorant de ses yeux. A mon appel l'esprit désiré surgit de la pénombre et fut aussitôt accueilli avec des transports d'allégresse. Cette femme s'assit sur le canapé à côté du malheureux rendu heureux, et, la main dans la main, ils *volubilèrent* à leur aise. Mais bientôt je mis fin à ce charmant tête-à-tête — en faisant éclipser la belle. C'était inhumain! dira-t-on; mais c'était spirituel, dans le vrai sens. Mon protégé devint tout à coup une ombre de lui-même — affligé, abattu, morne de désespoir. C'est là où je l'attendais. Je relevai alors son moral en l'assurant qu'il pourrait plus tard la garder près de lui — mais que pour cela, il fallait se refaire — mériter d'être heureux! Il comprit et déclara qu'il ne demandait pas mieux que de suivre le chemin que je tracerais pour lui. Je lui dis alors qu'il devait retourner dans son pays — dans son atmosphère — et là travailler à consoler, à guider d'autres plus malheureux encore que lui et à apprendre qu'un esprit n'a de la valeur que par ses connaissances, son dévouement et ses épreuves. J'appelai quelqu'un pour lui servir de guide durant sa mission et lui souhaitant courage et persévérance, je le vis partir avant de partir moi-même.

Chose singulière à noter et qui me servit de sujet de réflexion, — tant il est vrai de dire qu'on apprend ou qu'on se *ressouvient* en enseignant aux autres — c'est que durant cette entrevue j'avais remarqué que lorsque mon sujet me parlait, sa voix au lieu de prendre sa source en lui, *venait de moi*. J'étais la puissance ou le médium par qui il était contrôlé — c'est pourquoi ce fait psychique si intéressant se manifestait. Cela m'expliquait en même temps ce qui était arrivé quelques jours avant au cercle et qui m'avait intrigué. Tandis qu'un esprit parlait à la porte du cabinet, j'avais constaté avec surprise, que sa voix semblait venir d'ailleurs, du fond du cabinet, où le médium était assis. — J'étais maintenant renseigné — et mon excursion m'avait profité aussi bien qu'à l'autre. Ce fait, néanmoins, ne se produit que rarement.

Les essais répétés de Delphine pour se matérialiser

convenablement réussirent enfin, même au delà de mes espérances. Elle venait maintenant éclatante de beauté, avec son teint de blonde, rougi d'émotions mobiles — comme autrefois sur la terre — avec ses traits particuliers d'alors : avec ce grand air qu'on lui connut — mais tempéré et rendu charmant par un vernis d'ingénuité — avec ces avantages elle sut plaire à tout le monde. Son bon goût se montrait dans les toilettes, parfois élégantes, qu'elle portait — et pour prouver ses capacités de confectionneuse à bref délai, il lui plaisait souvent de fabriquer en pleine vue, du bout de ses doigts, des monceaux d'étoffes fines, de dentelles de toute sorte — lesquelles tombaient à ses pieds, sur le tapis. Ramassées ensuite par elle et secouées dans ses mains féeriques, elle détachait du tout des pièces différentes d'habits, dont elle s'affublait sans bouger de place. En conservant une petite partie de ces tissus d'araignée, qu'elle se remettait à manipuler, à secouer, il arrivait alors que des nuages entiers de dentelle se formaient, larges d'un demi-mètre à un mètre, lesquels nuages si diaphanes, étaient vivement répandus au-dessus de nos têtes par ses mains actives et agiles. Chacun alors cherchait à saisir ces caressants, papillonnants tissus — mais Delphine, plus alerte que nous, dirigeait tellement leur course que nos mains restaient vides. Ce jeu se terminait toujours en permettant à tous le toucher. Plusieurs fois elle me fit asseoir au milieu de la pièce et fabriqua ainsi tout un berceau ou boudoir autour de nous deux ; là, à demi-cachés dans le même réseau — emblème de la similitude de nos pensées, de nos aspirations, de nos sentiments, de nos désirs, de notre mission — nous pouvions pour un moment savourer ce qu'il y avait de délicieux dans cette situation — organisée par un caprice féminin.

Mes filles se livraient aussi parfois à la fabrication de dentelle, ainsi que d'autres esprits ; les conditions du cercle rendaient cette manifestation facile.

Durant mes visites répétées et de longue haleine à Philadelphie ou à ce cercle, j'eus l'occasion de voir bien des choses que je ne raconte pas. Je n'ai pas l'intention de faire de ma montagne de faits un Himalaya ou un mont Everest. Le triage que je fais de mes expériences avec les esprits par la voie des médiums et par la voie directe de ma propre médiumnité, devra suffire, et largement, à satisfaire même les plus exigeants. Mon factum n'a guère, que je sache, de parallèle dans la littérature spirite, au double point de vue — théorique et pratique — abordant, comme il le fait, des questions tout à fait ignorées jusqu'à ce jour, surtout en Europe, même parmi les croyants. — Il y a bien des soleils dans les systèmes planétaires qui roulent autour du nôtre : de même dans notre sujet. L'avenir recèle des mystères ou des vérités bien autrement grandes que toutes celles qui se trouvent parmi nous, qui se cachent dans des cerveaux isolés en attendant des conditions favorables pour se montrer à tous.

Comme chez Mme Stewart j'eus chez Gordon un grand nombre de séances privées, où je pouvais me délecter avec les miens, bien mieux qu'aux séances publiques. Il arrivait presque toujours, dans l'un comme dans l'autre cas, qu'au moment même où le médium entrait dans le cabinet, un esprit féminin, vêtu de blanc, se présentait à côté de lui, lui faisant peur parfois — ce qui nous faisait rire. La soudaineté de la chose était si grande, même pour ce vieux *soldat*, qu'il en tressautait quelquefois. Emma remplissait assez souvent ce rôle pour me réjouir et se rendre utile. Une fois, à une séance privée, agissant en cette capacité, elle put briser en partie la violence du coup que des esprits malveillants, cléricaux, voulaient infliger au médium. A la première attaque de ces esprits, qui étaient parvenus à s'introduire dans le cabinet, grâce à l'ingérence d'une de leurs « pénitentes » que je connaissais bien — je vis le médium (endormi) sortir tout à coup du cabinet, tout effaré, tout troublé, comme ne sachant que faire. Il rentra après quelques essoufflements, mais pour en sortir de nouveau, presque aussitôt, mais d'une manière des plus comiques — pour moi ! bien entendu ; il fut lancé *horizontalement* en dehors du cabinet et tomba ainsi au milieu de la salle — ce qui eut l'effet de le réveiller complètement. J'en riais à me tordre les côtes — de voir l'ébahissement, la frayeur et tous les autres sentiments qui se peignaient sur la figure de la pauvre victime, ainsi étendue sur le tapis, comme une grenouille. C'était plus fort que moi ; le comique l'emportait sur le tragique. Malgré mes instances le médium refusa de rentrer dans le cabinet, il en avait assez pour cette fois.

J'avais apporté à ce nouveau cercle, pour mes filles, une foule d'objets de toilette, jusqu'à un parasol japonais, dont elles se servaient avec plaisir ; le cabinet était la garde-robe. On m'annonça un jour, directement, que je recevrais bientôt au cercle la visite d'un nouvel esprit féminin, qui s'annoncerait en me faisant une croix avec sa main sur ma poitrine. C'était un satellite nouveau qui s'accrochait à mon entourage — une perle de plus dans mon écrin. Cet esprit appelé *Pureté* méritait bien, en effet, non seulement ce titre, qu'on lui donnait, mais tous les autres, les plus élevés — ainsi que je pus voir peu de jours après, par ma propre clairvoyance, tandis qu'elle se trouvait une nuit à côté de mon lit. Je vis qu'elle n'était pas seulement de la

Grande Frérie — mais au delà. Je le lui dis — ce qui la fit sourire avec douceur. C'était une âme descendue de la Sphère Ethérée, matérialisée (comme on peut dire) dans le monde fluidique, pour une mission fraternelle — pour m'aider à remplir mes tâches; et, à cette fin, pour mieux s'unir à moi, elle s'était fait aimer de mon fils Charles et désirait devenir sa femme. Qui veut la fin, prend les moyens! C'était ainsi que cette fille de l'Ether pur l'entendait. Elle se mettait au niveau de Charles sans la moindre hésitation, sans croire déroger — ou dérogeant les yeux ouverts, le sourire sur les lèvres et dans le cœur. C'est ainsi que la suprême excellence agit toujours. — Personne des miens ne connaissait ce secret de Pureté. Delphine seule l'avait deviné. — A une séance, tandis que cet archange se trouvait en dehors du cabinet, bien matérialisé, et qu'*elle* allait me quitter — voyant Charles et la plupart de mes autres enfants dans le cabinet et autour, je leur révélai tout haut l'identité de Pureté, disant à Charles qu'il devait se rendre digne d'un tel dévouement, d'un tel honneur.

Cet être des Sphères Suprêmes qui, après avoir fait toutes ses étapes à travers tous les degrés des existences spirituelles et matérielles, ayant subi toutes les épreuves de ces deux vies, des centaines et milliers de fois — ayant droit aux béatitudes parmi les âmes — laissait volontairement ce séjour et cette condition pour souffrir de nouveau! — Je dois dire, néanmoins, que cela n'est pas un cas isolé — loin de là. Sur la terre même, en tout temps, en tous lieux, aussi bien que dans la région fluidique, il y a des êtres comme ce sujet, qui se trouvent au-dessus de tous les grades imaginables, et qui passent souvent parmi nous sans jeter de grands éclats, fuyant plutôt la renommée, les titres, la richesse et ces sortes de puérilités, qui exercent tant d'influence sur les petits esprits.

Mais, on se demandera : comment une âme s'incarne-t-elle dans le monde fluidique, pour avoir là un corps comme les esprits qui animent cette sphère — puisqu'il n'y a pas de procréation dans ce milieu ?... L'âme entoure sa forme éthérée des fluides de cette sphère, d'une manière directe, sans passer par aucune espèce de genèse — et de cette façon elle devient visible et tangible pour les habitants de ce monde, durant le temps voulu par elle.

Pureté remplissait son rôle à merveille et captivait le cœur de tous les miens par ses façons familières et par l'intérêt qu'elle témoignait pour tout ce qui les touchait. Elle se faisait ainsi *pardonner* sa position élevée, en se faisant la plus humble des humbles, et aussi la plus joviale des joviales. Un jour l'idée me vint d'acheter des fleurs artificielles pour mon groupe féminin, chaque fleur devant être un emblème de chacune. Je mis à exécution ce projet ; et, comme je considérais la fiancée, Pureté, comme faisant en quelque sorte partie de la famille, j'avais pour elle une belle rose blanche. J'allai une après-midi dans le cabinet, tandis que personne ne se trouvait dans la salle, pour placer ces emblèmes séparément, mais en ligne, de façon à pouvoir être enlevés et replacés commodément. Au moment où j'allais fixer la rose blanche à la suite des autres, je vis qu'Emma était fluidiquement à côté de moi et je l'entendis me dire : — « plus loin ! plus loin ! *elle* n'est pas *encore* dans le groupe de la famille ! » — Ah ! pour le coup, voilà qui est trop fort ; voilà une distinction bien humaine, me dis-je. Je vis alors Pureté qui riait franchement et qui me pria de contenter Emma, ce que je fis à contre-cœur.

Un jour, étant dans ma chambre à dessiner, sous le contrôle de Céleste, je remarquai qu'elle avait des camarades avec elle, avec qui elle causait. Je voulus savoir qui étaient ces demoiselles de l'autre monde. Céleste me les présenta l'une après l'autre ; elles étaient six — mais la dernière était une Indienne (d'Amérique) nommée Jétuta — ce qui signifiait *Oiseau-Chéri*. Ma fille me dit alors que Jétuta était une belle chanteuse. Je proposai en plaisantant de tirer l'horoscope à ces gentilles visiteuses — ce qui les mit toutes en émoi et les poussa à agir tout à fait comme les filles de la terre, dans telle circonstance. Je me tirai d'affaire aussi bien avec ces invisibles que je le fais ordinairement avec les dames de la terre — ce qui amenait des exclamations, etc., de la part de chacune. A la gentille Indienne je présentai un tableau tellement détaillé et vrai de sa position et de celle de son cœur — décrivant si bien la personne et la nature du « brave » qu'elle aimait — qu'elle et toutes les autres en furent vivement impressionnées, chacune à sa façon. Je proposai alors de faire un mariage, immédiatement — d'unir les deux langoureux. Toute la troupe, à part Jétuta, qui imitait la cerise, se mit à battre des mains et à sautiller. J'appelai aussitôt Longue Corne, l'Indien en question, qui arriva incontinent au milieu de nous. Je lui fis part de mon projet, lequel était de son goût ; mais il recula au moment où j'allais faire la cérémonie, alléguant qu'il lui fallait apporter les présents d'usage et amener les siens et des témoins, d'après l'étiquette voulue en pareil cas. Il partit aussitôt et ne fut pas longtemps sans revenir avec tout ce qu'il considérait nécessaire. Durant l'intervalle Jétuta s'était aussi occupée à se faire une toilette de circonstance, et lorsque son fiancé arriva avec son groupe de Peaux-Rouges, tous porteurs de présents bien simples, primitifs — je procédai à unir les deux amoureux, en imposant mes mains magnétiques sur les leurs, etc. Je dis alors à Céleste d'amener tout ce monde chez moi et de leur donner une fête. Ainsi se termina cette scène; le badinage tournant au sérieux — en faisant deux heureux.

Maintenant, comme confirmation ! on me fit d'abord dessiner le portrait de mes nouveaux mariés, et ensuite tous deux se montrèrent à moi à une séance, quelques jours après, parfaitement matérialisés. — C'est ainsi, avec de nombreuses preuves comme celle-là, que j'ai été amené, petit à petit, à croire en moi-même. Il faut bien se rendre à l'évidence.

L'emblème que j'avais placé dans le cabinet pour Emma était une plume de coq. Elle méritait bien de l'avoir et de la porter; personne n'y trouvait à redire, pas même elle-même. A son insu je l'avais mise en présence d'un esprit de mes amis, nommé le Magnifique, et je pus m'apercevoir que l'un et l'autre s'attiraient et trouvaient plaisir à se rencontrer. Le Magnifique vint plusieurs fois au cercle pour me serrer la main et me dire quelques paroles, et j'étais charmé chaque fois de le voir. — Il s'agissait maintenant d'unir ces deux amoureux et c'est ce que je fis bientôt après, tandis que j'étais à Montréal — le 1er juin 1879. J'officiai pour eux, comme pour les autres avant, et l'éclat de ce mariage et des fêtes qui eurent lieu ensuite fut remarquable, *magnifique*, en rapport avec le nom et la condition de l'époux. Cet esprit me dit directement quelques jours après : — « Qu'il me devait le nom emblématique qu'il portait — que, lors de sa dernière existence terrestre il avait roulé dans l'opulence, dans les honneurs et dans le bonheur

— en conséquence des conditions dont j'avais pavé sa route ici-bas ! » — Je n'en savais rien et je ne tenais pas à le savoir; mais je lui répondis: — Et, tu fis un si bon usage de tes biens, de ton opulence, sur la terre, que tu devins et que tu restes *magnifique* dans ta nouvelle vie. Il n'y avait rien d'exagéré dans ce compliment que je lui fis à brûle-pourpoint.

Au mois de septembre suivant j'étais de retour à Philadelphie et au cercle. Emma se distingua à une séance en chantant tout haut, une belle romance — ce qui allait bien avec sa lune de miel. Un jour, étant à table avec le médium, je vis tout à coup une chaise glisser sur le tapis et s'approcher tout à fait de la table. C'était mon gamin, Louis, qui avait fait ce tour de force, en pleine lumière ; il voulait dîner aussi — me dit-il en riant.

Il arrivait assez souvent que des esprits indiens se matérialisaient et se faisaient voir de près. Ces apparitions étaient bien *genuine*, réelles. Céleste se montra un soir — avec un costume extravagant de sorcière et tenant dans sa main la baguette cabalistique. Elle allait produire des inscriptions directes, disait-elle, sur le mur — mais, malheureusement, je gâtai tout en me moquant d'elle.

On avait fréquemment des séances de jour pour la matérialisation et d'autres aussi parfois pour l'écriture sur des ardoises ou bien sur des papiers renfermés dans un tiroir de table ou dans des boîtes. J'eus par ce dernier moyen beaucoup de communications des miens, et même des dessins, et à part cela des reliefs très artistiques, imitant des dentelles très fines et capricieuses. Il n'y avait pas de déception possible, car chacun marquait d'avance les papiers.

Céleste voulant me montrer ses talents de gymnaste,

prit un soir au cercle une chaise qu'elle plaça au milieu de la chambre ; elle se laissa alors tomber sur la chaise, mais sans toucher le milieu du siège ; son corps roidi fit pencher la chaise en arrière, graduellement, jusqu'à ce que le corps eût une position tout à fait horizontale — alors elle croisa ses jambes en mettant un pied au-dessus de l'autre. Elle resta au moins cinq minutes dans cette position difficile sans déranger son équilibre et se releva sans effort visible en remettant la chaise en place. — Le lendemain Joséphine fit de même avec autant de facilité et d'élégance.

Sur le devant du cabinet j'avais fait à la craie une échelle de mesure — de pieds et de pouces. — Les miens prenaient plaisir à me donner par ce moyen leur hauteur, qu'ils faisaient varier parfois pour me taquiner.

XIV

Durant toute une semaine Delphine cessa de se montrer au cercle, tel qu'elle me l'avait dit d'avance. Elle voulait, disait-elle, pendant ce temps, se préparer pour faire ensuite une apparition merveilleuse — électrique! — ainsi qu'un esprit nommé Carrie Miller avait fait pour son père présent, quelques jours avant. La promesse de Delphine s'accomplit au temps voulu avec une surabondance d'éclat. L'assistance était nombreuse à cette séance, car le banc et l'arrière-banc des habitués ayant appris la nouvelle s'y étaient rendus en foule. Avant le lever du rideau on vit que l'intérieur du cabinet était fort éclairé et quelques instants après Delphine apparut resplendissante, entourée de lumières animées, d'un cercle de gloire, de feux si ardents enfin, que les yeux clignaient en les regardant. Sa toilette blanche brillait de rayons argentés, qui en faisaient voir le fin tissu; les flots de dentelle sur le corsage et sur la jupe se festonnaient avec goût et on s'apercevait par l'ampleur de la jupe que les vêtements de dessous devaient être abondants. C'était tout à fait une toilette de gala où chaque détail avait été pesé et considéré à fond. L'élégance vraie avait mis son cachet sur le tout; cet extérieur était en rapport parfait avec l'exubérance artistique du sujet. Cette projection de l'esprit intérieur, si fin, si délicat, se répandait en dehors des contours et donnait à l'image un caractère éthéré. Je pouvais voir enfin cette amie chérie — sur terre — telle que je la vois si souvent là haut — entourée de tout son éclat d'esprit gracieux, bon et pétillant. La réalité était là, devant mes yeux ouverts et surpris : cette vision était incontestable — puisque chacun autour de moi criait d'admiration et battait des mains. Les femmes surtout s'exclamaient en voyant cette apparition, si belle, si élégante, si illuminée, et ne cessaient de chuchoter. Comme une reine du ciel Delphine portait un diadème aux mille feux : cet emblème, en forme de boule, de la grosseur d'un œuf, reposait sur le haut de sa tête. Ce bijou ou ce phénomène d'astre personnel, était la source immédiate de tous les rayonnements qui se produisaient et s'élançaient vers les assistants ; sa force centrifuge semblait se concentrer maintenant en avant et on pouvait voir étinceler son foyer ardent — comme si un élément puissant l'eût attisé de son souffle.

Cette belle lumière électrique sur la tête de Delphine paraissait subir l'action de sa volonté, car elle allait un peu de droite à gauche par moments. Voulant m'assurer du fait et désirant avoir double certitude — je fis ma question *mentalement*. Je dis ainsi à Delphine : — Fais donc descendre ta boule jusqu'à tes pieds et qu'elle courre des angles en allant et en revenant ! Ma requête ne fut pas plutôt formulée dans mon cerveau que la boule merveilleuse se mit en mouvement, comme je le désirais, et exécuta des courses angulaires, capricieuses et si vivement tout le long du corps, que les yeux les plus vifs s'arrêtaient de voir.

Ce début de Delphine à la porte du cabinet était superbe, et elle rayonnait du plaisir qu'elle causait à autrui — ce qui, ajouté à ses autres charmes, la rendait tout simplement resplendissante. On n'avait jamais rien vu de pareil ! Voilà ce qu'on s'écriait de toute part. L'enthousiasme était à son comble ! La mise en scène n'était pas seulement une affaire électrique, un déploiement de cet élément, de cette force ; mais, ô calcul féminin ! c'était plutôt un moyen pour faire valoir — quoi ? — les femmes qui comprennent si bien ces choses, répondront en chœur : — mais la *personne*! Les beautés ordinaires préfèrent le demi-jour, mais celles qui dépassent ce niveau recherchent la grande lumière ; de même, celles qui ont un teint éclatant invitent parfois leur société, leurs *amies*, moins douées, dans un milieu verdâtre, ce qui enlaidit celles-ci, et, par contraste, rehausse davantage la beauté des autres. C'est là un péché qu'on reprocha à Delphine de son « vivant », un péché *noir* pour celles qui en souffraient et tout à fait mignon pour le sexe fort.

« Le plaisir de se savoir belle » — sentiment exprimé par Delphine sur terre, survivait donc en elle aussi vivement que jamais. Mais j'aurais eu mauvaise grâce de m'en plaindre, car c'était pour moi que cette scène extraordinaire se produisait.

Delphine descendit enfin de son piédestal et sortit pour venir à moi. Je remarquai alors que sa belle robe avait une longue queue, cet appendice gênant, quoiqu'on en dise. Elle me prit par le bras, pour aller de l'un à l'autre des assistants, et de chacun elle reçut les compliments les plus empressés. Nous fîmes une marche triomphale ! Elle tenait d'une main un mouchoir de dentelle, très fine, et à plusieurs reprises elle le secoua dans la figure de divers assistants — lesquels se trouvaient comme aveuglés par les milliers d'étincelles qui sortaient alors de ce bijou de mouchoir. Ma fière promeneuse ne se hâta pas de rentrer, mais pressant parfois mon bras, elle gagnait ainsi de la force pour prolonger son séjour parmi nous — pour faire un bien gros bouquet des adulations qui lui étaient prodiguées. Ses bribes de conversation avec moi et avec les autres témoignaient qu'elle concentrait tout le pouvoir à la manifestation extérieure ; mais avec une extrême obligeance elle faisait voir et laissait palper, surtout par les dames, sa toilette, que je ne saurais décrire faute d'aptitude.

Cette promenade d'un grand quart-d'heure se termina à la porte du cabinet ; mais Delphine, avant de rentrer, m'aveugla aussi avec son mouchoir. Croyant la partie finie, je me rendis à ma place ; mais bientôt la porte du cabinet s'ouvrit et la forme tangible qu'on venait de voir en dehors, apparut cette fois — vaporeuse, diaphane et délicieusement belle, il faut le dire. Le fond du cabinet se distinguait parfaitement au travers de ce corps — par-ci par-là : les molécules corporelles et celles de la toilette se déplaçant sous la volonté de l'esprit pour produire ce tableau ravissant — cette objectivité incontestable. Ce déplacement, néanmoins, n'avait pas l'effet d'épaissir ou de défigurer les plis de côté ; la liaison se maintenait partout. La toilette gardait son entière forme première avec tous ses détails ; la tête et ses traits charmants conservaient le même volume, le même contour — et, par-dessus tout cette expression, si mobile, si enjouée, que chacun venait de voir de tout près. Il n'y avait donc pas de substitution ! C'était un corps, qui, après avoir passé par un degré, se manifestait dans un autre, au moyen de la volonté de l'esprit qui animait et dirigeait les parcelles de matières qui constituaient ces deux états.

La transformation marchait ou plutôt courait sous l'impulsion de la fantaisie féminine — ce qui, dans tous les mondes, surpasse toujours la masculine. Delphine calculait ses moindres gestes avec art, avec une profonde connaissance des données scéniques ; tout arrivait à point, non seulement au degré mécanique, mais physionomique aussi bien. L'esprit, au lieu de perdre par un manque d'opacité, brillait au contraire sous de plus grands avantages : il apparaissait plus vivace, plus entièrement, plus lui-même. — Mais, une volte-face se fit soudainement ; les vapeurs se condensèrent tout à coup, et Delphine redevint bien tangible, bien opaque. Et, comme pour nous en donner une bonne preuve, elle produisit, tout autour d'elle, des gerbes de lumière électriques, un véritable feu d'artifice — la grande et dernière pièce — qui l'éclaira séraphiquement pendant une minute. Ces éclairs produisirent l'effet ordinaire — d'un tonnerre d'applaudissements en dehors, de la part des assistants. Ce fut au milieu de ce bruit que je me rendis au cabinet, à l'appel de Delphine. — « Eh bien ! es-tu content de moi ?» furent ses premières paroles.— Oui ! lui dis-je, en rencontrant ses lèvres interrogatives. Sa langue, maintenant plus libre, pouvait prendre son essor, et j'en profitai. Je lui dis : — Il y a donc de la rivalité chez vous, comme chez nous ? Il m'a semblé que tu voulais surpasser Carrie Miller ?... et, ma foi, tu as réussi ! Elle se mit à rire en avouant que c'était vrai. Nous causâmes ainsi pendant quelques minutes et ma charmante vision disparut. — Toutes ces apparitions diverses de Delphine avait duré au moins une demi-heure.

La séance continua, mais avec des manifestations ordinaires pour le bénéfice des autres. Une vingtaine de formes sortirent du cabinet. A un moment, le contrôle indien du médium, Konkey, dit à l'auditoire : — « Ouvrez bien vos yeux, maintenant — car il y a encore du nouveau ! » — On vit alors sortir six esprits, masculins et féminins, de tailles différentes, lesquels se touchaient ou formaient chaîne tendue. Ensuite, trois autres apparurent ensemble à la porte du cabinet. C'étaient Delphine, Marie-Louise et Emma — figurant les trois Grâces. — Et, pour varier et égayer les esprits « vivants » les esprits « morts » firent sortir *une* des leurs, nommée Fanny (Stéphanie) Dunoyer, Française, et danseuse de ballet, durant sa vie terrestre — laquelle s'était attachée à un jeune homme, habitué du cercle. Cette fille de l'autre monde venait assez souvent nous réjouir avec ses pas, ses évolutions, ses pirouettes, ses poses sans gêne — et cela avec un costume parfois presque primitif. Elle était encore de son état et ne cherchait guère à en sortir. On assurait pourtant, qu'elle avait progressé depuis ses premières apparitions à ce cercle — avant mon premier voyage à Philadelphie. Alors, disait-on, on aurait cru voir en elle la Mère Eve ; le milieu du corps seul était entouré d'une gaze — mais si diaphane ! Elle cessa d'apparaître ainsi rien que sous l'influence de son ami, son médium, qui, la menaça de ne plus retourner au cercle.

Tandis que Fanny s'occupait à battre ses entrechats, etc., en toute conscience, je me mis à fredonner en moi-même, cette chanson de Béranger :

« Amis ! respectons la décence.
Ce mot seul vaut une chanson !... »

Cette attaque plaisante de ma part l'arrêta net au milieu d'une figure et elle me lança en pleine face l'écharpe de soie qu'elle tenait à la main, ajoutant vivement quelques mots qui prouvaient qu'elle n'était pas fâchée — mais qu'elle tenait à me convaincre que ses oreilles d'esprit étaient bien éveillées dans ce corps! Je fus satisfait de cette riposte — française.

A la séance du 1er décembre, ma chère Benjamine, Marguerite, se présenta échevelée, tellement, que je ne pouvais voir ses charmants traits. Elle voulait, encore une fois, faire étalage de son abondante chevelure brune. (Je dois dire que toutes mes filles sont des brunettes.) J'invitai ma mignonne à rentrer dans le cabinet et à se faire présentable, ce qu'elle fit aussitôt de plein gré. Au bout d'une demi-minute elle reparut, attifée comme une grande fille, la chevelure bien peignée et bien ornée. Je causai avec elle un peu, en la tenant sur mes genoux; je prenais plaisir à entendre son babil — car, cette fois, elle s'exprimait facilement. Je lui demandai si elle savait écrire; elle me répondit que oui! Je la mis à l'épreuve tout de suite, en lui donnant un crayon et une petite feuille de papier; elle se leva prestement et se rendit à une table pour accomplir sa promesse. Je me plaçai debout à côté d'elle, afin de la voir faire. Ayant rempli la page, d'une écriture déliée et bien lisible, elle me la présenta en souriant. Je lus alors : — « *This is my first attempt to write. Bless you I will do more next time*, M. (pour Marguerite) : — Ceci est mon premier essai d'écrire. Sois béni. Je ferai plus la prochaine fois, M. » — Cette relique précieuse a toujours reposé sur mon cœur depuis cette date. — Et qui, je demanderais, ne se contente pas d'un rien comme celui-là ?

Marguerite, ou mon « Aurore », ainsi surnommée par moi, depuis bien des années, a gagné ce titre par son assiduité à m'éveiller spirituellement, *chaque nuit*, par ses baisers sur mes yeux. Voilà sa besogne quotidienne auprès de moi — celle qu'elle considère la plus importante de son existence. Au moment où le sommeil s'empare de mon corps et que mon esprit va sortir — cette aurore charmante m'éveille et m'accueille. C'est une des joies de ma vie double.

Comme chez Mme Stewart les miens croquaient à ce cercle les bonbons que je leur apportais : ils s'acquittaient de cette action ouvertement, devant tout le monde. En échange, on me donnait des fleurs tout humides — qui semblaient sortir du bout de leurs doigts ou du plafond.

Quelques jours avant Noël, ma chère Joséphine — que j'appelle souvent ma petite *Jos.* et aussi *Fifine* — vint me dire, *directement*, qu'elle désirait donner une poupée à une petite fille, de huit à neuf ans, qui venait souvent au cercle avec une dame qui l'avait adoptée. Cette enfant, appelée Marguerite, était déjà un fort bon médium physique. Mais le projet de Joséphine ne se bornait pas là. Elle voulait, me dit-elle, confectionner, elle-même, une toilette complète pour cette poupée ; que nous irions ensemble le lendemain acheter les étoffes, dentelles, rubans, etc. Donc, le lendemain, accompagné de Joséphine, je visitai les marchands de jouets ; mais mon invisible fille était difficile à contenter. Elle me mena dans sept magasins différents avant de trouver une poupée à son goût et de bonne grandeur. Alors, dans un magasin de nouveautés, elle me fit acheter ce qu'elle désirait pour la confection de la toilette. Nos emplettes finies nous nous rendîmes ensemble chez le médium, que j'avais mis au fait de l'affaire. Là, je mis tous ces articles dans une corbeille, avec ciseaux, fils et aiguilles — et j'allai déposer le tout dans le cabinet, que je fermai à clef, ainsi que la porte de la chambre — et je gardai ces deux clefs sur moi jusqu'au lendemain. Il n'y avait pas de séance ce soir-là.

Le lendemain, durant la matinée, j'ouvris les deux

portes, et à ma grande surprise je ne trouvai pas la poupée. Gordon, qui m'accompagnait avec un bougeoir, me fit voir l'état des choses dans cet intérieur. La corbeille était là, renversée, ainsi que les outils, de côté et d'autre — et le plancher, tout émaillé de petites découpures d'étoffes de toutes formes, de toutes couleurs, ressemblait à un travail de mosaïque. En sortant du cabinet nous aperçûmes ensemble la poupée sur le petit orgue de salon. Elle se trouvait dans tous ses beaux atours — mise avec un goût parfait. Rien ne manquait — elle avait même des caleçons, avec une fine dentelle au bas, ainsi que les jupes. La coupe de chaque chose était irréprochable et les points de couture partout étaient si fins qu'on les voyait à peine. Il y avait beaucoup de garnitures sur la robe, laquelle se terminait par une longue queue. Et, par-dessus tout, se trouvait un grand manteau à capuchon.

A la séance de Noël, le lendemain soir, Joséphine vint dans un joli costume nouveau, et, me prenant par la main, nous allâmes descendre la poupée de son piédestal. La petite fille savait déjà l'histoire, car chacun en avait causé avant la séance. Elle ouvrit de grands yeux flamboyants lorsque Joséphine lui présenta son cadeau, en l'embrassant et lui adressant quelques paroles bien senties.

(Quatre ans après je rencontrai cette jeune fille bien grandie et elle m'assura qu'elle conserverait toujours ce précieux présent — qui était aussi frais que le premier jour.)

Vers le milieu de décembre Henry m'avait annoncé, *directement*, qu'il me ménageait une surprise. Quelques jours après il m'avoua qu'il voulait me faire un cadeau de jour de l'an — en me présentant un dessin (esquisse) de ma maison fluidique — fait directement par lui, etc.

Je ne fis part à Gordon de cette nouvelle qu'au moment où je mis dans son cabinet — des crayons et une planche, couverte d'une feuille de papier à dessin, de 17 sur 22 pouces. C'était le 31 décembre 1879, le matin. Je fermai à clef la porte de la chambre et je mis cette clef dans ma poche. Durant toute la journée, jusqu'à l'approche de la nuit, je restai au rez-de-chaussée avec le médium. A l'instigation de Henry, qui vint alors me dire de monter, je me rendis au cabinet et je trouvai, en effet — la promesse accomplie! Au bas du dessin, mais dans l'ombre, je vis cette inscription : — « *Happy New Year*, 1880. — Une heureuse nouvelle année 1880 ».

Ma maison, ainsi croquée par Henry, Céleste, etc., a deux étages et est de style oriental; ses dimensions ordinaires (augmentées à volonté) sont de 150 + 100 pieds. La vue est de côté. Le corps de la bâtisse se compose de deux tours rondes : la première, formant façade, a cent pieds de diamètre, à l'intérieur; la seconde, plus élevée, n'en a que cinquante. Leurs toits sont en verre, d'un seul morceau chacun. Sur le premier toit figure un phare ou boule électrique. Sur l'autre tour se voit, tout au-dessus, mon oriflamme — (laquelle apparaît lorsque mon esprit rentre dans sa demeure) et, de chaque côté, plus bas, se trouvent deux pavillons — américain et anglais : le premier, sous lequel je suis né — le second sous lequel j'ai vécu longtemps. Un second luminaire électrique plane au-dessus du toit d'un pavillon-annexe ou verandah, qui termine la construction en arrière. Ce pavillon est ouvert en bas et forme une arche; au-dessus se trouve une pièce ouverte. Le perron couvert est orné de deux colonnes ioniques. En avant de la porte principale pend une lanterne (emblème de la lumière de l'intérieur.) Sur une bannière, qui flotte tout à fait en avant et au-dessus du

LA MAISON FLUIDIQUE DE HENRY LACROIX
Dessin d'Esprit, direct (1880)

perron se lit l'inscription : *Welcome* — ou la *bienvenue à tous*! Et, ce qui par-dessus tout, dans ce dessin, me frappa d'étonnement et de plaisir, ce furent les *deux lions sur le perron*.

Ces deux lions ! je les avais vus, examinés de près et admirés, d'une manière consciente, *un an auparavant*, lorsque j'étais sorti de mon corps, une nuit, pour aller voir ma maison. Le médium ne connaissait rien de ce fait, ni nulle autre personne à Philadelphie. C'était là, pour moi, une preuve de l'authenticité de ce dessin.

Chacun de douze pieds de long, ces lions accroupis sont faits d'une pierre couleur d'ambre et transparente. Ils sont d'une fort belle exécution. Au bas du perron deux statues sur piédestaux offrent des couronnes. En avant de la maison une belle montagne élève son pic haut dans les airs. C'est ma Montagne d'Expérience : c'est un emblème et un fait !

La construction entière est en pierre blanche, de la nature du marbre et de l'albâtre — c'est-à-dire, quasi transparente. Tout le rez-de-chaussée, du corps principal, forme le salon ; celui de la tourelle, du côté visible, où une large croisée fait une forte saillie, est ma chambre. Les autres chambres, au nombre d'une dizaine, se trouvent aux étages supérieurs : C'est le quartier des enfants.

Ce dessin, ne révèle, à part ce que je viens de décrire, que peu de chose des détails extérieurs, de mon *home* dans l'autre monde. Un arbre et quelques plantes seulement y figurent, pour montrer qu'il y a de la végétation. En arrière-plan, on voit un berceau, une statue et une fontaine jaillissante — comme échantillons des ornementations existantes — mais qui se trouvent en dehors de ce cadre. Il y a des jardins, des bosquets, des écuries, des chenils — sans compter des constructions fantaisistes à l'usage de mes enfants non mariés, qui demeurent sous le toit paternel. Il s'y trouve aussi des pièces d'eau, petites et grandes : enfin, tout ce qui constitue un plan arrêté d'habitation, un peu large dans son ensemble et orné de détails utiles et agréables. Joséphine, par exemple, a un musée de mannequins et d'autres objets mécaniques, considérables en nombre — lesquels sont renfermés dans une petite construction à part, dont elle seule possède la clef. Ma Fifine a cette *bosse*, excentrique pour une fille, de collectionner ces sortes de choses — et, il arrive souvent que des inventeurs lui font des cadeaux précieux. — Il ne faut pas croire que le génie, d'aucune espèce, sommeille dans le monde des causes !

Delphine et mes enfants font les honneurs de mon *home* spirituel — et il s'acquittent bien de cette besogne. Ils reçoivent beaucoup d'amis et autres visiteurs — et souvent on y donne des fêtes brillantes, dansantes et opératiques parfois. Je me fais, assez fréquemment, un devoir d'assister à ces réunions, quelquefois d'une manière *consciente*. — n'en déplaise aux ignares qui hausseront les épaules de pitié.

Un jour, Joséphine m'apparut (fluidiquement) tenant dans ses bras un chien, espèce de petit lévrier, qu'elle déposa près de moi. Au moment de partir elle me dit que son chien s'appelait *Bob* et elle lui dit : « Salue papa, avant de nous en aller. » Je vis alors cette gentille bête se lever tout droit sur ses pattes de derrière et me saluer plusieurs fois de sa tête. Je ne savais pas avant (consciemment) que Joséphine eût un chien, mais le fait ne m'étonna pas.

Durant un de mes séjours à Paris, me trouvant à un cercle à Maisons-Laffitte, je fis la connaissance de l'esprit de Courbet. Depuis mon retour en Amérique cet esprit venait assez fréquemment me voir. Je m'aperçus bientôt que mon nouveau visiteur s'adonnait par moments à des débauches alcooliques et plusieurs fois je le vis *ivre-mort*. Je continuai mes relations avec ce grand peintre — qui se montrait à mes yeux de voyant — grand ivrogne ! Je m'occupai de guérir ce malade, et, en peu de temps, je réussis complètement. J'en fis ainsi un nouvel être, content de lui-même et désireux de travailler à son avancement. Je lui facilitai les moyens de parcourir, pendant toute une année, des sphères supérieures, en qualité de touriste. Après son retour il me dit que ce voyage avait été pour lui une source précieuse d'instruction — et qu'il en avait beaucoup profité, surtout au point de vue de l'art. Plus travailleur encore là haut qu'il ne l'avait été ici bas, Courbet ne cessait d'exercer son pinceau, surtout pour reproduire en partie ce qu'il avait appris durant son voyage. Je m'aperçus peu après qu'il était tourmenté par une ambition — celle de devenir le directeur d'une grande académie de peinture qui jouit d'une belle réputation dans la zone où il se trouvait. Je réussis encore à contenter cet esprit aventureux et ambitieux. Plus tard, pendant une visite, je lui demandai, s'il était satisfait de sa nouvelle position et de ses élèves ? Il me répondit : « Élèves, mes élèves ? Pardi, il est heureux que j'aie fait mon voyage d'un an et que j'en aie profité — sans quoi *ces élèves* seraient aujourd'hui mes *maîtres* ! »

J'ai cité l'expérience qui précède, car elle comporte plusieurs enseignements.

Le 10 août 1882, étant à Paris, je mariai Charles avec Pureté, et ce fut encore une occasion d'utiliser ma résidence pour des fêtes de toutes sortes.

A une séance chez le médium bien connu à Paris,

Mme Rodière, Pureté me donna, par coups frappés, la paraphrase suivante de l'Oraison dominicale :

« Notre père qui êtes sur la terre, que votre nom soit aimé, que votre règne céleste soit assuré, que notre volonté marche d'accord avec la vôtre, que nous demeurions toujours unis dans les mêmes sentiments; donnez-nous dans toutes circonstances des mariages à sanctifier; pardonnez-nous les moindres oppositions que nous pourrions faire à vos désirs, comme il faut que nous-même fassions toutes les concessions à nos semblables; soyez notre refuge dans les tentations et soutenez-nous dans les dangers qui pourraient nous perdre (le malin esprit se présente sous tant d'aspects): apprenez-nous à le mettre en fuite. En demandant à Dieu de vouloir bien agréer nos sentiments d'amour, nous le prions de bénir nos âmes qui diront sans cesse — Amen ! »

« Pureté. »

J'étais allé chez ce médium dans l'intention d'obtenir une pièce de vers de Delphine; mais les conditions ne s'y prêtaient pas; de vilains rôdeurs empêchaient la muse d'approcher — et, comme elle les craignait et n'osait entreprendre la lutte — ces drôles restaient plus ou moins en place. Après deux heures d'attente, je n'eus d'elle que ceci : — « Je suis heureuse de la confiance que tu as en moi. Pourquoi te dire ce que tu sauras plus tard. Tu dois m'appeler quand tu seras seul, afin de nous comprendre, en priant Henry d'empêcher les esprits mauvais de nous induire en erreur. »

« Sans repos et sans trêve,
Pour parler à ton cœur,
J'ai peur d'eux et j'achève. »

« Delphine. »

Maintes fois j'ai pu m'apercevoir que Delphine n'osait braver les mauvais esprits; sa puissance ne saurait encore lui permettre de faire face à ces êtres et encore moins de les dompter.

Vers ce temps, j'eus une nuit une vision singulière — j'étais éveillé : Je vis un esprit masculin dans une cage, enfermé là comme une bête fauve. Ce prisonnier avait la mine triste, pleine de découragement ; il me faisait pitié. Je lui dis : — Mais pourquoi ne sortez-vous pas de là ! Il me répondit aussitôt : — « Je ne le puis pas !... » Je brisai alors les barres et je lui dis — Maintenant vous le pouvez ! « Non ! répondit-il, *mes pieds sont collés au plancher* ! » Et le ton de ses paroles avait un accent déchirant. Sans tarder une seconde j'empoignai ce malheureux par la nuque et d'un coup violent je le sortis de sa prison ; mais il tomba aussitôt en syncope : — effet de réaction ! J'appelai Henry et je lui dis d'enlever ce sujet, de lui donner des soins et de m'informer le lendemain de son état — ce qu'il fit. J'appris alors que le pauvre malheureux était déjà parti — refait à neuf et tout heureux d'avoir recouvré sa liberté. Je ne m'occupai pas d'apprendre — depuis quand cet esprit se trouvait dans cet état, ni de savoir la cause qui avait produit cet effet. Son heure de libération était arrivée et on s'était servi de ma médiumnité pour le secourir ! — Voilà ce que je compris et cela me satisfaisait.

Bien des gens enveloppés des nuages matériels, dans ces langes qui retiennent l'esprit à l'état d'enfance, se débattront contre cette histoire, contre cet enseignement qui dévoile un des côtés pratiques de l'autre monde. Ces adolescents tapageurs, habiles à la fronde — cet amusement de l'enfance — s'exerceront à tirer contre ce point noir qui se montre sur l'azur du ciel. Ils m'accuseront d'avoir « inventé » cette histoire — comme si ce mot ne signifiait pas plus qu'ils ne veulent dire.

XV

Tandis que je parcourais les États du Nord de l'Europe, il m'arriva un jour un épisode psychique, qui est de nature à augmenter le savoir de ceux qui cherchent à s'instruire. En ma qualité de père spirituel, dans le sens pratique et réel, j'avais déjà formulé le désir de conserver mon groupe de douze enfants à l'état d'esprits, jusqu'à mon arrivée parmi eux ; c'est-à-dire, qu'aucun de mes enfants-esprits ne devait se réincarner avant ma « mort ». Donc, un jour, après avoir appelé Joséphine cinq ou six fois, sans résultat, mon esprit s'élança hors de mon corps à la recherche de l'énigme. Je vis alors Joséphine attachée à un germe — ou, en voie de se matérialiser, de la manière ordinaire. Depuis trois jours elle était dans cet état. Je lui commandai aussitôt de sortir de là et de me suivre. Tout émotionnée, la chère belle coupable me répondit : — « Oui, oui ! papa ; attends un peu — je vais appeler une amie qui désire se réincarner et elle prendra ma place ». La ressoudure put s'opérer sans grande difficulté — et ma fille libérée de cette attache eut à se rendre à la maison pour recevoir un traitement qui dura plusieurs semaines. Enfin, elle fut sérieusement malade durant ce temps. Elle avait enfreint une loi physiologique en brisant l'attache ombilicale qui la retenait à un germe et elle avait à en subir les conséquences. De plus, sa souffrance était aggravée par la conscience de son acte de désobéissance à ma volonté.

Voilà un fait de l'autre monde, qu'on ne saura guère comment accueillir. En le niant, tout simplement, on s'épargnera la peine de travailler, de fatiguer son cerveau. Quant aux hommes de science, qui s'adonnent à l'étude du corps humain, mais qui ne connaissent pas le premier mot de la matière à l'état fluidique, ni de la physiologie à cet étage supérieur — à moins de raisonner par les règles de l'analogie — ils ne sauraient non plus comprendre ce fait.

Joséphine, vers la fin de sa convalescence, accourut auprès de moi et me dit qu'elle voulait faire un présent à son frère Henry, en reconnaissance des soins assidus qu'il lui avait prodigués durant sa maladie. Elle me consultait sur ce sujet, ne sachant faire un choix. — Mais, c'est bien simple, lui dis-je, — Henry étant musicien, un instrument rare lui conviendrait et lui ferait plaisir. J'appelai aussitôt un mien ami, grand musicien dans une sphère supérieure, et je lui fis part de mon désir. Celui-ci s'engagea alors à installer dans la maison d'Henry une espèce d'orgue perfectionné, d'une puissance inouïe, dont les sons se répercutaient à l'instar du tonnerre. Et, il ajouta : qu'il en jouerait, mais qu'il serait invisible pour les assistants. Henry, mis tout de suite au fait de ce qui allait se passer chez lui, convoqua ses confrères artistes — et la chose se passa ainsi qu'elle m'avait été annoncée. Cet instrument était une merveille — et ce ne fut qu'après trois semaines d'un travail persistant que Henry put en jouer. Il arriva alors auprès de moi et se laissa tomber de lassitude sur mon lit, en me disant : — « J'ai grandement besoin de repos, après avoir tant travaillé ; mais j'en suis venu à bout ! »

Quelques années après, étant à un cercle, à Boston, où Joséphine trouvait d'excellentes conditions pour se matérialiser, elle vint un soir devant un auditoire nombreux, et se fit remarquer de tous par son assurance et sa manière d'être. L'idée du fait cité plus haut me revenant à la mémoire et désirant donner à tout ce monde une leçon pratique sur la réincarnation, je pris Joséphine par la main et je racontai ce qu'on vient de lire. Joséphine ajouta ensuite tout haut : — « *Papa has told you the truth.* » — « Papa vous a dit la vérité ». — C'était là une confirmation en règle — en double !

Amis lecteurs, ces faits intimes de l'autre vie ne sont pas de trop pour vous initier aux mystères de ce monde, que vous irez bientôt habiter. La vie a partout son côté vulgaire, son côté sentimental et un ciel élevé. Les habitudes et les coutumes de notre monde viennent de là haut. Ainsi, par exemple, à chaque Jour de l'An, mes enfants esprits s'attendent à recevoir leurs étrennes. Je ne manque jamais de leur en donner et quelquefois je consulte en cela leurs désirs. Une fois Céleste voulut avoir un éléphant femelle *jaune* — *vivant*. Je pus lui procurer cette trouvaille et plusieurs fois j'ai vu, d'une manière consciente, ce grand mammifère marcher et agir et une fois prendre Céleste avec sa trompe autour de la taille et la placer sur son dos. Mais, chose comique, Joséphine ayant eu un éléphant mécanique, d'un mètre de hauteur, qui marchait, gesticulait et criait à volonté — il fallut protéger le petit animal artificiel contre le pachyderme vivant en le mettant dans une espèce de cage formée de plantes à longs et forts piquants. De même, mon Benjamin, Léon, voulant avoir un *poney* blanc (petit cheval) je lui en donnai un d'une rare beauté, et que j'ai vu souvent — consciemment — marcher et courir avec Léon sur son dos. La petite Marguerite, amoureuse de poupées, en possède une collection innombrable presque, de toutes tailles, de toutes sortes, la plupart d'une telle perfection, qu'on ne saurait en trouver de semblables sur la terre.

Oui! chers amis, les fêtes, les réjouissances d'ici-bas, sont celles d'en haut — seulement sur une moindre échelle. Le moins annonce et prouve l'existence du grand, du plus! Que pouvez-vous dire contre cet aphorisme?

Notre monde progresse continuellement — et si vivement de nos jours, qu'on a de la peine à tenir compte des merveilleuses découvertes qui se font. Dans cent ans, dans mille ans — que sera-ce donc? Pygmées, vous aurez grandi!

Le globe cultivé, perfectionné : le monde uni par des voies de toute nature, par des relations d'un intérêt commun, éclairé et guidé par des lois sages et fraternelles — aura alors une *atmosphère* en rapport avec cet état de chose. Alors, de cette *mer*, dans laquelle flotte la terre, sortiront des richesses inconnues, inépuisables. Du sein de cette Mère de l'humanité, qui l'environne et l'étreint de tendresses, s'écouleront des flots de puissance que chacun pourra utiliser, sans grands efforts — par la simple action de la volonté. Plus de catastrophes possibles alors — plus de déchaînements violents des éléments, ni des esprits. La navigation aérienne, succédant à tous les autres modes de transport — sera alors un fait accompli. Les recherches d'Archimède (non pas un songe creux) devenues réalités, permettront à l'humanité de traverser l'espace avec des *ailes* électriques et de se maintenir dans l'atmosphère — comme elle fait aujourd'hui sur la terre. Plus de bateaux, de chemins de fer — de véhicules lents et incommodes — plus d'organisations militaires et douanières, qui engendrent la destruction et la corruption : partout l'arbitrage et le libre échange — et la société, en République Universelle, confédérée sur des bases solides — proclamant partout l'équité, la bonne foi, la justice — trilogie unitaire, — semant partout la charité fraternelle, l'amour du bien et du beau, le sentiment éclairé. La société, enfin, instruite par tous ses labeurs du passé, par toutes ses déceptions, ses expériences sans nombre — se trouvant, comme l'esclave libéré de ses fers, relèvera fièrement la tête pour se mettre en rapport intime avec les intelligences directrices qui planent au-dessus ou autour de tous les autres mondes. L'Age d'or alors commencera et cette terre, devenue un paradis terrestre, attirera les anges ou les bien-aimés trépassés de chacun — lesquels pourront alors se rendre visibles et tangibles à volonté et vivre souvent avec les leurs de la vie ordinaire.

Cette scène réaliste de l'avenir — aussi inévitable que le soleil de demain — aussi positive que belle — attend et attire tous les êtres humains. Il est impossible de décrire avec des mots, ou en aucune manière, les splendeurs de la vérité. L'imagination la plus vive, la plus forte, sera toujours en deçà des réalités grandioses qui s'élaborent dans la Nature au profit de l'humanité souffrante, palpitante — et travaillant au progrès ! — Rien ne peut être trop beau pour les humains qui, descendus des positions suprêmes éthérées, ont traversé toutes les misères des existences fluidiques et matérielles. — C'est là ma foi ! une foi qui se raisonne et se démontre.

Il y a, même dans notre système planétaire, des mondes où l'état de choses que je viens de signaler — existe ! De plus, le mot *progrès* — s'il a un sens — l'indique nettement, logiquement, nécessairement.

A une conférence, faite à Montréal, par Sterry Hunt — sur les causes des tremblements de terre et des éruptions volcaniques — ce savant fit un relevé des données scientifiques modernes sur ces deux sujets alliés. Il énonça l'opinion générale de tous les corps savants — que les vapeurs et les gaz dans les premières couches de la terre seuls produisent les phénomènes en question, — et que le centre de la terre — au lieu d'être une immense cavité, remplie de matières en ébullition, comme on le croyait autrefois — est au contraire une masse si solide que l'acier le plus dur n'y mordrait pas. Je donne là la substance des opinions énoncées par le célèbre Américain.

Rendu chez moi, j'appelai mon ami Jobard, pour savoir de cet esprit — savant sur terre et qui devait l'être davantage là haut — ce qu'il pensait des théories que je venais d'entendre. Il approuva — mais il ajouta : « que le centre de la terre était d'une matière tellement dure qu'un outil en diamant s'ébrécherait sans produire le moindre résultat ». Et, sans observation de ma part, il ajouta : — « Il y a une espèce de cavité au véritable centre de la terre, de forme elliptique, correspondant aux pôles, n'ayant guère plus qu'une lieue en longueur et toute traversée de cellules comme l'éponge. Dans ce réceptacle se trouve un flot d'éther qui est l'*âme* de la terre. C'est par l'action de la planète Jupiter sur cette quintessence que la marche de votre globe est maintenue, etc., et Jupiter remplit ce rôle auprès de tous les autres globes de votre système. »

Je rencontrai quelque temps après, à Philadelphie, un spirite, qui était ingénieur civil, géologue et astronome — à qui je racontai ce qu'on vient de lire. Celui-ci me dit, après avoir réfléchi : — « Je puis comprendre ce que Jobard vous a dit — non pas d'après nos connaissances géologiques — mais astronomiques ; par cette science plus élevée, je saisis le fil de cette démonstration, que je ne connaissais pas auparavant. »

Cet exemple prouve qu'on peut être renseigné sur tous les sujets à cette source mère de toutes les connaissances — pourvu qu'on agisse de bonne foi.

Eugène Sue me communiqua aussi, mais il y a longtemps, un long traité sur la formation des globes — à commencer par leur conception ou leur formation fluidique : « Les molécules, dit-il, qui servent à former *tous* les corps, sont de trois espèces : — *angulaires, allongées* et *sphériques*. Il n'y en a pas d'autres ; tous les corps n'étant complets qu'après avoir assimilé ces trois espèces de matières, qui déterminent en eux trois règnes différents. Cette théorie éminemment scientifique et philosophique à la fois — mais qui demande à être mûrement réfléchie et comparée dans le silence du cabinet — à mon sens, répond à tout et embrasse tout.

Je reçus une nuit la visite d'un esprit féminin que je ne connaissais pas. Cette femme me taquina pendant quelque temps, quant à son identité, et finit par me dire qu'elle était une cousine de Delphine et que son nom était Sophie. Je sus plus tard, à Paris, qu'en effet, Delphine avait eu une cousine de ce nom — et de ce caractère joyeux. A une autre visite de cette Sophie — voulant la surprendre agréablement, j'appelai mon grand ami Hector et je le priai de fabriquer une belle parure pour ma gentille visiteuse — ce qu'il fit aussitôt — mais en disant : — « C'est dommage, ces

bijoux ne pourront pas se conserver fluidiquement. »
J'appelai aussitôt Flot Doré, l'adorée de Jobard, et elle,
en appuyant ses mains dessus, les rendit permanents.
Hector dit alors : « Ces dames ont là quelque chose qui
les amusera pendant un an ». La parure composée de
cent cinquante diamants — représentait les grandes
divisions de la sphère fluidique; ces brillants d'une
teinte différente, reflétaient l'histoire panoramique de
ce monde. Sophie partit avec son trésor toute joyeuse
et bouleversée jusqu'au fond de son être. C'était en
effet un cadeau royal, comme on dit ici-bas — et en
même temps un ouvrage historique précieux : aussi
fut-il envié par plus d'une belle dame de l'autre monde.

Je me trouvais à New-York un an après l'initiation
de Jobard dans la Grande Frérie, et je croyais qu'il
avait eu le temps de faire sa cour à Flot Doré et d'arriver à l'hymen. Voulant m'assurer du fait, j'appelai cet
ami et je lui posai la question carrément. Je fus surpris
d'apprendre que mon cher savant en était encore à
soupirer, comme un novice. Sans tarder, je fis venir
aussitôt Flot Doré et je leur dis : — Croyez-vous que
je vous aie mis en présence l'un de l'autre rien que
pour vous regarder le blanc des yeux? Il faut que ça
finisse : je vais vous marier immédiatement, car vous
êtes faits l'un pour l'autre ! Mais voilà que Flot Doré
me dit en secret qu'une certaine formalité de l'Ordre
devenait nécessaire. Je lui répondis tout haut que je
me chargeais de suppléer à cette exigence, mais qu'en
attendant j'allais les unir. Je tenais à accomplir tout
de suite ce qui aurait dû être fait plus tôt. Donc, prenant la main de la majestueuse sœur je la posai dans
celle de Jobard, et prononçant les déclarations d'usage,
j'unis ces deux êtres et les renvoyai parfaitement
heureux.

Le 22 août 1883, étant à Paris, on vint m'annoncer directement que Joséphine venait d'être acclamée prima dona à l'Opéra-Comique. C'était un événement pour elle — aussi important qu'un fait semblable qui arrive sur terre. Ce fut l'occasion d'une fête dans ma demeure.

Tous les journaux de New-York, il y a quelques années, s'occupèrent beaucoup des manifestations d'un esprit qui se matérialisait, à Astoria, en face de la grande Métropole, dans la résidence opulente d'un homme bien connu, M. Hatch. Ce spirite venait de perdre sa fille, Lizzie, à l'âge de 18 ans. Lui et sa femme voulant se consoler, eurent l'idée de faire venir de Boston une Mme Hull, médium à matérialisation, dans l'espoir que par l'entremise de cette sensitive, leur fille chérie pourrait reparaître sur la terre et réjouir leurs cœurs. La réalisation de leurs vœux fut pleine et entière. Durant tout l'hiver M. et Mme Hatch purent voir tous les soirs, leur chère fille, Lizzie, se matérialiser en plein salon, sans l'aide d'aucun cabinet. Le médium, Mme Hull, endormi sur une chaise, était en pleine vue. La charmante Lizzie apparaissait alors spontanément : d'un petit nuage blanc, qu'on voyait se former sur le tapis, surgissait tout à coup la forme entière de la belle et joyeuse revenante qui allait aussitôt enlacer son père et sa mère, s'asseoir à côté d'eux et causer avec eux ; elle allait au piano, jouait ses morceaux favoris, et, de plus, chantait à haute voix. Parfois elle montait à sa chambre déserte, suivie par son père et sa mère, et là elle furetait parmi son linge et ses bibelots et faisait sa toilette. — Tous ces faits extraordinaires s'étant ébruités, la presse envoya ses reporters — qui furent bien reçus — et de là des comptes rendus nombreux qui furent publiés dans tous les grands journaux de New-York et d'ailleurs.

Je vis plusieurs fois cet esprit se matérialiser au cercle d'une Mme Cadwell, médium, à Brooklyn, en face de New-York. J'eus de la charmante Lizzie un morceau de son voile de dentelle, qu'elle venait de fabriquer devant mes yeux, en secouant ses doigts agiles — et ce morceau de dentelle, excessivement fine, fut déchiré au milieu du voile, sans laisser de brèche. J'ai encore cette relique en ma possession : ce morceau ayant été matérialisé d'une manière permanente par Lizzie.

J'ai fréquenté les cercles de la plupart des médiums à matérialisation aux États-Unis. Chez quelques-uns mes enfants, ne trouvant pas les conditions favorables, ne venaient pas. A Boston, chez les sœurs Berry, où j'assistai en différents temps, à une centaine de séances, Delphine et la plupart de mes enfants se matérialisaient très bien et parlaient en français — ce qu'ils ne pouvaient faire aux autres cercles. Souvent ils venaient deux et trois à la fois et causaient avec facilité. Chez Mme Fay aussi, à Boston, j'eus un grand nombre de belles séances, très satisfaisantes. Chez Mme Caffrey, à New-York, Delphine apparaissait parfaitement ; elle m'a laissé des souvenirs exquis de ses visites à ce cercle. Marie-Louise aussi y venait d'une manière charmante. Par trois fois de suite, à la même séance, je la vis surgir du tapis, vive comme l'éclair et tomber sur mes genoux en m'enlaçant de ses bras mignons. En fait de séances musicales celles de Jesse Shepherd sont vraiment remarquables ; elles ont lieu généralement dans l'obscurité. Le piano est joué comme par dix mains à la fois et les chants sont merveilleux. J'y entendis une fois un duo par les esprits Sontag et Lablache qui me transporta tellement — que j'en ressens encore vivement toutes les émotions. Jamais je n'ai entendu de voix comparables à celles-là — de chants si beaux et si puissants. Étant couché, Céleste vint me dire qu'elle connaissait bien ces deux esprits, que je venais d'entendre et d'applaudir de toutes mes forces ; elle me raconta plusieurs choses à leur sujet. — A Charlestown, un faubourg de Boston, une dame Cushman obtient de la musique en pleine lumière. Elle tient une guitare sur ses genoux et sans le moindre attouchement, les cordes vibrent et produisent des accords. J'ai voulu m'assurer du fait et j'en ai été convaincu. Il y a aussi plusieurs médiums qui obtiennent des communications — médicales surtout — au moyen d'appareils télégraphiques renfermés dans une boîte : les diagnostics sont donnés en termes techniques, malgré l'ignorance des médiums.

Deux correspondants racontent dans le *Banner of Light*, de Boston, du 22 septembre (1883), ce qu'ils ont vu en fait de matérialisation. Le premier ayant assisté à une séance chez Mme W. H. Allen, à Providence, État de Rhode-Island, vit un esprit représentant une vieille femme, connue d'un médecin présent qui l'avait soignée elle et sa famille, depuis de longues années, arriver sur la scène avec une jambe artificielle, telle qu'elle l'avait de son vivant. Elle alla, aidée d'une canne, auprès du médecin en question se fit reconnaître et causa avec lui quelque temps — fit examiner sa jambe par lui et par d'autres, pour prouver qu'il y avait eu amputation de ce membre ; — ensuite, voyant que chacun était bien convaincu de ce fait patent, elle se mit à faire des passes rapides sur sa jambe d'emprunt, et, à la surprise de tous, on constata, bien et dûment, qu'elle se trouvait avec deux bonnes jambes, l'une aussi parfaite en chair et en os que l'autre. On examina, on palpa et on se rendit à l'évidence, quelque étrange que cela parût. On arriva aussi à cette conclusion, que, dans ce cas, il ne pouvait pas y avoir de personnification, ni de transfiguration du médium — phénomène qui a lieu quelquefois et qui ne plaît pas à tout le monde, quoi qu'il soit aussi intéressant que l'autre.

Le second correspondant dit : — « Étant à Boston, à une séance de Mme L. S. Cadwell, qui demeure à Brooklyn (en face de New-York), je vis, entr'autres choses, l'esprit de la mère du médium, matérialisé en dehors du cabinet et causer haut et longtemps avec les assistants. Cet esprit invita l'un d'eux à aller auprès de lui et à bien examiner sa figure de tout près, afin de constater que rien ne manquait ; ensuite l'esprit dit au mortel de plonger son doigt dans l'un de ses yeux, de le faire sans hésiter, sans crainte de lui faire mal, ce que l'autre fit alors. Le doigt trouva une cavité, au lieu de toucher l'œil, qui était là l'instant auparavant. »

J'eus quatre séances chez Mme Allen, citée plus haut, et Joséphine et Marguerite me firent chaque fois des visites prolongées. Elles étaient si gentilles, dans ces apparitions et elles chantèrent si bien, que j'en fus tout réjoui. Le lendemain de la première séance Joséphine vint me dire directement, que c'était *elle* qui m'était apparue là. Je conclus donc, qu'il n'y avait pas eu de personnification, etc. Après la quatrième séance j'appris d'Henry que Joséphine avait fardé la vérité : — qu'il y avait eu *personnification* par le médium, pour elle et pour Marguerite, *chaque fois* ! — Cette douche froide me surprit, et je cessai d'aller à ce cercle. J'étais fâché contre Joséphine et elle fut refoulée au large, loin de moi. — Le fait est que dans certains cas les esprits se servent de la forme du médium pour se manifester

— afin de pouvoir paraître avec plus d'avantage, mieux parler ou chanter et rester plus longtemps en place. La transformation du médium en cette circonstance avait été tout simplement merveilleuse — mais je n'en voulais pas de ces tours de passe-passe, et on le savait de l'autre côté. On aurait dû penser, de plus, que mon alerte *detective*, Henry, me renseignerait ! — Ce ne fut que quinze jours après que Joséphine obtint son pardon. Elle m'apparut fluidiquement, à New-York, avec un air si contrit, si suppliant — en chantant un morceau que je lui avais entendu interpréter si éloquemment à Providence — que je lui dis : — *Viens m'embrasser !*

Durant ma traversée de Stockholm (Suède), à Saint-Pétersbourg, j'appelai un jour ma chère Marguerite, — mais Henry vint me dire : — « Elle ne viendra pas, papa — car elle se rappelle les angoisses de sa mort, à sa dernière existence terrestre — ayant péri en mer ! » — Je n'insistai pas, mais je me mis à réfléchir sur cette leçon.

Le 4 août 1881, étant à Bruxelles (Belgique) — Riméo, grand esprit et grand peintre (amateur) sur terre, lors de son existence en Espagne — me fit dessiner, à la sanguine, un portrait, qui ressemble beaucoup à celui de « Jésus, le Christ ». Ma main semblait ne plus m'appartenir, tellement elle se trouvait sous le contrôle positif de cet esprit. Aussi ce travail a-t-il un cachet à part, il est d'une grande netteté et comporte le style de l'école espagnole. Riméo me fit alors écrire au bas de ce joli croquis : « *Apollonius de Tyane, — soi-disant : Jésus de Nazareth* ».

Étant couché je vis parfaitement le sujet de ce dessin à côté de mon lit, qui me dit : — « J'ai poussé Riméo à vous faire faire ce portrait, comme introduction à ce que je viens maintenant vous dire. Comme bien d'autres vous ne saviez ostensiblement que croire sur mon compte — mais je me présente à vous pour vous assurer de la vérité de ce qu'on vous a fait écrire au bas de ce portrait. »

Avec ce même esprit j'eus plus tard une autre expérience. Je me vis sortir de mon corps une nuit et aller dans l'espace. Mon esprit s'arrêta ou prit pied à terre sur une colline — laquelle était tout entourée d'êtres, assemblés là pour entendre celui qui allait communiquer à cette foule immense son savoir et sa sagesse. Je me trouvais à un pas en arrière de cet esprit qui allait prendre la parole ; je m'aperçus qu'il savait, que c'était moi qui envahissais ainsi son *domaine*. Ma présence là semblait attendue ! Sans se retourner, cet esprit me dit de bien vouloir le remplacer, et, se mettant de côté, en me saluant, il sembla me présenter ainsi à l'assemblée. L'esprit qui sait et qui est animé d'un amour fraternel, a toutes les hardiesses ; donc, je me vis prendre une pose assurée, en croisant mes bras. Je me trouvai être un foyer ardent, lançant ses rayons tout autour, au loin — avec autant de facilité, que si je n'avais jamais fait autre chose dans ma vie d'esprit. Mon rayonnement, sortant de tout mon être, en feux de toutes couleurs et de toutes nuances, était un langage bien compris par mes auditeurs. Ce que mon moi intérieur répandait ainsi autour de lui, était une semence reçue avec avidité par tous : je le voyais, je le constatais ; mais mon pauvre moi extérieur, tout éveillé qu'il fût, dans le lit — n'en recevait pas (par extraordinaire, cette fois) le moindre reflet. Il s'aperçut seulement, avec étonnement, que mon esprit avait parlé *sans ouvrir les lèvres*.

A une de mes mignonnes je demandais un jour, si elle connaissait son existence précédente, sur la terre, et elle me répondit que *oui!* — qu'elle n'avait été qu'une *cocotte!* — Après quelques instants de réflexion, je lui dis : — Mais, est-ce que cela ne te choque pas quand tu y penses? Sa réponse, chers amis, fut un emporte-pièce, qui me révolutionna du coup : je compris. Elle répondit : « *Non! pas plus qu'une autre qui se rappellerait avoir été cuisinière!* » — En effet, où est la femme *honnête* qui puisse dire (en vérité) qu'elle a toujours été ce qu'elle est : qu'elle n'a pas occupé les bas échelons de l'existence?

Mon fils Joseph, marin dans l'autre monde, a monté en grade, de la condition de mousse à celle de commandant. J'ai suivi de près sa carrière et je sais que ses galons ont été gagnés par le travail et le mérite. Il me disait une fois — que tous les navires qui voyagent sur nos eaux douces et salées — à part de leurs équipages visibles en ont d'invisibles. Depuis son avancement au grade de commandant — il dirige des chasses contre les esprits pirates, dans les parages de la mer Rouge et de la Chine. Là, les esprits de cet ordre et leurs congénères humains, occupent à peu près le même niveau passionnel, le même degré presque de matérialité, — c'est pourquoi les chasses en question s'opèrent directement dans les eaux matérielles, et non loin de là — ainsi que me l'expliqua Joseph.

XVI

La philosophie qui sert en tout temps à éclairer, en petit et en grand, les individus et les peuples, à mesure qu'ils mûrissent et deviennent aptes à recevoir les grands enseignements — fait comprendre que les fastes de l'histoire de l'humanité — comportent dans leur ensemble une direction et une raison qui enlèvent aux détails une grande partie de leur aspect sombre et vilain.

Quand on envisage l'histoire de notre ère actuelle — depuis l'écroulement des anciens empires, de la disparition de la gloire païenne, avec son long cortège d'illustrations humaines, de profonds penseurs, d'illustres philosophes — le grand nombre des esprits terrestres s'étonne de l'affreuse *reculade* qui eut lieu alors — durant les pénibles commencements, si prolongés, de cette seconde grande époque de l'histoire universelle de la race blanche. On s'aperçoit que tout recommence, comme au pied de l'échelle — que l'humanité redevenue barbare, ignorante, cruelle et naïve, se lance dans des précipices sans fonds. La pensée s'obscurcit sous des masses épaisses de passions noires — et un système d'asservissement surgit qui assure à l'autel et au trône un long bail de domination, pour tenir les peuples sous leur dépendance. On croirait en contemplant ce grand spectacle que le mot *progrès* est une moquerie !

Ce coup d'œil rapide jeté sur notre histoire, dans les bas-fonds des siècles écoulés, est de nature à faire douter de toutes les providences ! — dirait-on. Et pourtant, chacun de nous a contribué d'une manière directe à amener et à maintenir cet état de choses du passé. Intelligences au service du Grand Œuvre, oui ! chacun s'est illustré en turpitudes, en violences, en crimes — jouant tour à tour le rôle de victime et de bourreau — même ceux qui se drapent aujourd'hui dans les plis d'une sainte horreur contre de tels actes.

Cette manière de voir, de savoir et de comprendre, n'est pas de mise ou à la mode ; mais elle le deviendra ! La vérité se déroule et en temps opportun ses tableaux se font voir. Rien n'échappe à l'observation : tout se retrouve ; tout s'explique !

Le Christianisme, qui tient encore l'amour dans des langes impurs, après tant de siècles d'existence, a une histoire sombre, comme la nuit des temps d'où il est sorti. Les révélations anciennes, sur lesquelles ce système se base, ont été souvent attaquées, vigoureusement assaillies — et aujourd'hui les autels chancellent, les temples se désertent — comme au temps de la philosophie païenne. L'histoire se répète, chers amis. Rien n'est plus vrai.

(L'histoire écrite ou connue du monde, ne concerne à vrai dire que la race blanche ; mais l'Asie et l'Afrique eurent aussi leurs grandes épopées. L'Afrique, le véritable berceau de l'humanité — et non pas l'Asie — donna d'abord à l'humanité une peau noire et des cheveux laineux. Ce passé existe — (car rien ne se perd.)

L'origine des choses, toute refoulée qu'elle puisse être, finit toujours par revenir à la surface. C'est ainsi qu'il est arrivé que de nouvelles révélations ont vu le jour aux États-Unis — lesquelles servent à faire connaître l'histoire primitive du Christianisme sous ses traits véritables. Les anciens acteurs reviennent et disent la vérité sur leurs faits et gestes dans cette grande pièce qui se joue depuis si longtemps. Deux médiums — Alfred James et Budington — le premier de Philadelphie et l'autre de Springfield (État de Massachusetts) ont servi aux esprits pour lancer des

RÉVÉLATIONS CONTRE LA RÉVÉLATION.

Ces deux médiums — qui ne se connaissent pas, vivant loin l'un de l'autre, seraient incapables d'écrire ce que les esprits ont dicté par leur entremise, pendant qu'ils dormaient. Je connais parfaitement le premier, Alfred James, et je puis certifier que cet être est *nul, grossier, illettré* — tout à fait au-dessous de l'œuvre accomplie. M. J. M. Roberts (décédé depuis peu), rédacteur de *Mind and Matter*, organe spirite publié à Philadelphie, recueillit les dictées et les inséra dans son journal hebdomadaire (1881). Réunies, ces révélations formeraient un fort volume. Il est probable qu'un jour ou l'autre ces dictées remarquables seront publiées en un livre et qu'elles seront traduites. C'est le sort qu'elles méritent. En attendant j'en donne quelques-unes, que j'ai traduites aussi littéralement que possible.

Les autres révélations, sur le même sujet, par les mêmes esprits, en grande partie — et transmises par le médium Budington (dont le nom ne paraît pas) furent publiées à Springfield (Mass.) 1883, en un volume de 208 pages — sous le titre de : JÉSUS-CHRIST, *a* FICTION. Il est dit que l'esprit de Faraday servit de porte-voix aux autres esprits pour communiquer par le médium, ce que ces derniers avaient à déclarer.

Ces révélations, données par deux médiums différents, tendent au même but et concordent en substance. Elles servent à montrer l'état actif du spiritisme américain — dont je me fais l'interprète. C'est pourquoi je crois devoir les signaler dans cet ouvrage et en insérer quelques-unes.

Communication d'Apollonius de Tyane. — Alfred James, médium.

« Que notre salut soit la revendication de la vérité et le triomphe sur la superstition. — Je suis né, selon l'ère chrétienne, le 16 février, l'an 2, de parents riches ; je suivis jusqu'à ma 26º année les cours de philosophie et de littérature — puis je servis pendant six ans sous Euxène d'Héraclée, apprenant la philosophie pythagoricienne. Après avoir acquis tout ce que je pus apprendre des instructions de ce philosophe, j'allai à Antioche et de là à Jérusalem. A cause de manifestations spirites merveilleuses qui eurent lieu par ma médiumnité alors nouvelle, dont plusieurs personnes de Jérusalem avaient entendu parler, mon entrée dans cette ville fut acclamée, comme on a dit que l'entrée de Jésus de Nazareth avait été acclamée par des hozannas et des cantiques de louanges à celui qui vint au nom du Seigneur. Maintenant, faites bien attention à ce que je vais vous dire : ceci eut lieu à ma 33º année. Je désire que vous fassiez la plus grande attention à ce que je vais vous raconter : — En examinant le livre de Josephe (*La Guerre des Juifs*) vous verrez que concernant le siège de Jérusalem une certaine prophétie fut citée, où des mots furent prononcés, comme il est allégué par Jésus de Nazareth — mots qui furent accomplis. Vous trouverez ce à quoi je fais allusion dans Mathieu, chap. 23, v. 35, où le soi-disant Jésus affirma, dit-on, que cette génération était coupable de tout le sang qui avait été versé depuis celui d'Abel jusqu'à celui de Zacharie, fils de Baroch, tué entre le temple et l'autel, exactement 34 ans après la prétendue mort de Jésus. Et vous trouverez cette prophétie alors accomplie, tandis qu'on prétend que Jésus a dit qu'elle avait été accomplie dans son temps ; et ici vous avez un exemple du peu d'authenticité des Evangiles Chrétiens. Tout ceci je l'ai appris au temps précis où Flavius Josèphe écrivait l'histoire de la Guerre des Juifs, car l'empereur Vespasien se servait de moi comme son oracle quand j'étais dans le même état qu'est ce médium qui siège devant vous.

« Je n'ai jamais dans ma vie mortelle manifesté le désir d'être adoré après ma mort et jamais comme homme mortel je n'ai prêché une telle doctrine. Mais je fus déifié après ma mort. Je reçus en présent neuf épitres de Phraotes de Taxille, dans les Indes, ou plutôt, entre Babylone et les Indes. Ce Phraotes était satrape dans ce temps-là. Ces épitres contenaient tout ce que contiennent les épitres alléguées écrites par saint Paul. Et d'après ce que j'ai appris comme esprit je conclus que je suis également le Jésus et le saint Paul des Ecritures Chrétiennes — très flatteur sans doute pour ma vanité, mais la ruine de mon bonheur. C'est mon devoir ici de confesser tout ce que je puis me rappeler pour disperser l'obscurité spirituelle et faire briller la lumière de la vérité.

« Il est une chose dont je désire particulièrement parler,—et ceci est le dernier mot du pouvoir spirituel sur la terre. Tous les matérialistes prétendent qu'il est impossible de ressusciter un mort. Sur ce point, d'après ma connaissance personnelle, j'affirme que si vous avez développé votre corps mortel jusqu'à ce degré, non ce qu'on appelle pureté morale, mais en un amour saint et confiant, avec un cœur qui bat pour l'humanité, — si une telle personne peut être mise en contact avec un corps jeune et frais dont l'esprit s'est échappé avant d'avoir accompli sa mission, prend ce corps par la main avec une volonté puissante, arrêtera cet esprit, le forcera de rentrer dans son corps et de remplir sa mission. Trois choses sont nécessaires pour ceci, d'abord un organisme parfaitement sain. Ceci ne veut pas dire un esprit fort et puissant, mais plutôt un organisme dans lequel l'esprit est plus puissant que le corps, — l'excès de l'esprit produisant ce résultat.

« L'esprit qui vous parle n'est pas borné aux limites du corps que vous avez devant vous. Non seulement il remplit l'organisme physique que vous voyez, mais s'étend bien loin au delà. Alors que je vivais sous l'enveloppe mortelle le vieillard mourait et l'enfant naissait. Par ceci j'entends que la superstition, les dieux et autres idées, etc., tendaient à disparaître, et l'homme, comme aujourd'hui, cherchait quelque chose de plus pratique et de plus avantageux.

« Ce n'était pas à cause de qualités exclusives ou supérieures à celles de tout autre, mais bien à cause du développement spirituel dont j'étais doué, que j'attribue ce que j'ai fait. Je tiens plus particulièrement à établir ce point. Les mortels doués de la sensibilité la plus excessive, de tout âge et de toute génération, et dont la vie approche le plus de l'harmonie qui doit exister avec les lois divines de la vérité naturelle, peuvent donner le jour à un enfant qui sera le prétendu sauveur de sa génération. Ce sont les hommes et les femmes qui font entendre aux autres les vérités les plus salutaires les plus élevées, qui sont les sauveurs de leur temps.

« De plus, j'ai ceci à dire. Je me retirai volontairement, n'ayant pas été ostracisé ni banni dans l'île dans laquelle on prétend que saint Jean de la Révélation alla pendant les années 69 et 70 A. D. J'écrivis alors ce qui se passa en moi pendant que j'étais dans un état extatique et ne sachant nullement ce que j'écrivais, — une histoire presque identique à celle que l'on attribue au fameux Jean le Révélateur. Cette histoire n'était rien moins qu'un essai de la part des esprits d'exposer la vérité de la vie spirituelle par l'entremise d'un médium à une génération qui n'était guère capable de la comprendre : parce que le médium choisi pour transmettre ces enseignements était trop imbu du mysticisme de la Judée et des pays voisins pour pouvoir bien remplir la tâche.

« Ce que vous, hommes des temps modernes, appelez la Bibliothèque ante-Nicène, contenait des documents dont quelques-uns existent encore, qui vous justifient de mettre en doute l'exactitude des traducteurs d'aujourd'hui. Qu'ils examinent, s'ils l'osent, les manuscrits auxquels je fais allusion, et ils pourront se convaincre que ce que l'on publie en ce temps est erroné sous plusieurs rapports. Ils ont eu le tort de se trop attacher à la traduction de leurs prédécesseurs et de n'avoir pas assez traduit eux-mêmes.

« Et ici je déclare : — que les Évangiles Chrétiens ont tous été prêchés par moi — et à Jérusalem — et à Éphèse — et à Antioche — et aux Philippi — et à Athènes — et à Rome — et à Alexandrie — et à Babylone. Dans tous ces pays j'ai prêché et au moyen de manipulations et par certaines qualités que je possédais, j'ai guéri des malades, rendu la vue aux aveugles, et j'ai même ressuscité des morts, en me servant des moyens plus haut mentionnés. — Je vais essayer de rendre plus clair ce fait de la résurrection des morts : — Si un enfant, adolescent ou vierge, dont le corps est sain, vigoureux et parfait, et dont l'esprit a quitté le corps, dans ce cas je soutiens, qu'alors que ce corps est encore chaud, que quelqu'un de puissant et dont la volonté est forte, peut rendre à ce corps son esprit. En ce sens je suis convaincu que les morts peuvent être rendus à la vie. — Alors que je vivais sur cette terre tous les philosophes qui prêchaient la rédemption, d'après les autorités de l'antiquité, s'entendaient à dire que telle rédemption devait s'opérer en ce temps-là. D'après ce que j'ai appris depuis que j'habite le monde spirituel, je suis la personne que les esprits avaient choisi pour remplir cette mission. Je ne réclame supériorité sur personne. Je maintiens seulement que mon corps était doué de plus d'esprit que la plupart des hommes de mon temps, même de ceux chez qui ce développement était à l'apogée.

« Mon histoire, telle qu'un certain Damis et d'autres après lui ont transmise aux modernes, en ce qui a trait aux principaux événements de ma vie, est exacte; mais pour ce qui est du mystère, de l'esprit et de la pompe de la narration, elle m'est tout à fait étrangère. Cette narration a été l'œuvre de mes disciples et prosélytes après ma mort, et ce sont eux qui l'ont promulguée.

« J'ajoute ceci et je finis : — Presque toutes les images que dans les temps modernes l'on s'accorde à reconnaître comme étant la ressemblance de Jésus, sont également le portrait identique d'Apollonius de Tyane — peint sous le règne de Vespasien. Cet empereur avait l'habitude de me consulter : j'étais l'oracle dans son camp ; et je sauvai un jour la vie de Flavius Josèphe.

Ici on demanda à l'esprit comment il se faisait que Josèphe n'eût fait aucune mention de cela dans son ouvrage — la Guerre des Juifs? Il répondit :

« La hiérarchie judaïque avait en horreur et détestait même ses meilleurs amis d'une autre foi, et Josèphe étant un pharisien fanatique devait nécessairement omettre de témoigner en faveur d'un Gentil comme moi. Je ne prétends pas dire que les pharisiens étaient de mauvaises gens; mais ils étaient attachés à leur religion jusqu'à en devenir bigots et ennemis de ceux qui ne partageaient pas leurs croyances.

« C'est mon opinion, d'après ce que je puis connaître comme esprit — que tous les Évangiles Chrétiens doivent leur origine aux livres par moi apportés des Indes et que je tenais de Phraotes. Les platoniciens, les éclectiques et les gnostiques d'Alexandrie ont puisé à cette source à peu près 150 ans après. Je mourus en 99 à Éphèse, à l'âge de 97 ou 98 ans, — bien que l'on ait prolongé la durée de mon existence terrestre jusqu'à 150 ans. — Les originaux des quatre Évangiles me furent donnés par un certain Hiram Ermandi de Taxille, avec qui j'allai dans l'intérieur de l'Inde. Ces Évangiles étaient écrits en caractères ressemblant un peu à celui des Chinois, — sur du papier fort et d'une extrême ténuité. La vie de Bouddha à ses quatre périodes en faisait les frais. La première, de sa conception à sa naissance; la seconde, de son enfance et de son adolescence; la troisième, de sa maturité; la quatrième, de sa vieillesse et de sa mort. Je vins en possession de ces livres à Singapore, dans la partie la plus reculée des Indes, sur le détroit qui sépare ce dernier pays de l'île de Sumatra. »

Nous lui fîmes remarquer ici, que nous avions une semaine auparavant reçu une communication d'un esprit se disant Uphilas, évêque chrétien des Goths, qui prétendait avoir traduit de manuscrits samaritains les épîtres et évangiles dont lui, Apollonius, avait fait mention en langue gothique; et que les manuscrits qu'il avait traduits étaient de lui d'après les originaux obtenus par lui à Singapore, aux Indes! — A ceci l'esprit répondit :

« Certain Hégésippus fit des copies de mes traductions et des versions modifiées des originaux en la langue samaritaine, et Uphilas copia les manuscrits d'Hégésippus. J'écrivis mes œuvres en langue hébraïco-samaritaine, qui était celle de mon pays. »

Communication de Deva Bodhastuata. — Alfred JAMES, médium.

« Saïb, je vous salue : — En toutes choses appartenant à l'existence spirituelle et matérielle, l'expérience doit servir de guide et la raison de soutien. Il est de mon devoir comme esprit, agissant comme l'envoyé des sphères supérieures, de vous dire ce que je sais de ce que l'on appelle les Evangiles chrétiens, mais plus particulièrement des épîtres de Mathieu, Marc, Luc et Jean. En entrant ici dans quelques détails de mon histoire personnelle, vous comprendrez peut-être mieux ce que j'ai à vous raconter. Dans la langue sanscrite je suis le 27e prophète, à partir de Bouddha. Je ne saurais dire si vous trouverez les informations que je vais vous donner dans vos encyclopédies ordinaires, mais si vous pouvez avoir l'encyclopédie japonaise de 1821, traduite par Abel Rémusat, vous apprendrez beaucoup de choses sur mon compte. Dans l'idiome sanscrit mon nom était Deva Bodhastuata; en chinois Pushwa, et en hindou Naw-Ming. Je commençai exactement comme le médium dont je me sers en ce moment (qui est endormi) dans le pays des Mahrattes; et ce fut moi qui le premier enseignai 200 ans avant l'ère chrétienne, le style métaphysique et allégorique, qu'on attribue à un homme qui n'a jamais existé, et qu'on appelle Jésus de Nazareth. Ces Évangiles furent portés par moi à Singapore, où ils tombèrent ultérieurement entre les mains d'Apollonius de Tyane. Leurs noms originaux, dans votre langue moderne, représenteraient les quatre saisons; mais on en usa et on en abusa par la suite pour désigner un sauveur de l'humanité. Les originaux, d'après les Hindous, signifiaient ceci : — la préparation du sol — l'ensemencement — la récolte — et la fête domestique. Voilà ce que ces livres, interprétés par l'aide de certaines étoiles dans ce qui est maintenant appelé le zodiaque, voulaient dire. L'apparition de l' « étoile de l'orient » annonçait tout simplement le temps des semences. Les Hindous se servaient de ces mystères pour représenter les phases de l'existence humaine, qui ressemblent aux fonctions générales de la nature, telles que l'enfance, l'adolescence, la maturité et la vieillesse ou la mort. Vous voyez comme l'intelligence de ces choses en montre la beauté. Premièrement, les étoiles servant alors d'almanach; secondement, le temps des semences et de la récolte, et troisièmement, leur analogie avec la vie de l'homme. Ces écrits ou épîtres me furent donnés, premièrement, ainsi qu'il est dit au commencement de cette communication, lorsque je me trouvais en état de transe; secondement, en les raisonnant; et troisièmement, en entrant en rapport intime avec les sommités de la vie spirituelle par le moyen de ma nature intuitive. Et je dois encore ici répéter que ces écrits n'étaient pas nouveaux dans mon temps, et qu'ils n'étaient qu'un reflet des esprits sur mon organisme réceptif. Pris dans un sens allégorique ces écrits ne peuvent nuire à personne; mais employés par les prêtres pour s'emparer du pouvoir — et qui en gardent la clef pour eux seuls — cela finit par abâtardir l'intelligence humaine, à la rendre esclave.

« Nous croyons à la réincarnation ; nous croyons, dans le sens de Bouddha, que lorsque la morale baissait dans le monde, qu'un homme vertueux était appelé pour la rétablir ; et que cet homme était soit Bouddha lui-même, soit un autre influencé par l'esprit saint de Bouddha. Ces épitres ou évangiles apportés des Indes par Appollonius, furent modifiés par lui pour les assimiler à sa nature spirituelle. Ils perdirent beaucoup de leur puissance et de leur sublimité par leur traduction en tant de langues différentes. « Le Code des Initiés » — tel était leur nom, en langue hindoue, ainsi que je le traduirais dans votre langue. Il y avait dans le temps aux Indes un ordre sacré, semblable à celui des Maçons, où l'élite — je n'entends pas dire par là la noblesse — cherchait à pénétrer en passant d'un degré à un autre. Personne n'était admis comme élève sans examen préalable, afin de témoigner de ses dons médianimiques, et on procédait de différentes manières pour le prouver. Un des principaux moyens consistait à regarder par un tube sur un morceau de verre ou sur un morceau de peau. Si le sujet percevait sur l'un ou l'autre de ces objets aucun signe, ceci était une preuve de sa clairvoyance. D'autres étaient éprouvés, en plaçant à leur oreille un tube en forme de corne. S'ils entendaient

aucune voix, un bruit quelconque, ou si leur cerveau
était impressionné aucunement, ils étaient admis
comme médiums auditifs. Par cette méthode nous
étions toujours assurés d'avoir des sujets qui, non
seulement répandaient notre philosophie, mais la
démontraient également. Je crois avoir certifié tout ce
qui est nécessaire, et rempli mon devoir suffisamment ;
et, si je ne me trompe pas, cette communication, qui
voit le jour dans cet humble réduit, sera considérée
plus tard, comme une des merveilles du spiritisme, en
considération de la source d'où elle procède. Les esprits
sages — non pas que je prétende à la sagesse — n'entrent jamais là où se trouve l'orgueil. L'humilité sied
mieux à n'importe quel médium pour recevoir toute
la vérité et rien que la vérité. »

Communication de Félix, Proconsul en Judée. —
Alfred JAMES, médium.

« A vous, Monsieur, mes meilleurs saluts : — Je faillis
moralement, il est vrai, dans mon existence terrestre.
Je fus sensuel, vil, et juge injuste. Je m'en confesse
franchement, et c'est ce que tout être vil dans le monde
des esprits, qui veut progresser, sera obligé de faire.
Il peut en remettre l'exécution durant des siècles ; mais
le temps de sa confession arrivera finalement. Mon nom
ici-bas était Félix. J'étais proconsul en Judée, de 52
jusque vers 63 A. D. Je crois qu'il y eût plus d'obsessions par les esprits de mon temps qu'en tout autre
temps depuis. Le pays était infesté de *démoniaques*, de
possédés de toutes les nations, et qui venaient en Judée
pour vivre aux dépens des Juifs appauvris. Les Juifs en
ce temps s'adonnaient à toutes sortes de déceptions
occultes, de contrefaçons spirituelles ; et en venant ici

aujourd'hui mon but est de montrer la source d'où est sortie l'histoire de Paul. Il y avait un prêtre égyptien — son nom était Alcibides — qui vint d'Alexandrie en Judée. Il était bon médium, mais très fourbe en même temps. Il possédait une immense influence et avait beaucoup de disciples ; et je le considérais comme poussant le peuple à la révolte contre les Romains. Je le fis arrêter et amener devant moi, et il plaida sa cause à peu près dans le sens identique, ainsi qu'il appert dans le 24e chapitre des Actes ; et comme il était si puissant par son influence je n'osai pas ordonner sa condamnation à mort, vu que mes troupes romaines n'étaient pas assez fortes pour faire face à une révolte ; ainsi donc je le fis emprisonner, et il eut affaire ensuite avec Festus, mon successeur, et fut envoyé à Rome, où il fut crucifié, la tête en bas, sous Néron. Cette explication vous montre jusqu'à quel point vous pouvez vous fier à l'histoire de Paul. C'est mon opinion profonde que Jésus aussi bien que Paul n'étaient autres que le grand oracle, Apollonius de Tyane. Le vôtre pour la vérité. Si vous consultez Josèphe vous trouverez la preuve de ce que j'ai avancé. Vous ne trouverez pas le nom, mais vous trouverez le compte rendu auquel je fais allusion. »

Communication de Marcion — Alfred JAMES, médium.

« Je vous salue, Monsieur : — Pour mon profit et ma gloire personnelle j'apportai à Rome les épîtres de Paul. Je les ai eues à Antioche. Je leur fis subir des interpolations ou des altérations à mon goût ; de plus, étant un lettré et sachant que ces épîtres contenaient des faits inconnus du monde entier, je crus qu'elles m'offraient une excellente occasion de me faire grand.

Ces épîtres avaient été écrites ou copiées d'après les originaux par Apollonius, Apollos ou Paulus ; et afin de cacher l'identité de leur auteur, Apollonius de Tyane, j'interpolai cette description de Paul, qui fut ensuite copiée par Lucien. La fondation principale de ces épîtres c'était le signe du Zodiaque, connu sous le nom d'Aries, du Bouc ou de l'Agneau. Les chrétiens primitifs, ainsi qu'il va être prouvé par celui qui va me suivre aujourd'hui (Lucien) adoraient tous un agneau, et non un homme sur une croix. Ces épîtres étaient écrites dans la langue cappadocienne ou samaritaine. C'est mon devoir aujourd'hui de déclarer comme esprit que ce fut moi qui le premier présentai ces épîtres au public, dans l'an 130 A. D., et de la manière décrite plus haut. Cette communication est donnée pour le profit de tous les penseurs qui désirent connaître la vérité. Je naquis en Cappadoce, la patrie d'Apollonius de Tyane ; et mon nom était Marcion. »

Communication de Grégoire VII. — Alfred JAMES, médium.

« Bonjour. — Je viens ici de force, ainsi que l'a dit celui qui m'a précédé (l'esprit de Plotinus) — et ce qui est pis, je suis obligé de vous dire exactement ce que je fis lorsque j'étais ici en forme humaine. J'étais sur terre connu sous le nom de Grégoire VII, et le but de ma visite aujourd'hui est de confesser que je fis détruire, en 1075 A. D. la bibliothèque Apollon Palatine, qui contenait tous les écrits de l'école d'Alexandrie, depuis Potamon jusqu'à un certain Maximus. Et quelle fut mon excuse pour amener cette destruction ? Une dévotion outrée. Je prétendis que je ne voulais pas que le clergé fût distrait de sa mission sacrée par l'étude de la littérature payenne. Mais la véritable raison qui m'animait en ce cas, c'est que cette bibliothèque renfermait tous les faits de nature à prouver la non existence de Jésus de Nazareth ; et sentant en conséquence la faiblesse et l'instabilité de ma position, je fis tout mon possible pour la renforcer, en empêchant autant que je le pouvais qu'on en connût le véritable contenu. Je suis ici également pour reconnaître qu'il y a une puissance — un groupe d'esprits, occupant maintenant une position assez forte qui leur permet, lorsqu'ils veulent obliger quelqu'un de revenir sur terre pour confesser leurs torts, de les contraindre à dire la vérité. Par la force de la vérité elle-même ils se trouvent obligés de revenir pour reconnaître leurs méfaits. Il en est de même avec les esprits comme avec les mortels : ils aiment le pouvoir et détestent l'opposition, autant là qu'ici. C'est tout ce que j'ai à dire. »

Communication de Damis. — M. Budington, médium.

« Je vous salue, Monsieur. — Je vous vois occupé à un ouvrage important, qui se fera sentir sur la terre longtemps après que vous l'aurez quittée.

« J'écrivis il y a bien des siècles une histoire des œuvres et de la vie de mon maître et ami, le grand mage ou prophète cappadocien, et on a fait de cet ouvrage une base pour y ériger une personnalité que beaucoup de nations éclairées adorent comme étant Dieu incarné. Tel est l'aveuglement des mortels, qu'ils suivent la direction de ceux qui sont aussi aveugles qu'eux sur des sujets de nature religieuse, ou plutôt, comme je devrais dire : qu'ils suivent des ambitieux, des gens malhonnêtes.

« Apollonius était doué de merveilleuses puissances spirituelles, et les manifestations ou les actes des esprits par l'intermédiaire de son organisme physique et mental dépassaient toute croyance.

« Il était le médium choisi par un groupe d'esprits égyptiens et chaldéens, qui opérèrent par lui les plus grands prodiges du pouvoir spirituel, à eux connus, sur le règne physique.

« Sa sagesse et ses connaissances sur différentes religions le rendaient compétent pour juger de la valeur des idées spirituelles, et de leur aptitude à développer la nature religieuse. Il enseigna la morale la plus pure et la spiritualité, comme étant les conditions nécessaires pour assurer le bonheur futur.

« Il suivait la méthode pythagoricienne dans ses enseignements et fut l'égal de Pythagore en sagesse, et son supérieur, j'ose dire, en fait de savoir spirituel.

« Apollonius se trouvait si souvent sous l'inspiration directe des puissances spirituelles qu'on ne savait à qui attribuer ses sages paroles.

« Il arrivait souvent que les réponses à nos questions venaient de ses contrôles, quand selon les apparences lui seul en était responsable. Cela lui donnait une grande réputation de sagesse et en écrivant sur son compte j'ai fréquemment cité ce fait comme preuve de son inspiration divine.

« Il défendait à ses disciples de prendre aucun nom ou titre autre que celui de phytagoriciens, mais à la fin ils furent absorbés par le néo-platonisme.

« Pendant notre visite aux Indes nous reçûmes les plus grands honneurs accordés aux voyageurs de notre pays. Les documents sacrés de ces nations furent mis à notre disposition, nous en emportâmes des copies qui furent déposées dans la bibliothèque d'Alexandrie.

« Des copies furent aussi envoyées à Rome par Vespasien et placées dans le temple de Jupiter-Capitolin, où une statue d'Apollonius fut érigée.

« Je donnai aussi à Vespasien, un exemplaire de la vie d'Apollonius et de ses enseignements, lequel avec les rouleaux sacrés des Indes servirent à donner au monde les évangiles de Marcion et de Lucien — (Marc et Luc — editorial).

« Marcion était contemporain avec Lucullus, scribe romain qui traduisit du syriac, dans laquelle langue mes ouvrages étaient écrits, — mais je sais qu'ils furent ensuite altérés par d'autres.

« J'ai tout lieu de croire que Lucien était celui qui est appelé saint Luc, mais je ne pense pas que, ni Marcion, ni Lucien, aient voulu donner des traductions infidèles. Ces écrits, ainsi que je les laissai, avaient un sens assez facile à comprendre pour le moins lettré, car les cahiers indiens concernaient principalement les traditions de Bouddha, ses incarnations, et les rites mystiques des brahmanes.

« Ces écrits n'étaient pas considérés par Apollonius, ni par moi, comme rapportant des faits, mais simplement des images poétiques voilant les opérations de la nature et destinées à inculquer des leçons de morale aux initiés. La clef de ces écrits, en ce qui touche le service religieux, était le Zodiaque, et le rite mystérieux des Brahmanes n'était rien de plus que les règles à observer pour réussir à faire des séances effectives spirituelles.

« Apollonius mourut à Éphèse à l'âge de 97 ans. Ses facultés mentales étaient intactes, mais son corps était perclus au point qu'il fallait le porter aux assemblées de ses disciples.

« La douceur de son caractère était tellement remarquable que tous se croyaient bien favorisés de l'entendre parler. Il est probable que ce fait a servi à dessiner le caractère traditionnel accordé à saint Jean, qu'on dit être mort à Ephèse à un âge très avancé — mais les Pères chrétiens ont cru utile de laisser ignorée la mort d'Apollonius à cet endroit, pour renforcer leurs traditions de la vie et des œuvres de saint Jean.

« Si ceux qui ont mutilé mes écrits voulaient dire la vérité nous pourrions facilement vous donner — de notre monde — toute l'histoire sans danger d'erreur; mais ces esprits ont la même répugnance que les fourbes éprouvent à confesser leurs mensonges.

« Vous avez les faits principaux qui servirent à fabriquer l'idéal chrétien et vous obtiendrez les détails de ceux qui prirent une part active à l'œuvre ou de ceux qui en *savent* quelque chose — si les acteurs refusent de venir se confesser. »

Communication de Ponce-Pilate. — M. BUDINGTON, médium.

« Je viens dire que toutes les déclarations affirmant le crucifiement d'aucune personne pour avoir voulu fonder une religion, ou pour toute autre cause qu'un crime, — tandis que j'étais proconsul en Judée — sont fausses. Je n'ai jamais entendu parler du nommé Jésus des chrétiens, tandis que j'étais sur terre.

« Les Juifs étaient une race bigote et turbulente, constamment en révolte contre l'autorité romaine; et constamment en dispute entre eux au sujet de leurs superstitions religieuses.

« Je gouvernai d'après les lois romaines générales pour les provinces, et si une telle personnalité comme il est allégué, avait été amenée devant moi, j'aurais plutôt crucifié ses ennemis, que de permettre qu'on lui fît le moindre mal. Je n'aimais pas les Juifs, et je ne craignais pas leur haine, et toutes les déclarations tendant à prouver que je mis une personne innocente entre leurs mains, pour être mise à mort comme malfaiteur — sont des calomnies infâmes, que je repousse autant aujourd'hui que jamais.

« Un gouverneur romain ne pouvait pas toujours connaître les mérites d'une religion étrangère, mais la peine de mort n'était jamais permise pour le blasphème contre aucun dieu, et je n'aurais consenti à la mort d'aucun homme dont le seul crime était de ce caractère.

« Dans tout cas d'accusation de trahison l'accusé avait le droit d'un procès devant le gouverneur et ses accusateurs, et en en appelant à Rome, personne n'avait le droit de sentence de mort sur lui, excepté l'empereur, devant qui il avait le droit de paraître.

« J'espère que ceci permettra à tous ceux qui désirent connaître la vérité, de voir combien cette accusation était malicieuse : — que je condamnai consciemment un homme innocent à mort à la demande d'une foule effrénée, qui donnait la mesure de sa piété par sa soif pour le sang de ses opposants. Est-il raisonnable de supposer que j'aurais osé livrer une personne à la mort dont la nature était d'un caractère que tous les Romains considéraient comme sacré ? Non ! je l'aurais défendu jusqu'au bout, tant qu'une cohorte aurait survécu, et plutôt que de commettre une telle impiété, j'aurais sacrifié ma propre vie, pour ce que j'aurais cru alors être une vérité — et maintenant que je sais être une fiction ecclésiastique. Vous pouvez signer mon nom comme étant celui du proconsul.

Ponce-Pilate,

Gouverneur de Judée, sous Tibère. »

Question. — Beaucoup d'écrivains disent que Ponce-Pilate transmit à Tibère un mémoire sur les actions et la mort de Jésus-Christ. Est-ce vrai ?

Réponse. — Ce n'est pas vrai! Si un tel mémoire avait existé il aurait été conservé et cité par l'Eglise comme preuve de la carrière du Christ. Les archives publiques étaient en la possession des chrétiens depuis des siècles lorsqu'ils les détruisirent et tous les documents concernant une telle personnalité auraient certainement été utilisés par eux contre leurs ennemis. — Tous les écrits qui me sont attribués ont été forgés!

Pilate.

Communication de Caïphe. — M. Budington, médium.

« Je viens vous aider dans vos efforts pour débrouiller le mystère qui sert à unir le Christianisme au Judaïsme.

« Durant mon existence terrestre mes compatriotes entretenaient l'espoir de voir apparaître un Sauveur qui délivrerait la nation du joug romain. Cet espoir servait de foyer à toutes les explosions insurrectionnelles qui avaient lieu et qui finirent par amener la défaite de la nation et son exil.

« Apollonius de Tyane était bien connu de nos sages,

mais il n'était pas regardé par eux comme possédant la vraie doctrine, en conséquence de ses affiliations avec les Romains et autres Gentils, et quelques discussions qu'il eut avec nos rabbins servirent de fondements aux histoires attribuées à Jésus.

« Apollonius disait que les Juifs n'avaient pas une juste conception de la Divinité, qu'ils s'attachaient trop à la lettre de la loi Mosaïque, qu'ils étaient trop exclusifs envers les autres nations. Il citait souvent de nos anciennes Écritures, des idées qui étaient diamétralement en opposition avec les traditions reçues du jour, et il tâchait de nous prouver que tous ceux qui menaient une vie exemplaire étaient autant des Fils de Dieu que les Juifs.

« Ces controverses furent rapportées par Damis, et ensuite elles servirent à établir la nature divine de Jésus.

« Souvent, en parlant sous l'influence des esprits égyptiens et chaldéens, il arrivait que ces esprits mettaient en la bouche d'Apollonius leurs propres paroles — ainsi, par exemple, ces mots : « Avant Abraham j'étais » — vérité littérale, que nous pouvions comprendre avec la connaissance de l'autre vie.

« Nous ne cherchions pas sa destruction, ainsi qu'il a été dit de nous par rapport à Jésus, parce qu'il était considéré comme un étranger, mais ceux d'entre nous pour qui les notions spirituelles étaient familières, allaient souvent le voir en secret pour converser avec lui, et l'entretien cité de Nicodème, aurait bien pu être provoqué par l'un ou l'autre de nous — mais en inventant cette histoire on eut le soin de changer les noms, d'en substituer d'autres.

« Apollonius se plaisait à exercer ses merveilleux dons spirituels, et s'il eût été Juif on l'aurait reconnu comme prophète, mais c'était contraire à notre manière de voir, de reconnaître que d'autres que des Juifs pussent avoir la légitime possession de pouvoirs spirituels.

« Quant à ce qu'on a dit de moi, d'avoir accusé quelqu'un devant Pilate du crime de blasphème, etc., je le nie; ce sont des mensonges qui furent inventés des générations après mon temps. Il est faux qu'un tel Jésus ait été accusé devant le Sanhédrin ; de plus, une telle accusation n'aurait servi de rien, car les lois judaïques devenaient nulles dans tous les cas où elles étaient en opposition avec les lois romaines.

« Nous n'aurions pu faire rien de plus nuisible à notre cause que d'accuser une personne innocente d'avoir blasphémé contre notre Dieu, ou de fomenter une insurrection contre les Romains.

D'un côté, les Romains se seraient moqués de nos accusations avec ironie, et, de l'autre, le peuple aurait refusé de nous seconder — car quiconque aurait offert de le conduire contre les Romains, aurait trouvé bien plus d'adhérents que nous n'en aurions eu pour combattre un tel perturbateur.

« Il me semble que ceci doit suffire pour montrer l'absurdité de cette histoire de la mythologie chrétienne : par là même les Juifs devraient être absous de la fausse imputation d'avoir causé la mort d'une personne dont on ne peut prouver l'existence.

« Malgré leurs aberrations les Israélites n'acceptèrent jamais les idées du polythéisme, d'aucune manière, — et ce fut une bien grande folie de faire naître Jésus en Judée. Comme mise en scène cela peut paraître habile de la part des auteurs de la religion chrétienne, mais aucun Juif n'accepterait comme vraie cette version d'un Fils de Dieu né d'une vierge.

« Cette histoire ainsi dévoilée, le reste des détails, destinés à lier Jésus au Judaïsme, disparaissent ou n'apparaissent que pour prouver la légende concernant Apollonius.

« On dit que le Talmud prouve l'existence d'une personne du nom de Jésus, — mais le Talmud est une collection de traditions, qui durant des générations se transmit verbalement en grande partie. — Et, comme leurs dépositaires vécurent parmi les chrétiens, il n'est pas étonnant que quelques-unes des légendes de ces derniers y aient trouvé une place et se trouvent là encore — mais elles n'y ont aucun droit comme vérités. »

Documents manquants (pages, cahiers...)
NF Z 43-120-13

www.ingramcontent.com/pod-product-compliance
Lightning Source LLC
Chambersburg PA
CBHW070740170426
43200CB00007B/592